山西抗战纪事

二卷

杨茂林 主编

商务印书馆
The Commercial Press
2017年·北京

目 录

第三篇
人民在苦难中觉醒
社会奋起反抗外来压迫

一、日军入侵山西后的百姓生活 …………………… 309

二、日军暴行造成的痛苦记忆 ……………………… 313

三、人民群众中生长着的抗日意识 ………………… 320

四、日军利用宗教的侵略和掠夺活动 ……………… 325

五、山西宗教界人士参加保家卫国斗争 …………… 331

六、五台山佛教救国同盟会"上马杀贼" …………… 341

七、回民义勇队中的抗日英雄 ……………………… 346

八、日军利用鸦片毒化山西 ………………………… 351

九、敌后根据地的禁烟运动 ………………………… 360

十、敌后根据地的救灾与医疗 ……………………… 365

十一、改造"二流子"运动 …………………………… 369

十二、敌后根据地颁布条例改革婚姻制度 ………… 372

十三、山西开明士绅支援前线 ……………………… 376

十四、山西武林人士救国强国 ……………………… 381

十五、晋西北根据地的拥军优抚运动 ………………………… 386

十六、慰安妇：被侮辱、被损害的特殊群体 …………………… 392

十七、山西妇女在争取解放中走上了抗日战场 ………………… 402

十八、山西抗日女英雄 …………………………………………… 406

参考文献 …………………………………………………………… 411

第四篇
在反掠夺反封锁中打破经济围困
努力构筑抗战经济斗争的新战线

一、白手起家：敌后根据地初建时的经济 ……………………… 415

二、减租减息：解决农民土地问题的基本政策 ………………… 418

三、山西敌后根据地的大生产运动与互助合作 ………………… 421

四、敌后根据地进行的粮食战和棉花战 ………………………… 424

五、从修理到制造：敌后抗日根据地的军事工业 ……………… 427

六、山西敌后根据地的煤矿生产和制度变革 …………………… 432

七、由小到大：山西敌后根据地的纺织业 ……………………… 436

八、支持抗战与改善民生并举的工业经济 ……………………… 439

九、另一条战线：与日寇进行商业斗争 ………………………… 444

十、敌后根据地的开源节流措施 ………………………………… 447

十一、敌后根据地的银行建设和金融发展 ……………………… 450

十二、敌后根据地发行抗币和统一货币 ………………………… 454

十三、第二战区的"公营企业" ………………………………… 461

十四、第二战区的"自给自足"政策 ………………………… 464

十五、第二战区的金融活动 …………………………………… 468

十六、日伪掠夺山西经济资源的统治机关 …………………… 473

十七、日军"以战养战"掠夺农产品 ………………………… 477

十八、日伪为掠夺粮食实行"粮食配给" …………………… 480

十九、日军对山西煤炭资源的垄断和掠夺 …………………… 483

二十、日军以军管名义掠夺工业产品 ………………………… 487

二十一、日本为军需服务的军管轻工企业 …………………… 493

二十二、日军在太原、大同等地进行商业垄断 ……………… 497

二十三、日伪政权聚敛财政的政策 …………………………… 499

二十四、日伪政权在山西强化金融侵略 ……………………… 501

二十五、日军在山西实施对外贸易管制 ……………………… 505

参考文献 …………………………………………………………… 507

第五篇
在聚人心鼓士气中奋起
抗战文艺挺起了民族脊梁

一、日本侵略者在山西的文化侵略活动 ……………………… 511

二、荡气回肠的《在太行山上》 ……………………………… 514

三、《游击队之歌》在临汾诞生记 …………………………… 519

四、抗大总校、前方鲁艺合演《黄河大合唱》 ……………… 522

五、抗战戏剧积极服务对敌斗争 ……………………………… 526

六、新秧歌剧和新歌剧的兴起 …………………………………… 530

七、活跃在敌后的太行山剧团 …………………………………… 536

八、贺龙与战斗剧社 ……………………………………………… 541

九、融入抗战精神的襄武秧歌 …………………………………… 546

十、左权小花戏、左权民歌成了对敌斗争的有力武器 ………… 552

十一、流传在敌后根据地的抗战歌谣 …………………………… 557

十二、晋察冀敌后根据地的抗日出版活动 ……………………… 565

十三、晋绥抗日根据地的报刊出版斗争 ………………………… 574

十四、太行敌后根据地的报刊出版工作 ………………………… 583

十五、太岳敌后根据地的报刊出版活动 ………………………… 592

十六、从根据地发往敌占区的报刊利器 ………………………… 597

十七、山西抗日民族统一战线报纸 ……………………………… 601

十八、沦陷区和根据地的春节两重天 …………………………… 609

十九、新节日点燃新希望 ………………………………………… 617

二十、名震太行的盲人抗日宣传队 ……………………………… 623

二十一、走进吕梁的中外记者西北参观团 ……………………… 628

参考文献 …………………………………………………………… 632

第三篇

人民在苦难中觉醒
社会奋起反抗外来压迫

抗战时期，日军在山西烧杀抢掠，实行残酷的"三光政策"，亲人被杀，房屋被烧，家园被毁，山西人民遭受了空前灾难。在日军的淫威下，许多老百姓不得不四处躲藏，过着居无定所、衣食无着、担惊受怕的日子。更加恶劣的是，日军竟然违反国际公约，丧心病狂地实施细菌战，致使许多地方水源污染，病菌肆虐，疥疮、伤寒、痢疾流行，生态遭受严重破坏。

日军的血腥屠杀和疯狂劫掠，在山西人民心里埋下了仇恨的种子，唤醒了其复仇意识，坚定了其斗争决心。面对侵入家园的侵略者，山西人民选择了反抗，越来越多的普通百姓投身到抗日斗争的洪流中。一些具有强烈爱国情怀的宗教人士也行动起来，积极支持抗日干部和群众，甚至直接投身武装斗争，成为支持抗战的重要社会力量。

日军侵占山西后，开始大面积种植鸦片，不少地方毒品泛滥成灾。根据地军民为粉碎日伪毒化政策，在开展武装斗争的同时，进行了持续不断的以"打禁防控"为内容的禁毒人民战争，整肃了根据地的社会风气。加之开展改造"二流子"运动，改革传统婚姻制度，彻底改变了当时社会的落后面貌。同时，各根据地积极救济灾民，改善医疗条件，在关注民生、稳定社会秩序上取得了成功。

抗战八年，日军侮辱山西妇女的兽行从未停息，那些被强征的"慰安妇"就是日军欺凌山西妇女的历史铁证。与此同时，山西妇女为命运抗争、积极斗争，特别是各敌后根据地的妇女纷纷组织起来，走上了争翻身求解放的道路。抗日女英雄不断涌现，妇女抗日组织如雨后春笋般建立起来。她们通过不同形式的抗日救亡活动和对敌斗争，在争取民族自由和独立的伟大斗争中创建了令人瞩目的历史功绩。

一、日军入侵山西后的百姓生活

抗战时期，日军对山西不断进行报复性"扫荡"，使老百姓遭到空前浩劫，广大人民群众缺吃少穿，无房住，陷入困苦之中。颠沛流离的状况造成了疥疮、伤寒等疾病的流行。蝗灾肆虐，更加重了老百姓生存的艰难。一言以蔽之，日军侵略山西令老百姓生活陷入苦难的深渊。

全国抗战爆发以后，无论是日军占领的地区，还是被日军围困的解放区，吃不饱和穿不暖成为生活的常态。老百姓为了躲避日本人，无法正常种地，于是粮食供应就无法保障。浑源县南山区是灵丘解放区的中心，从1938年到1945年，南山区的人们种地一年收成除了种子以外剩下不多，每天吃糠咽菜，有点粮食要先供应、支援前线。朔州汉奸走狗侵害老百姓，即使打下些粮食，也不让老百姓吃。种地的牲口被拉走宰杀吃掉，老百姓没法种地，打不下粮食，老百姓饿死不少。有的村里一千多口人，只有十户八户有粮食吃。太谷县范村躲避日本人的时候，粮食都埋在地下，有时太潮就捂烂了，人们吃了那种粮食，浑身都会溃烂。很多人在抗日时期没有见过一颗鸡蛋、一两肉。在武乡县，直到打下段村、襄垣城，敌人退却以后，躲在外面的人们才能慢慢回家。直到日本人退走以后的第二年，老百姓种上庄稼以后，生活才慢慢好起来。洪洞县老百姓家里白面很少见，一般是吃玉米面馍、豆面。日本炮楼边日本兵练靶子，打死不偿命，炮楼边的地没有人敢去种。日本人到盂县把老百姓的锅全砸了，老百姓做饭连完整的锅也没有，只好用碎锅片做饭。当时老百姓有句顺口溜："住的破土窑，睡的是干草。穿一麻袋片，吃的黑子面。铺的破席片，做饭用的破锅片。"

在这样恶劣的条件下，卖儿鬻女、骨肉分离的人间惨剧时有发生。交口县双池村村民孟秀珍家里生活很艰难，母亲死了，家里穷得揭不开锅，姊妹六七个，实在没办法，忍痛卖了一个小妹妹，换了二斗米。

抗日战争时期，日军还强占了山西地区百姓种麦子的地改种稻米，供应他们的军队，给山西人民的生活造成极大的困苦。日本人吃大米，战争开始时日本军队从本国供应大米，后来日本在反法西斯联盟打击下节节败退，从本国供应困难，就把洪洞湾里、河滩里的几千亩麦地开辟成稻田，让老百姓种稻子，老百姓的粮食没了着落，只能忍饥挨饿。当地流传民谣"春天白茫茫，秋天水汪汪，收了侯村庄，淹了街头村、六亩塘"。

战争不仅使无数人失去生命，而且使大量难民失去家园。山西民众在抗日战争时期，一听说日本人来了，大都躲到附近的山里，野外露宿是家常便饭。后来，许多人在山崖上挖土窑洞勉强容身，黄土坡上的简易土窑就成了当时老百姓的存身之处。

伴随着食不果腹，还有衣不蔽体。因为敌人封锁着交通线，老百姓没有地方买布，大多穿着自己纺的粗布。很多人一年到头只有一身衣服，春天把衣服里的棉花拆下来一洗一缝，就成了单衣服，转年冬天再把棉花絮进去穿。

当时穷人的生活状况通过一些鲜明的例子可见一斑。比如岚县的老百姓穿得破破烂烂，一些妇女连羞丑也遮不住，一些地主也被抢光了东西，穿不上像样的衣服。祁县城附近村里有个贫农，一家四口人，冬天连火都生不起，炕上只有席子，四个人只有一两条被子。老婆和闺女就只有一条裤子穿，当妈的出来把裤子穿走，闺女就得在炕上盖着被子；闺女出去穿走裤子，她娘就得在炕上盖着被子。这是现在很难想象出来的窘迫情形。

抗日战争时期的山西，不仅乡村生活遭受到巨大创伤，原本繁华

一 日军入侵山西后的百姓生活

的城市也受到了影响,萧条破落随处可见。吴明华在《大同之旅》中提到,1943年大同街上的商店里,买不到糖、毛巾和香皂,原是经济中心的城市,看不到繁荣的买卖场面,街上很冷清,商店里货色很少,旧货摊上也缺乏买主。肉价、菜价、面粉价都上涨了,民众的收入却没有增加,荤腥的不上台面,更多吃平时很少吃的燕麦,即莜面。酒楼小巷一家的门牌,纸灯笼和门口的帘子上面写着"料理"的字样,显示这巷里多住着日本人,令人感觉凄凉。

抗日战争期间由于日军封锁、道路不通,盐成了山西民众生活的紧缺物资。此外,还有缺少火柴、药材的情况。日本人通过对盐、火柴和药材这些物品的严格管制,强化了对解放区的物资封锁。

平遥县抗战时期缺盐。那时食盐大部分产自敌占区,日本人限制盐的流通,要是逮住谁卖盐,日本人绝不放过。武乡四周被日本人围得水泄不通,无法买盐,只好熬硝。太谷县范村在日本人来以前,吃的都是运城盐湖的盐,但是日本人来以后控制盐的销售,老百姓吃不到。从敌占区运不过盐来,太谷这边又是无盐区,民兵们就把厕所里的盐碱和土混在一起熬,第一次出来的是硝,民兵们要把这些硝卖到山上换粮食。第二次熬出来的就是盐,这种盐比较苦。老百姓也造盐,也是前面说的方法过程,把盐碱地的白色土拿回来,在锅里熬,用盘碟放到太阳底下晒,水分蒸发完以后剩下的就是盐。这种盐碱的含量太大。1941年汾西全县没有一口盐,"民国三十年不调盐",后来才又开始卖。日本人给十七八岁以上的村民们发良民证(小孩子没有),拿良民证才可以到城里买点盐。岚县当时买布和盐,也得要良民证,抗日军民没有良民证,就买不上盐,只能把盐碱地里的水晒干做盐。

洪洞县永乐村老百姓吃日本人卖的盐,盐里有药,得了皮肤病,走路都直不起腰,皮肤溃烂,先从腰上烂起,后来一尿又流脓又流血。

除盐以外,火柴是那个时候最缺的,盐还可以拿硝盐代替,火柴自己却无法制造。应县日本人卖过火柴,但是普通老百姓没有钱,买不起,便自己用石头跟生铁片打火,当时叫打火镰。

朔州市平鲁区到日本人快投降时,盐、火柴、药品这些还是受到日本人控制,老百姓也只能少买一些。比如药材,不允许多买,买得多,要受到审问,怕老百姓给共产党买,因为共产党那时候特别缺药材。

日本人通过对盐、火柴、药材流通的控制和封锁,给敌占区老百姓和根据地军民的生活造成了极大的困难。

二、日军暴行造成的痛苦记忆

日军劫掠烧杀等暴力行为毁坏了人们最基本的生存条件，肉体遭受摧残，精神长期压抑，需求层次自然降低，生存成为第一需要，精神需求则处于中断状态。武乡县当时传唱的几首歌谣就是这种情形的极好写照，如《逃难歌》："家住武乡县，四区胡峦岭，日本鬼烧杀抢，不能在家中……"；《哭五更》："一更里来好心焦，咱住敌占区真糟糕，快乐的日子不能过，每日里真怕鬼子杀"；《烧杀抢搜》："鬼子来了是杀哩！伪军来了是抢哩！汉奸来了是烧哩！特务来了是搜哩！"

1937年11月太原城沦陷以前，守太原城的傅作义的第33军用麻袋把城门堵死，太原城已经进不去了。随着战事推进，省城太原的守军命令城里居民搬家出城，限三日内全数搬移，不留一人，加剧了广大市民的恐慌心理，纷纷离城。在旧的汾河桥边，有部队、群众，有大人小孩。过汾河桥的时候好多人都被挤得掉到河里去了，特别是一些妇女没有办法，把小孩往河里"啪"一扔，只能顾自己，还有的把箱子和背的东西全都扔了。路上丢的皮箱多的是，没人顾得上捡，只顾逃命，一路上都没有逃掉敌人的飞机，走到哪儿，天上都是几架飞机投炸弹。士绅刘大鹏在他的日记里记载了太原城里的市民拖家带口逃往乡下的情景，就连省邮政总局也搬到了他所居住的赤桥村。市民逃到乡下，就把城市里的惊慌气氛带到了乡下。①

榆社邓峪村老百姓过着心惊胆战、坐立不安的躲难生活，怕敌人

---

① 郝平：《〈退想斋日记〉所见抗战时期的民众生活——以太原为中心》，《史林》2005年第4期。

甚过怕鬼狼。那年月连狗、驴等家畜都训练得很懂人性，日本人来时叫都不叫，只顾跟上主人逃跑。当时被褥不敢铺在家中，捆好放在炕边随时准备逃跑。屋子不敢冒烟，日本人走后匆忙吃饭，日本人来时带上干粮逃跑。有时逃命甚至根本无法顾及父子母女和夫妻情分，只有一个想法，逃出一个算一个。长治沁县的人那时每天都提心吊胆，门口时时准备篮子，里面放炒面、干粮、被子，日本人来就跑，有的夫妻一人带一个孩子，各跑各的，逃到山沟里。而形势最严峻的时候，如日军大规模"清剿"之时，百姓甚至不知"往哪里跑"，全家人不得不分散躲避，或将女的藏起而男的转移或男的另外隐藏，打破了一家人"死也死在一起"的传统观念，形成一种"一个人一个窑洞，极端分散为最好"的心理认同。

战争时期敌人来袭击的时候总是猝不及防，为了争取更多的逃生机会，老百姓只好一切从简，随身所带行李平时不解开，一有敌情，马上拿起来就能跑，晚上和衣而睡也是常事。

某些游击区，广大人民在日军"扫荡"或"蚕食"最激烈时期，整天在山头上与之周旋，几乎所有生活都"军事化"了。家中物品全部埋藏深山之中，平常每家备有两个小布口袋，一个放米，一个放面，一得到敌人出发警报就背着口袋上山。为防备敌人发觉，人们想出许多办法：当把牲口赶入野洞中隐蔽的时候，公驴常常嚎叫，这会被搜山的敌人听见，他们就在驴尾巴上绑一块石头，因为根据人们的经验，驴叫的时候都是先翘尾巴，尾巴翘不起来便不叫了。狗吠也常常引来敌人，各地便把狗都杀绝了。人们有时整天整夜在山沟里的野窑里住着，几十天不洗脸，常用生山药蛋充饥，用冰雪化水止渴。离石县的妇女，曾有好几次在冰天雪地的隆冬，把孩子生在山沟的冷洞里面。这些都是人们祖祖辈辈从未经受过的磨难，大家咬着牙，苦苦地支撑着。潞城申庄村有一年六月初六，村民正在家吃饭，忽然就听见有人喊"老黄来了"（指皇军，即日军），于是一家人就赶快躲到里窑

二 日军暴行造成的痛苦记忆

里（即窑洞里边的小窑洞，洞前有遮挡物品，一般修在大窑洞里比较隐蔽的地方，门洞很小，宽约两尺，人可直身通过），当时害怕极了，连呼吸都怕"老黄"听见。

八路军发动了百团大战，割电线，破坏铁路，打了日本人，日本人为了报复，就把附近的老百姓当成了目标。日本人有个特点，哪个地方的人经常骚扰，日本人就去打哪个地方。平定县马家庄村民王永祥小时候曾经是放羊娃，他们村就在百团大战的战场附近，家里人就是被日本人来村里报复时杀死的，埋了家里人以后，一直伤心，哭了四五年以后才慢慢淡忘了。

左权县麻田村村民李喜梅则口口声声地说着"怕"，"怕"是日本人留在她记忆里最深刻的印象。"怕"就躲，就逃，是手无寸铁的普通民众最直接的反应。静乐县杜家村刘禄英"真怕了几年日本人"。日本人来时他五六岁，记得很清楚，母亲背着他弟弟，手拉着他跑，日本人在后面追。当时日本人在街上一看见中国人，"砰"的一枪一下子就打倒了。日本人一枪打在他的鞋底上，鞋帮子打掉了，但没打死他，他就赤脚跑了。

汾西县郭庆善一家和全村人都逃到姑射山下边的深山老林里，那下边有好多破土窑，在那儿住了三个月。三个月以后，麦子黄了，老百姓要回来割小麦，陆陆续续都回村，他家五口人也都回到家里。村边高处一个碉堡里住着日本人，郭庆善在大门口往远处望着那个碉堡，看见一个日本人下来了，就赶快钻到草里。门口喂牛的地方草比较肥，三个月不在家，草长了一人高。那时候他很小很瘦，日本人看见他钻到草里，一把就把他提起来，拿刺刀比画着，好像要杀，这下把他吓坏了，不过比画几下最终没杀，就把他放了，这是最让他害怕的一次。

山西所在的华北地区，最早陷入日军侵略者的铁蹄之下，一次次的血腥惨案、屠杀造成了山西民众对日本侵略者的极度恐惧、害怕，血淋淋的场面给民众造成了强烈的心理阴影，恐惧和伤痛的感觉多少年都挥之不去。

1937年农历八月二十八晚上，日本人侵入宁武县城，之后三进三出，前两次共杀死三千多人。城里的大庙延庆寺住的五十多个和尚大都给杀死了，留下来的没几个。街上不管大人小孩、老太太，日本人看见人就拿枪打，用刺刀捅，宁武城街上不管厕所里面、井里面，还是地窖、菜窖里，到处是死的人。①

1937年十月初一，日本的工程兵突然进军怀仁县，并向刘晏庄村里头开枪，不管大人小孩，见人就杀，见房子就烧，一直烧了730间房子，在刘晏庄杀了106个人。日本人捉住村民黄河章的爷爷以后扣在钟底下，把柴火点着活活烧死了。8岁的孩子看到那样惨烈的场面，吓得大声嚎哭，现在他提起来仍然悲痛难当，极为痛苦，"我爷爷活活被烧死了（哭泣）。那会儿我8岁了，我嚎得可厉害哩，世界上烧死的，拿钟烤死的有几个人？烤死了（哭泣声）！"②

1940年八月十六那天，日本人在上午十点来钟到了寿阳县韩赠村，下午两三点把村里人都聚到一起，开始疯狂屠杀，原有的四百多人，被杀了三百多。村民王川成说："那时我们就不敢住了。我们可多年在外村了，谁敢（轻易回来）呢？"③

因为怀疑村里有八路军，1941年二月初二，日本人到左权县北地垴村"扫荡"，那次"扫荡"，死了二十多个人。村民宋银祥的父亲被日本人砍了头，叔叔让日本人用刺刀捅死了（提到这里时他失声痛哭），奶奶让日本人用火烧死了，三姑的表弟和他的二兄弟也被烧死了，他们家一共死了五口人。④

---

① 张成德、孙丽萍：《山西抗战口述史》（第1部），山西人民出版社2005年版，第48页。
② 同上书，第54页。
③ 同上书，第72页。
④ 同上书，第87页。

二 日军暴行造成的痛苦记忆

运城市盐湖区牛庄村村民程景良的父亲当年让日本人杀了。日本人入侵他们村时，让"维持会"的人谎称要到娘娘庙去拆房子上的木料，把村里许多壮年人都叫到东关，然后就抓了起来，一共抓了三十多个，当时他父亲害怕得不敢在家里待，没吃饭就跑到了外头，不幸也被叫到那里被杀了。日本人挖了五个小坑、一个大坑，把人们的眼睛一蒙，让站在坑边，拿着刺刀捅一下，就推到坑里了，开始的时候还是先捅死再往坑里推，后来就杀红了眼，把活人也推下去然后活埋了。父亲的遗体搬回来以后，家里人都不敢在屋里哭，害怕日本人再回来，就把人抬到地里的窑里偷偷地处理了后事。①

临县贺家湾村在日本人来的时候钻到窨子（即地窖，窑洞里的地洞）里，被日本人点火烟熏，死了二百多人。当时村里有几十个民兵，民兵有牛枪，放了一枪就把日本人引到了村里。1943年腊月二十三，日本人和警备队一共来了百十来个人，村里人听见日本人一来就吓得鸡飞狗跳，钻进窨子里躲起来。日本人就叫人们出来，谁也不敢出去。见人们不出来，天黑以后，日本人便熏上辣椒、棉花、烟叶，垒了一个大炭火炉子，还放了一辆扇车往里熏烟。窨子里面的人们被烟熏得七窍流血而死，脸都变了形。后来把死人抬出来，人都堆成山，村里一共六百多人，一下死了二百多人，死了三分之一，家家都是披麻戴孝，哭得不成样子。这一次熏了以后，有十几家绝户的，家里情况好的买个棺材，后来连棺材都买不下了。村民贺恩位、贺登科说："人们被熏死的那个时候真残忍，可怕了"，"可痛苦了，人们好多年都缓不过劲儿来！"②

1943年四月二十六，日本人在河津县城一次杀了21个人，当时目睹惨状的河津市城里老住民卫元发深深地记住了这个惨痛的场景。

---

① 张成德、孙丽萍：《山西抗战口述史》（第1部），山西人民出版社2005年版，第92页。
② 同上书，第98页。

他当时去河津城西关舅舅家玩，碰见日本人从西门里边押出去21个人，21个人用一条绳子拴成一串，从西关押出去，他就跟上去看。西关村西大路南边提前挖了两个大坑，坑东南方有个战壕，日本人把那21个人一次两个人地押到战壕里，让新兵练刺杀，练胆量，有个日本新兵胆小不敢刺，被当官的叫到跟前扇巴掌，还挨骂，下次还刺不进去，就打，必须要刺进去，然后当官的把这几个中国人的头砍了，扔到坑里边。每次两个，剩下一个人，这就倒霉了，衣服被脱了，让两条狼狗活活往死咬。那人大声喊叫："我是好良民，我是好良民！"但还是被咬得血肉模糊后被砍了头。最后日本人用锹往提前挖的坑里填土，填起一个大土堆，上面插一个牌子："不准搬尸！"卫元发一边讲一边愤愤不平地说："你看坏××的不！你拿中国人练刺杀，活靶子，把中国人当草人练刺杀咧，残酷不残酷？"他现在虽然年龄大了，有脑血栓，身体不好不应该想不愉快的事情，但是这件事的阴影老在心里挥之不去，他总想把这个事情报道出去，写在课本上，让后辈子孙都知道。①

绛县城内离休干部赵希龙当时十四五岁，被抓去给日本人当苦力，亲眼看见日本人在东冯杀人。日本人准备杀人，日本狗趴到那儿，砍得头朝下，血就汩汩地流，日本狗就抱着那人头"汪汪汪"地舔血。日本人拿着筐子，一个筐里拾两个（人头）。日本有个总部，就把割的头抬回来，叫他们那些干活的苦力用水洗干净，拿木头做了个木盒，能清清楚楚看见里面的人头。然后在粗木头上钉钉子，一米一个，拿杯子口大的木棍，把人头往上一蹾，每个钉子上栽个人头，排了一溜儿。老百姓从旁边过的时候，非常害怕，低下头走过去准备干活，日本人就说：你回来，必须看着人头才让过，回来的时候看着人

---

① 张成德、孙丽萍：《山西抗战口述史》（第1部），山西人民出版社2005年版，第103~104页。

二 日军暴行造成的痛苦记忆

头回来。①

当时许多山西民众对疯狂残暴的日本人极度惧怕,这种感觉无处不在,甚至草木皆兵。永济市冯营村退休干部胡振前讲了一个让人落泪的事儿:日本人在冯营村的时候,晚上人们都逃荒去了,当时他死活不想在外头,就回家。有一次快天黑的时候,他一出门就看见房顶屋脊上有个东西,和日本人戴的那帽子一样,呼扇的两片。他吓得扭身就往回跑,进了家就和家人说:"快跑哇,那日本人在房顶上"。一下子家里的大人小孩儿都赶快出来,作揖、磕头的,后来半天没动静儿,再仔细一瞧,瞧见个老雕呼扇着翅膀呼呼地飞走了,这才知道原来弄了半天是只老雕!误把老雕当成日本人了。那个时候就把人吓成这个样儿!②

日军所制造的种种暴行不仅对当时民众心理造成极大伤害,也给他们留下了难以消逝的记忆。每当人们想起日军杀人之惨烈场景,以及无数同胞或惨死于日军刺刀或被活埋或被剥皮冻死等情景,无不毛骨悚然。甚或直至今天,一些曾经历过抗日战争的老人,还常用"小日本来了""日本鬼子来了"吓唬孩子,让孩子听从大人的话。可以说,日军侵略山西的暴行造成的恐怖阴影一直萦绕在人们的心中,成了无法磨灭的心灵创伤。

---

① 张成德、孙丽萍:《山西抗战口述史》(第1部),山西人民出版社2005年版,第113页。
② 同上书,第408页。

三、人民群众中生长着的抗日意识

战争虽然给山西民众带来了深重的灾难,但没有磨灭他们内心潜藏的顽强生命力。他们在离战争中心稍远一些的地区,或者在战争稍稍间歇的时期,仍然努力生存,辛勤劳作,并且不放弃对新生活的希望。

1938年冬,近现代著名作家梁实秋有机会巡视华北前线,中条山是他预定要看的地方之一。在翻过中条山时,他看到山上杳无人烟,连棵树都没有。高岗上偶然有小小一块平原。在一个山头上远远看见下面有一队人,为首的举着两面五色旗,迎风招展,还有锣鼓之声,他初以为是伪军,后来随从告诉他:"这是老百姓!他们还沿用着五色旗。有些人还打黄龙旗呢。"梁实秋当时觉得这些老百姓就像当年误入桃花源的武陵人看到的隐居人一样,"真是不知秦汉"。这些老百姓远在深山之中,烽火硝烟离他们有一定距离,于是在遍山烽火中,他们仍然在庆祝旧历新年。①

卞之琳有"汉园三诗人"和"新月十八家"之名,1938年至1939年到延安和太行山区抗日民主根据地随军访问,目睹了垣曲和长治老百姓的生活,看到了老百姓就像田里青青的麦子一样,心中充满了对生活的希望。1938年,垣曲在抗日军民手里,因为陇海铁路的西段还没有丢,垣曲在当时就成了晋东南和内地交通最方便的门户之一。那里虽然离西北方横岭关敌人的大炮只有五六十里,但在城外见到的还是太平景象,农人在田里照常恬静地耕作。垣曲在三次战争里已先后

---

① 苏华、何远编:《民国山西读本》(旅行集),三晋出版社2013年版,第360页。

三 人民群众中生长着的抗日意识

失陷过三次。中央军在这里的西北山头上和敌人打了四昼夜,敌人又终于退走了。南关是全城最热闹的地方。两边的房子烧了,做买卖的又来街头摆摊子。卖的物品无非是一些日用品和食品:火柴、鞋袜、电池、洋蜡、花生、柿子……摆摊的不少是原先开杂货铺的。许多日用品在南关两旁的小摊子上被翻动,人头攒动。即使论规模,这里也不过像一个村镇在赶集的日子,可是这里每天都有集,白昼里每时都有集,不断地有集,总算热闹吧。再到西大街看看吧。街并不大,两旁还是许多摊子。摊子摆在上了锁的店铺的前面。袜子、手套挂在关紧的铺门上,像平常搁在商店内柜台里面的架子上一样。这里告诉人目前还不是太平时代。紧张而又灵活,城门口、街口,站了臂上佩"八路"(游)臂章的双岗,时时刻刻地喊出了"立正"!长治的三宝在街头重新露面了:潞酒、驴肉、小火烧。大街的中心搭起了戏台,老老少少、男男女女,都出来看本地戏。中国人容易抱太平观念,实在也是因为太爱和平的缘故。火星剧团也在这个台上演了抗战戏。① 但是,山西老百姓看似平静的生活表面下暗流涌动,日军血腥屠杀渐渐唤醒了民众心里潜藏的反抗侵略的民族意识。

正因为这样,当风暴和灾难到来的时候,千疮百孔的旧中国无法一下子抵御,手无寸铁的普通民众一开始被侵略者的气焰吓住,许多人成了沉默的羔羊,被杀,被摧残。

随着战争的深入,血淋淋的事实——亲人同胞被残杀,家园被毁,才深深地震撼了国人。勿忘国耻,勿忘家难,是许多从那个时代走过来的亲身经历、目睹日军暴行的民众心灵的呐喊,也是对子孙后代的教诲。

洪洞县离休干部卫树廉接受采访时九十多岁高龄,他本是一位和蔼可亲的老人,但是一提起日本人杀人的暴行仍然悲愤难平,声音哽

---

① 苏华、何远编:《民国山西读本》(旅行集),三晋出版社2013年版,第378页。

咽，眼泪夺眶而出。他说，1938年阴历正月二十八（老人这么大年纪，对此记忆仍然如此清晰）日本人攻陷了赵城、洪洞。日本人还没到赵城城里，北石明村他的一个邻居的独子，从城里回村，在半路上碰上骑着马的日本人，不幸被杀了。日本人刀子长，那孩子还没从牲口上下来，头就滚下来了。老人悲痛地说："日本人是我们中华民族的头等大仇人。什么也能忘了，就是日本人侵略我们中国，杀害我们中国人，永远不会忘记！"

　　同胞的鲜血渐渐唤醒了民众，有些人在面对侵入家园的日军时，已经不顾安危采取了一些反抗行动。

　　运城市盐湖区牛庄村裴长胜，好打抱不平，日本人到了村里杀人，他痛恨日本人，就跟日本人斗争，吐了翻译一口，后来被割了头。程景良的父亲也是那时候被杀的，尸首被抬回家的时候，才知道嘴巴被镞了，可能是他父亲骂日本人，就让日本人把嘴镞掉了。垣曲县有一个种地的老百姓从便衣队那里弄到了一枚手榴弹，爬到了一个窑洞顶上，他看到两个日本兵正预备退走，就把手榴弹掷下去，虽然没有把他们炸死，可是把他们吓跑了，他获得了一匹马和两支枪，送给了抗日的部队——防守垣曲有功的中央军独立第5旅。那个人的名字就叫"老虎"，郭老虎。沁水县"中乡惨案"发生时，当时有个农会常委，从地边的桑树上撅下一根树枝，打了日本人一下。日本人就把他杀死了，是从胸口戳死的。介休县张村村民张复昌的舅舅是孙村自卫队的队长，被日本人抓住后百般拷打，但他宁死不屈，最后在平遥被日本宪兵杀死，扔在枯井里。

　　高平市有一个日本小队长，叫毛太君。有一回毛太君骑着大洋马，押着人给日本军送铸铁。这时印着美国国旗的美国飞机来轰炸了，飞机飞得特低，斜着翅膀，一会儿子弹"哒哒哒哒"就从飞机上打下来。这一下路上的人都乱了，毛太君的马就给惊了，人们把他的脚弄在脚蹬里头拖起来，一下就拖到冯家庄的村口上。也不知道是谁，

三 人民群众中生长着的抗日意识

用石头把毛太君的头捣烂了。

襄垣县城内离休干部李先龙是在父亲的激励下离家投身革命的。他父亲曾经被日本人带到据点，对日本人恨之入骨。那个时候他们村离日本人住的地方十里，共产党这一边的政府反对村里维持日本人，可是日本人非让维持，所以日本人几次到他们村里边烧杀。李先龙小时候印象最深的一次是日本人把他家一把火给焚烧了，因为他们家隔壁是村里的共产党的支部书记家，日本人本来要烧共产党的支部书记家，却把他家误烧了，烧了家里面四个土窑洞、两间土房，后来又抓走了他的父亲，还把耕牛拉走。全家人这个时候讨吃的讨吃，投亲的投亲。最后因为他父亲只是一个农民，就给放回来了。父亲回来以后，对日本人恨之入骨，那时候父亲就只有他一个儿子，却仍然叫他走出去投奔共产党，因为他们家被烧、父亲被抓走以后，共产党知道这些事情，从公粮里头给了他们家二十担小米，又组织村里的人帮助他们把窑洞修好，他们全家才回来又安顿住下。他父亲就说："你去当兵，去当八路军，到县大队。"

1938年四月初二，日本人制造了介休"张村惨案"，惨案的发生更激发了群众的抗日情绪，那时候据说因为国民党高桂滋部有人在南门外扔了个手榴弹，日本人随即到村里杀人报复。日本人一大早进村，见人就杀，尤其是男人，一个也不放过。有的人嘴里正吃着干粮就被杀死，死后干粮还在嘴里没来得及咽下。短短一个上午，日本人在全村杀死七十来口人。惨案发生后全村血流遍地，尸体横七竖八躺在各处。日本鬼子走后，不少人就用草袋子草草埋葬了自家的亲人。这些暴行更激发了群众对日本人的痛恨，激起了更强烈的抗日情绪，老百姓自发地担着粮食送到南山八路军那儿。不久，区中队、游击队、县大队在赵家窑扩军，张村一下子有一个排的青年报名参了军。全村剩下的六十多个青年也全部参加了民兵。八路军积极抗战赢得了更多的民心，老百姓踊跃参加了八路军和民兵，为共产党和八路军抗战增添了有生力量。

　　老百姓对抗日战争的贡献得到了高度的认可,抗战时期任交城三区区委书记的李立功同志总结说:"全靠老百姓了!毛主席讲我们是人民战争,不靠老百姓战争就胜利不了!你靠谁?我们吃的是老百姓的,喝的是老百姓的呀!""老百姓自觉得很。那个时候群众觉悟高,老百姓抬担架,照顾伤员,熬稀饭、鸡汤,都是自觉的。除了打仗以外,老百姓就是个大供给部,老百姓就是个大后方,什么都是靠老百姓,所以中国的老百姓,特别是老区的老百姓,确实是觉悟高,革命的成功全靠老百姓啊!"①

---

① 张德成、孙丽萍:《山西抗战史》(前言),山西人民出版社2005年版,第14页。

四、日军利用宗教的侵略和掠夺活动

在抗日战争中,日本除使用军事手段外,还千方百计地利用宗教从事侵略和掠夺活动,对山西抗战造成严重的危害。

利用信仰差异,图谋分裂中国

山西自古以来就是北方少数民族杂居的地方之一,因此,这里宗教信仰丰富不一。利用民族宗教差异,配合其政治军事侵略,扶植亲日宗教信徒,成为他们的宗教代言;分裂中国,分而治之,也是日本侵华的惯用伎俩。山西是日本侵略的重点区域,山西各派宗教混杂,日本人更是不遗余力地扶植日伪教会。

1938年5月7日,在伪"晋北政厅"文教科日本人佐佐木敬介的策划下,利用战前大同佛教会组成规模庞大的伪"晋北佛教会"。大同兴国寺住持恒达出任伪会长,恒达圆寂后,大同上寺住持彰选继任。理事有云生、净义、园智、果信等僧人,但实权掌握在日本僧人东部愿寺的服部、西部愿寺的塔丰、日连宗派的福岛、净土宗派的四存、曹洞宗派的曹野、佛教学院的夏川等人手中,而这些日本僧人则是听命于日本军阀的披着袈裟的侵略者。该会上层僧人约有40多人,善男信女不计其数,并在朔县、左云、浑源等较大县里设有分会。

"晋北佛教会"成立之后,到处组织佛寺庙会,借百姓赶庙会之际,进行祈祷念经,并替日军宣传。大同上寺阴历正月初八的祭星大会、六月十九的观音成道大会以及兴国寺七月十五的盂兰大会,日军命令"晋北佛教会"出面大造声势,定期举行。例如,1940年农历六月举办云冈大会,日军支持"晋北佛教会"组织演戏、跳鬼、念经、祈祷等，前后大闹7天，求神拜佛的、做买卖的、凑热闹的将云冈一带围得水泄不通。又如1943年晋北大旱，日军唆使该会在南寺祈雨，"晋北政厅"及下属各机关科长以上日伪人员均赤脚步行到南寺叩头敬香祈雨。不论在何种内容何种形式的佛教活动会上，日军都要组织人马张贴"皇军武运长久""日中亲善""大东亚圣战胜利"等标语，有时还派人散发传单或登台演讲或表演话剧和杂耍等，进行奴化说教。山西省会太原是回教信众较集中的地区之一，1938年春，北平的穆斯林在日本侵略者的操纵下，成立了伪"中国回教联合会华北联合总部"。是年秋初，该总部顾问高垣信造（日本人）携同翻译王连成来到太原清真寺，在教长室见过教长姚惠民后，高垣信造提出北平已成立了中国回教总部，现在要在太原成立总部领导下的"区本部"。经过与高垣信造讨价还价，1938年10月，"中国回教联合会华北联合总部太原区本部"草草成立，"总部"每月给"区本部"拨发300元伪联币。姚惠民身为清真寺教长，理所当然地被推举为"区本部"委员会的委员长，田楚卿、张干臣等人为委员。"区本部"下设调查、文书、会计三股，由张干臣、阎子清、田少清分别任股长。各股下有办事员多人。调查股负责全省回民的住址和人口调查；文书股负责召集会议，宣传"大东亚共荣圈""大东亚新秩序"之类；会计股负责财务。北平"总部"每月发给太原"区本部"300元活动经费，其中包括每月给委员长补助车马费40元，给委员每月补助车马费30元，给各股股长月薪30元。1939年年初，在北平"总部"的督促下，太原"区本部"在全省有回民居住的沦陷县份，先后成立了伪"分会"组织。与太原"区本部"不同的是：各县分会没有活动经费；凡参加了分会的穆斯林，可花1元钱手续费办理一张到外县旅行的车船、食宿免费证件（称作"旅行证"）。规定各县分会，直接受太原"区本部"的领导，开展各项指定内容的活动。伪"中国回教联合会华北联合总部太原区本部"成了日本人开展反动宣传，刺探回教内部机密的据点。

四 日军利用宗教的侵略和掠夺活动

1938年年底,日本人请太原"区本部"的负责人去北平伪"中国回教联合会华北联合总部",并传达希望太原"区本部"的人去晋城劝说马骏出山主持山西政局的指示,同时还谈了日军妄图西渡黄河、在西安成立回民自治政府,以及如何劝降马鸿逵等意见。但是,给日本侵略者做事,可以说大多数穆斯林都是不情愿的,普遍的是为混口饭吃。所以当太原"区本部"的负责人姚惠民等人从北平回太原后不久,调查股股长阎子清便自行离任,其职由田启疆接任。而前往晋城劝说马骏出山一事,迟迟无人肯去,后来,姚惠民在日本人的压力下,去晋城劝说,被马骏严词拒绝。

1942年秋初,在"总部"派来的顾问石田代太郎的督促下,太原"区本部"召集全省(沦陷区内)穆斯林(各县分会派代表参加),在太原市南仓巷的山西大剧院,召开了一场滑稽可笑的"山西省伊斯兰教反对英美发动战争大会"。会后,在日伪宪兵、特务的监视下,与会的穆斯林又沿街游行,至东夹巷基督教堂处,经过一番"示威"后,方才散去。

1943年夏季,日伪政权财政窘迫,北平"总部"给太原"区本部"的300元活动经费全部停止拨发。太原"区本部"没了经费,委员长和各股股长没了车马费,也就不再去搞"反共活动"了。石田代太郎也不再常住太原,而回北平去住了。伪"中国回教联合会华北联合总部太原区本部"的牌子成了摆设儿。这种情况延续到1945年8月日本投降。

驱逐西方教会势力,炮制东洋宗教

日本侵华期间,在华的基督教等西洋宗教,均为英美控制,且影响很大。由于英美等国在一定程度上同情和支持中国抗战,所以日本就千方百计攫取对基督教的领导权。九一八事变时,担任日本东京基督教长老会长老的日匹信亮就叫喊:"从来,大陆的基督教都是欧美化的，有依存欧美的思想，这是有害无益的。日本人必须将欧美化的势力驱逐出去，以日本化的日本基督教代替之。"于是，在"东洋人掌着东洋人的宗教"的口号下，开始驱逐英美势力，制造日本式的基督教、天主教。

对在华基督教徒，侵华日军宣传他们要把中国人从西方人的奴役下解放出来，因此对欧美背景的基督教也极力压制和打击。抗日战争中，沦陷地区欧美背景的基督教教会活动基本上停止，教堂被摧毁或者占用，未撤走的西方传教士被逮捕拘押。少数中国自立基督教教会勉强保持低调活动，例如北京王明道的"基督徒会堂聚会"。日伪还于1942年成立由日本控制的华北基督教联合促进会。一部分日本基督教牧师也随军进入中国。

1941年，珍珠港事件发生后，日本人大肆在山西搜捕基督教教会人员，摧毁教堂，如日本宪兵就曾到平定县城友爱会教堂抓走一批中国教会人员，并对他们进行扣押、拷打或残杀。外国传教人员也被日军赶走，教堂也被伪政府查封，友爱会医院被日军占领，基督教友爱会从此停止了活动。此后不久，日军曾派来了一名叫原田的牧师，把原友爱会、神召会的教徒集中到神召会的"福音堂"，宣布成立了伪"华北中华基督教平定分会"，指定由本县张永福等人负责，从此宗教活动有所恢复。但因战争的原因，教徒数量只减不增，好多教徒放弃了信仰。

任意践踏宗教场所戒律，盗取文物经卷

日本人号称：保护宗教，尊重东方文化。可是在现实中呢？早在日本初侵华北之时，就曾派遣文化特务调查山西八十多个县市的名胜古迹和寺庙，后来又一次次地摧毁教堂、寺庙和清真寺，借着日伪宗教各种协会的名义管理当地宗教事务，背地里盗窃着珍贵的宗教文物。

四 日军利用宗教的侵略和掠夺活动

七七事变是中华民族的一次大灾难，太原又是抗战首冲，在当年8月间政府就下令城内居民全部撤离，穆斯林也不例外。穆斯林们相继投亲靠友转赴四方，清真寺内只留钱华亭阿訇看守。城陷之日，寺内成为日军骑兵驻扎之地，任其践踏，以致把猪也赶进来，令教民十分难堪。其时适有投宿清真寺的旧军人穆斯林，目睹此情此景，即与钱阿訇以及未及逃离的穆斯林田楚卿先生合计与日军理论。在这场交涉中钱阿訇与田楚卿险遭杀害。当时日军举刀在手，正要下手，投宿的穆斯林帮忙说情，二人才幸免于难。不日，日军就离开清真寺，对太原清真寺的守护，这两位穆斯林乡老功不可没。

日军侵入五台山后，带来菊池、高元等和尚做奸细，他们住在塔院寺，盗走了寺庙的"御赐法器""佛牙""《华严经》字塔"及供器等许多珍贵文物。山西稷山兴化寺壁画在1926年曾遭盗窃，1939年日军再次盗窃兴化寺前院和东西配殿内壁画，分块剥取，然后装箱起运，临行纵火焚毁寺院，妄图消灭罪证，在装运中有三块被当地群众私藏，内容为《释迦本行故事》和《善财童子五十三参》，现存稷山县博物馆，可资为证。太原天龙山石窟于1925年被盗，日本侵华后继续凿窃，致天龙山21个洞窟中各种佛头、佛像除第九窟露天大佛外，几乎全部被洗劫一空。这仅仅是日军破坏佛教寺庙和文物的一角，此外，洪洞广胜寺明版佛藏、大同华严寺明版佛藏和佛福寺门清版佛藏、太谷圆智寺明版佛藏、太原崛围山多福寺明清版佛藏、五台山碧云寺和金阁寺及万佛阁三处明清版佛藏经等都被日军偷运或损毁。霍山兴唐寺、稷山小宁村兴化寺、芮城清凉寺山门、天王殿等数十处唐宋时期的寺庙被破坏损毁，成为废墟，文物被盗卖。

山西道教圣地北岳恒山也未幸免于难。日伪统治时期，伪政权以修庙为名，把恒山以北松树坪上的树木一齐伐光，只剩下一座光秃秃的山头。结果庙观一点都没有维修，反而把寝宫里保存了数百年的经卷洗劫一空。芮城永乐宫保存七百多年的元版道藏，日军将其分别装箱，后因偷运受阻而被焚毁；1940年夏天，浑源县北岳恒山朝殿所存明版道藏一部被日军发觉，后被撕成碎片而散失；太原纯阳万寿官所藏明版道藏于1940年被日军装箱运走，运不走的塑像就被摧毁；1939年，永乐宫龙虎殿青龙、白虎像被毁；1940年，广仁王庙塑像被毁；1941年，翼城四圣宫塑像被毁；1942年，浮山清微观塑像被毁；1942年，霍县女娲庙塑像被毁……不仅如此，甚至整座庙宇都被摧毁的情况在山西各地比比皆是：芮城永乐镇护国西齐王庙、村北关帝庙，临汾尧庙舜殿、禹殿，临汾龙子祠康泽王庙、泊藏圣母庙等多处从唐宋传下来的道教庙宇被毁灭殆尽。

日本在山西的宗教活动，并不是真心要保护山西宗教，山西宗教也无需日本来保护。日本只是将宗教作为侵华战争的掩饰和配合。特别是当他们利用宗教侵华的企图破灭时，就撕下伪装，公然血腥屠杀富于反抗精神的教民，拆焚毁劫寺庙教堂，上演了一出出毁灭山西宗教文化的丑剧。

五、山西宗教界人士参加保家卫国斗争

抗日战争给中华民族和中国民众带来了深重的灾难,在生死存亡的时刻,全社会都被动员起来,投入到抗日战争的洪流中。其中,山西佛教、天主教、伊斯兰教等各宗教民众都以各自之力响应抗战号召,支持抗战行动。他们从自身实际和特点出发,为挽救民族危亡做了大量工作。

开展抗日宣传

为激发广大教徒的抗日热情,宗教界的领袖和知名人士通过各种方式开展了抗日宣传工作。

1932年1月,五台山宗教界成立了"僧界救国会"。全国抗战爆发后,佛教界的领袖太虚便发出《告全国佛教徒书》,号召全国佛教团体群起救亡,在政府统一指挥下,共赴国难。五台山的广大僧人,也积极响应,并投入到抗日活动中。1938年4月16日,随着五台县各区牺盟分会的相继成立,台内48座青庙、21座黄庙的1786名和尚、喇嘛、尼姑明确认识到日军侵华、国家危亡之际,要保住佛教圣地,必须承担抗日的责任,遂在牺盟分会杜能宽、段奇瑞等人的帮助下,普选出代表60余人,将原"僧界救国会"改称为"佛教救国同盟会"(简称"佛救会")。以僧会处显通寺为核心,以寺庙为单位设立分会,把做佛事和抗日救国之事结合起来,积极响应抗日民主政府"有钱出钱,有人出人,有粮出粮"的号召。此外,"佛救会"还安排僧人刻印抗日救国的宣传材料和歌曲等。近半年的时间,就刻写和印发出80多件宣传品,为揭露日本人的暴行,向信徒宣传抗日起了重要的作用。

此外，清凉寺住持和尚灵众，还主动向李彦区长借到《抗日救国十大纲领》，组织寺内僧人学习讨论。他还对僧人经常宣讲杨五郎徒弟真宝率众抗拒金兵的故事，激发僧人的爱国热情。

与此同时，伊斯兰教界也掀起了抗日救国活动。1938年2月，"中国回民救国协会"成立，白崇禧任理事长。该会成立后，先后在全国20多个省（市）建立分会，宣传抗日，组织抗日运动。日寇入侵对全中华民族犯下了滔天罪行，他们对回族同胞也是欺凌杀戮、毁寺破校，无恶不作。日寇声称爱护伊斯兰教，却使许多清真寺毁于战火。《中国回教救国协会会刊》在创办初期，就刊登《山西私立清真崇实中学被敌焚毁录》[①]等文章，揭露日寇侵略罪行，唤起回胞抗战。1939年12月，"中国回教救国协会"组建了以马天英为团长，吴建勋、马达五等为团员的"中国回教南洋访问团"。访问团在出国之初就刊印了《中国之回教》这本为出访而发行的抗日爱国宣传照片集锦。该书揭露了日本侵略者对中国人民所犯下的滔天罪行，仅河北、陕西、河南、山西等地的清真寺就有221座在日寇的铁蹄下化为废墟。无家可归的难民和孤儿寡母流离失所，生活在极度悲惨的境地，被日本人夷为平地的山西回教崇实中学的三层大楼的图片也在其中。《中国之回教》在南洋的广泛发行，极大地激发了南洋广大穆斯林对中国人民抗战的同情、理解和支持，也增强了南洋华侨对我国穆斯林现状的认识和双方的传统友谊，对我国抗日战争的对外宣传和争取外援上，做出了积极重要的贡献。

---

① 山西崇实中学：1920年马君图出资与马自成阿訇在山西晋城清真寺旁创办私立晋城清真寺崇实两级小学学校，回汉儿童兼收，贫困回民子弟免费。1926年扩建为中学，附设小学，名为"晋城清真职业学校"，1931年申请公立未果，定名"山西私立清真崇实中学"。1937年增设高中部，附设高级、初级小学各2所，女子高级小学1所。1937年抗日战争爆发后，师生随山西回民抗日义勇队转移，流动教学。一度与晋城县瀍泽中学合并。原校址及设备于1941年被日伪军焚毁。

五 山西宗教界人士参加保家卫国斗争

位于太原的太原基督教青年会是一个国际性的基督教青年团体，遍布世界上百余个国家。它的工作对象除基督教青年外，大部分为社会各界的青年和中年人。它提倡"人格救国"。早在抗战初期，太原基督教青年会学生部就为了扩大抗日宣传，在太原海子边（今儿童公园）举办万人抗战歌曲演唱大会，有太原平民中学、太原中学等11个学校的学生参加。由田景福和常苏民（当时为平民中学音乐教师，新中国成立后任四川省文联主席，著名音乐家）任指挥。当时播音器很少，每人手持一米长的传话筒。两位指挥的照片被登在上海救国会杜重远、王造时主编的抗战刊物封面上，受到上海各界的关注与重视。学生会干事还与上海青年协会学生干事、青年歌集编者刘良模取得联系，与香港《抗战部咏》《叱咤风云》的编者吴涵真取得联系。他们二人均为抗战歌曲编写者、音乐界知名人士。他们编写的歌曲在太原发放了四千余册，宣传了救亡抗战。

青年会学生部还组织了一个青年剧社，以宣传抗战为主，曾演出《放下你的鞭子》等抗战剧，宣传抗日救国。青年会成人部由代总干事周素安负责，成立了摄影社、京剧团、国民拒毒会、志友社、救灾义演等组织；发起抵制日货运动，号召会员支持国货，抵制日货。当时日本的呢绒比山西土货毛呢漂亮价廉，但青年会带头穿太原毛织厂产的粗呢西装，绝不穿日本货，得到广大市民的赞扬与呼应。

救护伤兵，救济难民

抗日战争造成了重大的人员伤亡，也使数以千万计的人流离失所。伤兵的救护与难民的救济，是随着抗战展开以后最为严重也最迫切需要解决的两大问题，山西宗教界为此也做出了积极的努力，涌现了许多像格拉蒂斯·艾伟德等伟大的人物与事迹。

据阳城县志等史料记载，1931年，20多岁的英国人格拉蒂斯·艾伟德来到中国阳城，在这里生活了9年的时间，她不仅学会阳城方言，而且被当时的县政府委以"禁缠足督导专员",监督当地妇女,禁止她们缠足。抗日战争爆发后,阳城遭到日军的轰炸,街头出现许多流浪孤儿。格拉蒂斯·艾伟德便开始收养救助中国孤儿,还开办了车马店为这些孩子提供日常生活所需。1938年春,中日战争爆发几个月后,一天下午,两架日机轰炸了县城,投弹24枚,其中一颗炸弹竟然炸中了城边的六福客栈。正在房内祈祷和平的艾伟德被压在瓦砾堆下,一下子失去了知觉。幸运的是,等她被救出时,仅仅受了点轻伤,其他人也安然无恙。随后有信息传来,日军马上就要占领阳城了。艾伟德带着几个孤儿,转移到了山区的北柴庄。她利用一孔窑洞及仅有的几样急救药品,建立了一个临时"医院"。她还有一个任务是救助战争难民和孤儿,她收容有200余名孤儿、1000余名难民,后来大部分已经迁走,当剩下的100名孤儿也要被迁走时,一个不好的消息让她改变了主意。情报员手里拿的一张告示让她震惊,上面用汉文、英语写着:悬赏"捉拿小妇人艾伟德",赏金100美元。艾伟德不禁有些紧张,当她要把带100名孤儿去西安的想法告诉县长时,县长觉得这简直是在做一件傻事,但艾伟德坚持说,这100名孤儿都是她的孩子,一个也不能丢下。就这样,在1939年,艾伟德带领100名3岁至16岁的孤儿上路了,从山西阳城到陕西西安近500公里,历经了半个多月的磨难到了西安,随后,她就将这100名孤儿全部交给了宋美龄办的孤儿院。

尊胜寺含礼法师是知客僧,在日伪统治时期,无论是日伪敌人进庙,还是共产党入寺都需要他接待支应。他深知共产党是抗日救国的,是拯救受苦受难的人们的,这和佛教的教义是一致的。因此,凡是共产党、八路军的人来尊胜寺,含礼都热情接待,他们如遇险境,含礼总要舍身保护。在1937年至1947年的十年里,含礼保护过三十多位革命干部,其中记得名字的有刘沛、金明、韩倬、郑印皇、虎来远、刘隆义、王洪税、韩贵虎、陈宏山、李茂财、武云杰、张志功、范庆、安贵槐、白云飞、胡清华等。

五 山西宗教界人士参加保家卫国斗争

1942年秋天，五台县财政科科长金明，身背扫帚，化装成卖扫帚的庄户人，从二区南沟村来到尊胜寺，以看望他出家的叔伯哥哥金如为名，来这里开展工作。他住了一两天就得了伤寒，卧床不起。含礼就把他女人从二区叫来，住在寺院下边的黄老五（寺里佃户）家里。因庙规甚严，金明的女人不得不离开，服侍金明的担子就落在含礼和仁义身上，做饭、煮药、端屎、端尿，天天如此。寺庙虽是一片净土，但在战乱年间，寺庙并不平静，日军、汉奸经常进进出出，侦察、搜捕共产党干部。为了保证金明的安全，含礼采取伪装的办法，在金明的被子上盖上僧衣，床头下放着和尚鞋和夜壶，就这样一次又一次地迷惑了敌人。金明同志在尊胜寺养病半个月，一直平安无事，痊愈后才返回工作岗位。

宗教界尽管财力、物力的来源有限，但在抗日战争时期，同样做到了有钱出钱，有物出物。

抗战全国爆发后，山西很多教会、寺庙、清真寺都致力于慈善事业，如五台山佛教救国会一成立，其主要成员首先响应有钱出钱、有力出力、有人出人的号召，主动认购2000多银圆的公债，为边区政府资助经费。五台山黄庙第二首领、台麓寺二喇嘛依什彭错，模范执行晋察冀边区政府的政策，带头实行合理负担，对各庄佃户每年约减租15万斤。显通寺所属30多个村庄，1939年和1940年，由寺庙承担合理负担银圆两万元和三万元（白洋）。这对全山寺庙影响很大，多数寺庙也积极执行合理负担政策，减租减息。

山西保德基督教会，先是在河潜搭大帐篷，用大瓮、大瓷盆给无家可归的难民吃饭，在后沟龙王庙还给点铺盖。后改为纺毛和纺线场，以工代赈，纺毛线一斤给4两米（16两合一斤），纱子每纺一斤给12两米，好的给一斤多。还设立了红十字会，给抗日撤退下来的伤病员看病救护，教会任芝清牧师不避艰险在日兵占保德时，救护了第120师的20多名伤员，因伤员经过红十字会给换了群众衣服，所以才躲过日兵的杀害。贺龙师长曾对此事给予感谢、表扬，并对教会给予大力支持。

1937年，在抗日救亡思想的感召下，五台山地区的抗日武装自卫队成立，开始只有10个人，后来发展到30人。第二年，跟茹村地区义勇军的两个排合并成一个连，马天祥任连长，张清惠任指导员，李隆海任中队长。当时枪械不足，为了迅速壮大自卫队力量，他们决定动员镇海寺永乐院的喇嘛们资助枪支、弹药。

镇海寺永乐院，曾住过十九世章嘉呼图克图，五台山永乐院是其行署之一。蒋介石十分重视章嘉活佛，曾给过其一个团的卫队，分布在南京、北京、内蒙古和五台山等地。五台山镇海寺南侧永乐院中章嘉活佛的卫队，名为两个步兵连、一个骑兵连，由蒋介石供给枪支弹药和军饷，实际上只有卫兵二三十人。抗日战争爆发前，阎锡山派人接走了章嘉活佛。留在镇海寺的有胆木奇、如忌、喜诺嘉错等四五个喇嘛，还有卫队长李朝臣手下的二十多个士兵。士兵每人一支枪，其余的枪支弹药都被埋藏。1938年，晋察冀边区政府派人到镇海寺宣传国共合作、抗日救国的政策，号召各界人士爱国、爱家、爱佛教，为抗日救亡做贡献。这对团结镇海寺永乐院喇嘛和卫队人员起了很好的作用。稳布喇嘛的抗日爱国热情也很高，陈喇嘛、长胡喇嘛等主动提出："你们抗日，自卫保国，也就保卫了五台山佛教圣地。永乐院藏的枪支弹药，应该武装自卫队，打击日本侵略军！"蒙古族喇嘛们指点自卫队员们从两处密室洞里取出步枪160支、马枪30支、冲锋枪8支、手提式4支、迫击炮1门、轻机枪1挺、二把盒子100支，还有其他各种手枪60多支。全部交给了五台山抗日武工队队员，用自己的行动支持着抗日活动。

显通寺和尚也向抗日政府献出侯照星留下的手榴弹500余颗，子弹12000多发，还有残缺不全的各种枪100多支。这批武器曾被显通寺管家和尚禧福按照僧会会长然秀的指示，全部搬到无量殿楼顶部。

五 山西宗教界人士参加保家卫国斗争

1939年3月22日,日军第二次进犯五台山,沿途修筑碉堡,在显通寺、塔院寺、罗睺寺驻扎了300多名日军,还在皇城里修成基地,在周围山头设了炮楼,并组建维持会,选择僧会会长然秀当了维持会会长。然秀便利用维持会会长的合法身份,开展抗日工作,主动与日本和尚高元、酒井、菊池在表面上搞好关系,以便掩护。原台怀镇联合小学教师李进宝被撤职后很不服气,威胁然秀:"你们显通寺还放着枪哩!"然秀马上通知当家和尚成范把无量殿的枪弹转移,并要保密。这些枪炮被埋在西禅房里,后经僧会会长然秀与李彦(八区区长、伪装善面和尚)等的周密安排,分别于1942年4月和1943年2月由区武委会安然运出五台山,支援抗日。

保护宗教文物

《赵城金藏》是一部金代(1115—1234)民间募集雕刻的木版佛教丛书。《赵城金藏》是以开宝本为依据的复刻本,部分经卷尚留有开宝、咸平、天圣、绍圣等北宋年代的雕造、印刷和其他题记。除此之外,也还杂有少数别种版本在内。《赵城金藏》是世界上第一部多达7000余卷的大藏经。北宋开宝年间的《开宝藏》为我国第一部木刻版汉文大藏经,而《赵城金藏》是以开宝本为依据的复刻本,原供养在广胜下寺后殿,辛亥革命后,下寺寺僧已不理佛事,经柜不设关锁,金藏四散流布,故赵城绅士张瑞琦等商通下寺寺僧于1928年由广胜下寺后殿移贮于广胜上寺弥陀殿。

抗日战争爆发前,广胜寺上寺弥陀殿的12个藏经木柜共存有藏经三藏半,真可谓全世界博古人士瞩目的稀世珍宝。

1937年9月,日本侵略军进入雁北,蒋介石派遣第14军驻防晋南,军长李默庵住在赵城张奇玉家宅,李默庵让张奇玉派人将广胜寺住持和尚力空法师唤到赵城县城商议转移藏经之事。经讨论后,力空法师返回广胜寺,即将《赵城金藏》5000多卷封于广胜寺上寺飞虹塔内。

1942年春天，日本政府派遣"东方文化考察团"来到赵城活动，这时从赵城道觉村的日军据点传出消息，日军将抢走广胜寺的《赵城金藏》。力空法师得知此讯后，立即下山到井子峪，找到抗日根据地赵城县县长杨泽生，请他派遣武装同志迅速转运。同时，太岳区二地委在对敌工作中获得了日军将奔赴广胜寺抢夺《赵城金藏》的情报。二地委书记兼军分区政委史健（李维略）感到事关重大，迅即向中共太岳区委书记安子文和太岳军区司令员陈赓及政委薄一波等做了请示报告。区党委上报中共中央后不久，就转来延安批准同意抢救《赵城金藏》的电报。电报要求严格保密，限期完成，时间是1942年初春的4月。

史健接到区党委转来延安的电报后，即用电话通知赵城县委书记兼县游击大队政委李溪林说："赵城县的寺庙中藏有一部极为珍贵的佛经，是国家瑰宝，日军将于近日内前去抢走，望采取断然措施，严格保密，全力以赴，动作迅速，把它抢运出来，安全转移，妥为保护。"李溪林接通知后即和徐生芳奔赴广胜寺，寺离县委机关驻地吴儿峪约十公里，于傍晚时分到达，随即和广胜寺住持力空法师商谈把经卷运走加以保护之事。李溪林和徐生芳在返回驻地途中，即商定行动方案，上报第二地委机关。当时的敌情是：广胜寺西北15公里的赵城县，驻日军一个中队；7公里外的明姜村有一个日军据点，驻一个小队；西面南同蒲沿线还有敌人五六处；西南15公里的洪洞县，驻日军的一个大队；正南7公里的苏堡镇，驻日军的一个小队；南面的日军已逼近广胜寺两公里处山下的道觉村，除通往根据地的寺东北方向外，三面均有敌人。

史健根据上述情况，做了周密部署。当即召见军分区政治部主任张天珩下达任务，要求派基干营参加，由赵城县委、军分区基干营、地委机关干部和洪洞县大队，共同密切配合执行。具体安排：（一）由

五 山西宗教界人士参加保家卫国斗争

赵城县大队负责现场指挥警戒,并动员部分干部群众参加运经。(二)由第二军分区政治部主任张天珩转达参谋长蔡发祥派基干营参加运经。(三)由二地委组织科长兼机关党支部书记葛来动员地委机关干部参加运经。(四)由洪洞县县委派县游击队担任警戒和掩护任务。(五)上述各单位人员应于4月27日(农历壬午年三月十三日)入夜后到达指定会合地点,赵城县游击队大队长徐生芳负责现场行动总指挥。第二军分区基干营副营长罗志友,带领该营一连一排,配合县大队负责警戒广胜寺到明姜公路和道觉村至洪洞县公路方向的日军,洪洞县游击大队武装力量负责警戒该县境内公路一带,掩护运经任务。基干营一连二、三两排战士由连指导员王万荣和排长张义龙、张龙祥率领,配合赵城游击大队教导员刘德裕、排长薛国范带领的部分武装战士及民兵百余人和二地委机关干部一同进入寺内,由张义龙同部分战士登上飞虹塔,取出经卷,往下传递到塔下,随即运走。最后参加警戒的基干营一连一排战士,也加入运经队伍,至午夜12时许,全部经卷安全转移。为了广胜寺僧人的安全,县长杨泽生给力空法师开了收据,证明《赵城金藏》已为八路军运走。《赵城金藏》于4月28日到达地委机关驻地——安泽县亢驿村,全体战士受到太岳军区通令嘉奖。

《赵城金藏》由广胜寺运走后,力空法师为了逃避日军的抓捕,于6月20日(农历五月初七)移住广胜上寺后殿东侧吕祖洞躲藏。不出力空所料,日军闻讯后,即率部到广胜寺向力空法师兴师问罪,没有抓到力空,即将寺里的二十多个僧人捆绑带走。力空在黑暗潮湿的吕祖洞躲藏了三个多月,于9月27日(农历八月十八日)到兴唐寺任住持和尚。山西省日伪省长苏体仁为《赵城金藏》事亲到赵城调查过,力空法师据理力争,义正词严抗议日军暴行。力空法师爱国爱教的壮举,在我国现代佛教史上谱写了光辉的一页。

《赵城金藏》安全转移到亢驿之后,由地委秘书长曾远安排暂时存放于机关院内，本来计划马上转送沁源县中共太岳区委驻地保存，因敌人发动了"五一"大"扫荡"，未及送走。二地委机关只得带着经卷马驮人背，与敌人周旋于亢驿附近的崇山峻岭之中。出发之前，史健宣布纪律："人在经卷在，要与经卷共存亡。""反扫荡"战斗结束后，方把经卷送到沁源县中共太岳区委驻地，由行署刘季荪负责接收保管。

当时日军骚扰频繁，沁源县也不是十分安全的地方，遂由太岳区主任牛佩琮派人把经卷运到山势险峻的山上，藏在一座废弃的煤窑里，指定专人负责保管，每年前往查看一次，并搬出晾晒。但由于矿洞内渗水潮湿，部分经卷难以避免地受潮发霉、粘结成块，无法打开。北平解放之后，经华北局书记薄一波批准，电令太行区行署将《赵城金藏》运至北平图书馆入藏。

六、五台山佛教救国同盟会"上马杀贼"

五台山是我国四大佛教圣地之首,也是全国唯一一处青黄两教合一的佛地,声名远播海内外,在全国宗教界有着举足轻重的地位和影响。全国抗战爆发时,全山共有寺庙110座,汉、蒙、藏、满各族僧侣1700多人。国难当头之际,这些僧侣们奉行"出家但未出国"的信念,毅然走出山门,离开斋室,放下木鱼,脱去袈裟,拿起枪杆,投入抗战,为山西乃至中国的抗日斗争做出了不可磨灭的贡献。

1937年9月,在取得平型关战役的胜利之后,根据中共中央的指示,聂荣臻带领八路军第115师一部驻扎在五台山,开创晋察冀抗日根据地。同年11月7日,晋察冀军区在五台山石咀乡普济寺成立,五台山逐渐成为晋察冀边区政治、经济、军事、文化中心。为了进一步团结五台山僧人一致抗日,尽快结成抗日民族统一战线,以聂荣臻、宋劭文为首的晋察冀创建者们,十分重视同五台山僧侣的关系。他们要求全体指战员正确执行党的民族政策、宗教政策,不干涉寺庙僧侣的正常佛事活动,尊重僧人和少数民族的生活习惯,爱护寺庙的一花一草和文物古迹。

中国共产党的抗日主张和八路军的英雄气概,不仅使佛门弟子深受感动,也极大地激发了他们的爱国热情。黄教二喇嘛依什捧磋感慨地说:"羊羔还有跪乳之情,乌鸦还有反哺之恩,庙里的老佛爷还要给他烧香点灯。日本鬼子把火烧到佛祖门口,我们岂能坐视不顾!"[①]整个抗日时期,五台山僧侣们之间互相流传的一句话就是:"虽然出家,

---

① 刘绳:《聂荣臻在晋察冀》,华文出版社1993年版,第29页。

但没有出国，我们至死不当亡国奴。"1938年4月16日，在晋察冀边区政府的宣传和提议下，五台山僧侣们正式成立"五台山佛教救国同盟会"（简称"佛救会"）。当时，台怀镇内48座青庙、21座黄庙的各族僧侣1200多人全部参加了佛救会[①]，开创了全国宗教界抗日的先河。新华社为此发出快讯，播送了五台山和尚参加抗敌斗争的消息，在全国宗教界引起了强烈反响。佛救会成立后，为抗日做了大量工作。

显通寺和尚照权，经常深入到日军驻地塔院寺、罗睺寺等据点搜集情报并及时传送，被八路军称为"快腿和尚"。尊胜寺知客含礼，在整个抗战期间，不顾个人安危，先后保护我区、县党政干部30多人……

佛教救国会成立后，按照牺盟会的指示，将五台山青、黄两庙18至35岁的400多名青年僧人组织起来，分批轮流参加了牺盟会举办的抗日救亡集训班。占三分之一的青年僧人经过集训，树立了爱国保庙的思想，积极站岗放哨，有的还加入自卫队、武工队、区小队等抗日组织。

24岁的悟阐和尚同22岁的禧炳和尚第一批参加集训后，成了佛教救国会的骨干。禧炳担任了"佛救会"青年团团长，带领显通寺50多名青年僧人和各寺庙青年僧人，在五台山地区站岗放哨，并进行军事操练。

1938年农历八月十六，五台山佛救会接到日军向五台山地区进犯的情报后，当即派僧人自卫队分队长慈荫带领100余名僧人队员，配合八路军马士林率领的200余名战士，还有洪涛带领的100余名农民自卫队员，事先埋伏在金岗岭、蛇沟梁一带。当日军进入瓦厂沟以后，八路军、僧人和农民自卫队共同配合，利用居高临下的有利地形，撬动巨石，滚向敌群，还用步枪、手榴弹向敌投射。敌军在沟底，只好利用地

[①] 谢音呼：《聂荣臻在晋东北》，《山西文史资料》（第87辑），第98页。

六 五台山佛教救国同盟会"上马杀贼"

形躲避。天快黑了，日军调来两架飞机助战，在我方阵地上空乱扔炸弹。由于敌机的袭击，我方队员便主动撤退。敌军被石头砸死一人。

翌日拂晓，日军派飞机在五台山上空飞来飞去，扔了几颗炸弹。上午，日军从横门岩、金岗寺分两路进入台怀镇杨林街，以及显通寺、塔院寺、菩萨顶等各寺庙。日军到处搜查，在显通寺当家和尚然宇的住处，搜出五台山佛教救国会印章后，便把他捆起来审问，在梵仙山庙里抓住抗日工作人员五名（都是四川、湖南人），捆在显通寺松树上，准备杀害。在这紧要关头，经僧官（僧会会长）然秀一指点，队员们便到罗睺寺去请喇嘛杨金巴。他到菩萨顶禅堂院叫上会蒙语和日语的喇嘛席增阁，由席增阁喇嘛到显通寺见了日军翻译官。这时全寺和尚240多人跪在寺院念经求佛保佑。席增阁喇嘛用日语向日军队长说："寺院和尚本是信佛教徒，与日本佛教徒一样，只念阿弥陀佛，不参与政事。佛教救国会印章是八路军送来的，同当家和尚然宇及寺院僧人无关，不应治罪……"席增阁喇嘛又说："从梵仙山寺庙抓来的外籍人，都是来五台山朝山拜佛的，只因兵荒马乱无法回去。他们不是八路军干部，也不该问斩。"最后，席增阁喇嘛向日军讲了五台山佛教圣地的历史，寺院修缮之处不可杀生害命，以及佛爷可保日军太平无事、躲灾免难等教理。后来，日军队长被说服，当下释放了然宇和五名抗日工作人员。

五台山金阁寺有位名叫含空的方丈（传戒名叫中空）。他在抗日战争期间，任五台县参议员。由于他有一颗热爱抗日军民的菩萨之心，保卫了很多革命干部和老百姓，被人们赞为"得道和尚"，他的许多可歌可泣的事迹至今仍在五台人民中流传极广。

1939年4月下旬的一天，八路军的一支队伍在神保山上埋伏了一夜，准备袭击第二次进犯五台山的日军，却扑了空。此事被含空和尚推测到了。他吩咐和尚们赶快烧水做饭，准备迎接客人。僧人们刚把饭做熟，忽然进来一伙穿黄军衣的部队，含空和尚已在门口迎接，他拉住赵连长的手说："你们辛苦了，冻了一夜！快把部队带进来吃饭，暖暖身子……"赵连长感动地问："你怎知道我们要来？"含空答："日军进犯五台山，霸占佛教圣地，我军必派部队来袭击啊！"

为了控制五台山僧人，日军勒令距台怀镇15公里的金阁寺僧人迁至台怀统辖区内，妄图使偏僻寺院成为"无僧区""无人区"，以破坏共产党在佛教区的敌后抗日工作。金阁寺当家和尚中空（俗名李祥丙）义正词严地声明："僧人所侍者圣像，无圣像亦无僧人。只要太君将寺内圣像随迁，我等僧人自与相随不悖。"①金阁寺内塑有五丈三尺高的五台山第一大佛像，根本不可能搬得动，日军无可奈何，只好放弃了迁移僧人的主意。

1939年秋末的一天早晨，八路军侦察员郅三元等四名同志，不幸被住在金阁寺的日军捉住，捆绑在千手观音菩萨大殿前的明柱上。郅三元等见到含空便说："法师，快救命哪！"含空说："不要怕，慢慢来！"他很快来到方丈院，进了日军队长住的佛堂，上香磕头，趴在佛堂前一直不起来。日军队长见含空不同往常，便问："你的！怎么不起来！"他说："我求佛爷救救人，太君带来四个良民，捆在大殿前！"日军队长追问："你怎么知道他们不是八路！"含空说："那姓郅的是郅新楼的孙子，在寺庙写过账，其他几个人在我庙院做过工，都是良民，太君不可杀生害命；你多做好事，佛爷一定保你家中老小都好。"含空祈求、开导了日军队长。日军队长马上带着笑脸说："你的快快起来，我的很快地办。"说完就让金翻译把抓来的四个人释放了。

1940年春，住在金阁寺院里的日军，将临近水草滩、南庄子、日照寺村老百姓的30多头牛、100多只羊赶回寺庙里，要宰杀吃肉。这些村的百姓们纷纷来到寺庙求含空和尚想办法。含空便吩咐把寺庙养的10头牛、20只羊送给日军，又找到日军队长说情。经过这样周

---

① 谢音呼：《五台山僧众抗日斗争业迹》，《山西文史资料》（第110辑），第187页。

旋，日军队长只得把老百姓的牛、羊全部发放。

1944年4月的一天夜里，大雨倾盆，八区武委会干部朱录宏同志，带领10余名民兵想在金阁寺住宿。含空和尚果断地说："不行！今夜雨大，绝不能在此停留！"朱录宏带领民兵冒雨离开寺庙。第二天一早，日军大队人马赶来，在寺庙进行搜查，结果扑了一空。原来，朱录宏带领的这支民兵已引起日军的注意，并对含空产生怀疑，含空已有所警惕。

1944年秋，五台山100多名日军护送一批驮着东西的骡马向五台城进发。路过金阁寺时，日军队长问含空："你的说，八路的有没有？""八路的有，大大的有！"原来含空和尚早通知了日照寺民兵队长张丙银，带领民兵设防埋伏，进行狙击。当日军进入伏击区时，手榴弹、步枪一齐打向敌群，打伤了几个日军。与此同时，含空和尚把敌人的动向报告给八路军第4团侦察员王五，并认为日军可能要撤退。我方部队按此情报，组织兵力向驻五台山日军进行多次围攻和袭击，一连打了几个胜仗，消灭了20多个日伪军。军民纷纷称颂含空和尚是克敌制胜的好参谋！含空和尚因这种崇高的爱国精神，受到边区政府和当地人民的尊敬。

佛教向来以出世风格而著称，常被人视为"跳出三界外、不在五行中"。然而，五台山僧众"出家不出国"的处世宗旨和积极投身抗战事业的举动，却在中国佛教史上留下凝重而新奇的记忆，成为我国宗教界抗战的一面旗帜。当时在江南领导新四军工作的陈毅将军在发动茅山道士时就曾借用五台山和尚抗战的口号；太虚法师在国内外奔走号召佛教徒奋起抗战的多个场合也都提到了五台山佛教救国会的抗战业绩。山西抗战史专家张国祥赞誉："为五台山佛教圣地谱写了最壮丽的篇章，为我国佛教历史宝库增添了最光辉的一页。"①

---

① 张国祥：《我国佛教史上最光辉的一页》，《五台山研究》2000年第2期。

七、回民义勇队中的抗日英雄

抗战期间，长治回民在八路军的宣传和影响下，积极行动起来，组成了长治国民抗日义勇队，武装反抗日本侵略者。此外，回民抗日领袖马骏、代县小英雄回民金方昌等抗日英雄的事迹在人民群众中广为流传，共同书写了山西回民抗日传奇。

1938年2月，日军侵占长治城，数千名无辜群众被杀，仅在西街回民聚居区制造的"小北营惨案"，一次就残杀了18名回族群众。同年4月，八路军和青年抗敌决死队，击退日军，收复长治。5月黄镇带领八路军工作团进驻城内，并派浦一之来到西街回民区，发动群众，宣传抗日救国，得到了广大回族群众的拥护和支持，群众的情绪极为高涨，纷纷要求参军抗日。同年7月，长治回民抗日义勇队正式成立。回民抗日义勇队初建时，有队员70多人，并刻有"长治回民抗日义勇队"的长形印章。回民救国会推举有作战经验的程登云担任大队长，推举黄埔军校学生马文蔚担任副大队长，浦一之担任政治指导员。义勇队下设两个分队。从此，长治回民抗日义勇队开始了自己的战斗生活。

义勇队的任务除正常训练外，还要负责西大街、北大街的警戒、防空、防奸、防特及帮助角沿村、紫坊村、史家庄等村老百姓秋收和"空室清野"工作。既是战斗队，又是宣传队，也是生产队。

一次，义勇队被调去担负决死一、三纵队领导机关的警卫。有一晚，薄一波政委和颜天明司令员在卫前街阜盛当铺卧室里谈《古兰经》及回族的婚丧习俗时，被负责警卫的二排五班长李秉荣听到了，李和值班战士马如林说："咱们首长还懂回民的事呢！"马如林一听竟

七 回民义勇队中的抗日英雄

冒冒失失地闯进屋去，问颜司令员："您也是老表（回民群众见面时的称谓）？"颜司令员答："是呀，你呢？你们全班、全连都是回民吗？"马如林回答："都是回民。"颜司令员听后非常高兴，当即指示决死三纵队，拿出步枪64支，发给义勇队。义勇队员们革命的热情更加高昂了。1938年年底，义勇队在党的亲切关怀下，不断发展壮大，后来发展到240多人（还增加了不少汉族战士），扩编为两个连。

1939年7月，日军第二次分九路围攻长治。义勇队兵分两路：第一连跟随戎伍胜、董天知等首长到白晋线以西（沁水、阳城、安泽、高平一带）活动；第二连跟随王正明、车敏樵、杨献珍等首长（以专署路东办事处及八大处名义）到白晋线以东（壶关、潞城、平顺一带）活动。一次，一连保卫着首长驻扎在沁水县与安泽县之间的洪水镇尖斗院村。狡猾的日军偷越我作战部队的结合部，企图包围我司令部驻地。一连连长程登云得到报告，立即下令，迅速阻击敌人，掩护机关首长撤退。战斗打响了，上有飞机轰炸扫射，下有四路步兵疯狂进攻，义勇队战士们猛烈还击，经过六小时激战，打退了敌人一次又一次的进攻，掩护了机关首长的安全转移。傍晚，浓雾骤起，战士们才乘着大雾，撤出战斗。由于义勇队对长治近郊的地形熟悉，还经常被派出去配合友军打击日军。

在抗日战争中，英勇牺牲的义勇队员很多，1940年2月，遵照共产党指示将长治回民抗日义勇队改编为第5保安司令部第10团第3营第11连，继续跟着党，转战南北，浴血奋战。部分编余人员，发给路费，回到原籍。回民义勇队作为一支独立武装，从1938年7月成立，到1940年2月结束，历时一年零七个月。时间虽短，但他们为党和人民立下了不少功劳。

在八年抗战中，回民抗日义勇队打击日寇保卫家乡，回民抗日英雄义士也层出不穷。

回民领袖马骏是山西穆斯林届有名的爱国人士，在整个山西也颇有名气。马骏（1882—1945），字君图。回族，祖籍宁夏，其父因开骆驼店而落户在山西晋城城区东关。他从小在私塾学习，1901年中秀才。次年，山西省城太原开办了山西大学堂，分成中斋与西斋，学台刘嘉琛从新旧生员（即秀才）中选取学生，每县4名，马骏被县里推荐并经考试合格后被录取为西斋预备科第二期（乙班）学生。后公派英国留学，加入同盟会。1911年7月，大学毕业，他奉孙中山先生的指示，回国后即与陈其美到山东发动革命。1913年，阎锡山将他召回山西，任其为驻京代表，历任河东观察使、河东道尹、山西省民政厅厅长、省教育厅厅长、河东盐运使、实业厅厅长等职。1937年七七事变后，抗日战争爆发，10月，忻口战役，太原告急，山西省政府各机构工作人员向南面各县迅速疏散。在此后，为了抗日救亡，马骏与住在晋城城关西后河焦元吉院内的八路军总司令朱德、住在晋城南村乡陈庄的国民党第一战区司令长官卫立煌交往密切。1938年日寇占领长治后，马骏将其自办的、当时晋东南回民的最高学府崇实中学积累的10万元经费拿出来，在5月间，成立了"山西省回民抗日救国协会"，号召全省的回民同胞参加抗日活动。不久，他又不惜倾家荡产，组织了回民抗日义勇队，从十几人发展到近千人，活跃在晋城、阳城、壶关等地和敌人打游击战。为了进一步动员全国回民共同抗日，马骏以个人名义委托驻军向全国回教团体发出通电，号召各地回民组织抗日救国会、义勇军、自卫军，积极参加抗日救国工作。通电发出后，宁夏马鸿逵、青海马布青、师长马鸿宾、回民青年战地服务团等以及各地许多回民团体立即复电响应。

1940年，第二战区司令长官阎锡山任命马骏为战区上将顾问。同年，国民政府军事委员会任命其为中将参议，办理晋东南地区抗敌宣慰事宜。1942年7月，被任命为第三届国民参政会参政员。在此后的日子里，由于战争形势的变化，晋城曾两次被敌人占领，但马骏仍率领着他的队伍和日寇在太行山周旋战斗。1940年4月24日，日寇第

七 回民义勇队中的抗日英雄

四次侵犯晋城（日寇这次侵占晋城后，在此盘踞达五年之久），这时，队伍被打散了，期间，每当风声紧的时候，马骏就带着他的警卫与家人在大东掌、贤坊村一带来回转移。日寇想方设法派人寻找马骏和他的队伍、家人，都没有结果。1942年6月的一个下午，日寇得悉马骏的消息后，立即派200余人从浮山出发，于当晚突然包围了贤坊村。当敌人接近院子时，与在院外的警卫们交上了火，马骏此时正在屋里和另一些警卫谈话。听见枪响，警卫急中生智架起马骏，跳窗翻墙逃脱。但是在这一次敌人的偷袭中，马骏的母亲、岳母、妻子及警卫郭四孩被俘。日寇捉住马母后，妄图以马母为诱饵，逼迫马骏投降，因为他们知道马骏是个孝子。但马母拒不合作，她在敌人的百般折磨下，忧郁而死。马妻在马母死后不久也被残害致死。日寇又假意为她们大办丧事，欲以感化马骏。当时的大汉奸苏体仁曾写信给马骏劝其降日，晋城一带地方上的维持会也到处打听马骏的下落。日寇汉奸这样做是想找到马骏，让其出任伪职，用其声誉来为日寇维持华北的阴谋政策服务。1943年6月20日，马骏因汉奸出卖被捕，日寇多次派人对其诱降，每一次都被他严词拒绝。汉奸翻译也劝说马骏，马骏斥责他说："你是中国人不是，我是中国人！你觉得当个秦桧光彩?！"马骏当时很希望日本人翻脸，以便完成自己报效祖国的夙愿，但日本人装作不在意，"宴请"不欢而散。此后，日寇曾采用各种各样的方法劝降利诱马骏，但都没有任何效果，只好将他软禁起来，以便慢慢地消磨他的抗日意志。马骏在晋城被软禁了两年，期间，曾多次悄悄地写信给其次子、当时任国民党中央赈济委员会专员的马鹤年及其他的儿女们，要他们坚决抗战到底，一定要把日本侵略者赶出中国去。

1945年4月下旬，日寇撤退时，将其掳往长治。在途中，马骏开始昏迷，在弥留之际，警卫赵国英还听到先生的嘴中喃喃地对他说着："我们要誓死不做亡国奴……"1946年10月19日，国民政府明令通报全国，对他坚守气节、为国殉身的壮举进行了褒扬，以使后世永远地记着这位老人，这位为祖国的独立解放而献出生命的伊斯兰教爱国老人。

八年抗战期间，回族中还出现了闻名全国的山西代县人民自卫队队长、17岁的小英雄金方昌等英雄人物。金方昌于1935年考入聊城省立第三中学。1937年11月，中断学业，随兄到山西参加抗战，在运城考入民族革命大学二分校。1938年2月，在校加入中国共产党，8月毕业，被分配到晋察冀边区工作，任代县牺盟会秘书。不久，调任中共代县赵家湾区区委书记，领导群众开展减租减息斗争，成立农救、青救、妇救等抗日团体，建立"武装模范队"，并兼任政委。抗日救亡中对敌作战颇有成绩。1939年冬，被调到地处日伪统治中心地带、抗日工作基础薄弱的城关区任区委书记。1940年2月，当选为中共代县县委委员，11月23日，在城东北赤土沟一带顺利完成督送公粮任务后，夜宿大白庄西山洞，被敌探告密，遭敌200多名步骑兵包围，突围时子弹用尽，与敌徒手搏斗，因寡不敌众被捕，关押在代县城日军特务机关"红部"。在狱中，面对日军利诱、酷刑，威武不屈，被敌人挖掉一只眼球，砍掉一条胳膊，仍坚持斗争，蘸着自己的鲜血在墙上写下了"严刑利诱奈我何，领首流泪非丈夫"14个大字，鼓励战友迎接最后的斗争。12月3日，代县城大集，日伪将他和战友周致远、杨三三、侯义成押赴刑场途中，他不断高喊："日本强盗，狗汉奸，抗日人民是杀不完的"，"父老乡亲们，日伪的日子不会长了！共产党、八路军领导我们抗日救国一定会胜利！"昂然挺立，从容就义。为永久纪念他，晋察冀边区政府颁布命令，将他生前战斗过的大西庄村改名为"方昌村"。他的事迹至今还活在雁门关内外人民的心里。

日军侵华战争是中华民族的灾难。国难当头，在中国共产党的民族宗教政策的感召下，回族人民团结在抗日的大旗下，与全国其他各阶层力量结成抗日民族统一战线，为抗战的胜利做出了重大贡献。

八、日军利用鸦片毒化山西

鸦片对于日本人来说,可谓是十分好用的入侵工具,且毒品制造工艺简单,成本低,同时也是日本获取高额军费的经济来源。因此日本人对鸦片的种植与交易趋之若鹜。甚至"日本青年中未足征兵年龄者,鲜有不染指海洛因制造或贩卖的。因此,这些孩子也获得了与他们身份不符的丰厚收入"[1]。日本在从事毒品贸易时,最初是从伊朗等地进口毒品,再经日、韩商人在华北地区所开的"洋行"进行销售。随着日本在华北各地势力的扩张,日本在一些中国政府统治难以达到的地区开始制造毒品,以利于"市场的开拓"。

日本在山西的鸦片贸易是在日本策动"华北自治"[2]阴谋下进行的,并且随着日本势力的扩张,逐渐形成了种植、加工制造、贩卖一条龙的产供销体系。作为清末不平等条约的延续,日本在华北诸地区可以全然不顾中国各种禁烟制度或法律而为所欲为。"不受中国法律之裁判,租界久在化外,铁路强驻外兵,则来源不断,节制无从,禁烟之事功,永难奏效。"[3]

---

[1] 〔日〕江口圭一:《抗日战争时期的鸦片侵略》,《国外中国近代史研究》(第19辑),中国社会科学出版社1992年版,第95页。

[2] "华北自治"是指1935年间,由日本特务机关幕后策划的独立于中华民国政府、投靠日本的运动,亦称"华北特殊化"。1935年7月6日,南京政府亲日派首领何应钦与日本天津驻屯军司令梅津美治郎签订了卖国的《何梅协定》,内容主要是:取消河北境内的国民党组织,撤出河北境内的中央军,取缔一切反日团体和反日活动。之后,日本侵略者及大小汉奸开始大肆鼓噪"华北五省(河北、山东、山西、察哈尔、绥远)自治",妄想使华北成为"第二个满洲国",在经济上是要配合日本的政治、军事行动,尽可能地掠夺华北资源,使华北成为独立于国民政府而依附于日本的"特殊经济区域"。

[3] 〔日〕江口圭一:《抗日战争时期的鸦片侵略》,《国外中国近代史研究》(第19辑),中国社会科学出版社1992年版,第82页。

1937年日军入侵山西后，日本人开始在山西大面积种植鸦片，并迅速波及山西的大部分城市、农村。不久，山西就成为日本在华北鸦片贸易体系中的鸦片种植与向中心城市提供毒品的主要原料加工地之一。"以销售毒品为侵略手段，使中国人的价值系统为之混乱，良心为之麻痹而变成无耻，以供日人之驱策。"①

在这一险恶用心的驱使下，只要日本势力所侵之地，日本人无不"竭尽全力"构建贩毒网络。正如国联禁烟顾问委员会美国代表富勒所言："中国人民受烟毒痛苦和损失，或许不亚于战争直接给予的灾害和损害。"②

1937年日军侵占山西后，私贩毒品的日本浪人得到了日军的"合法"保护和支持，他们摇身一变，成了公开贩毒的"商会"或"公司"的经理。这些日本毒贩，常在日军护送下，到各地贩毒。他们或找地痞流氓、汉奸把毒品分售乡村百姓，或"派销"各地富户推销，使毒品在山西更加泛滥难挡。

当时太原城内有三处公开大批发售毒品的地方，一是红市街的"平安商会"，一是钟楼街的"金井商店"，一是柳巷街的"战友食堂"。其余零星贩毒者满街都是，如柳巷街、羊市街至桥头街一带，日本人开设的"料面店"更是比比皆是。挂着大洋行牌子的中国商店，也兼营着贩卖毒品的副业。私人经营鸦片的商店称"土膏店"，全省所有县（市）的土膏店皆由"太原统税局"管理。每月，该局都要送伪太原地方法院一份该局所属土膏店总数，商号名称，经理姓名、年龄、籍贯，资本数目，营业地址，开业日期等编列清册。根据这个清册统计，1939年10月到12月底，太原市开设的土膏店共有21家，资本在3000元的就有"兴亚楼"等14家。到1940年8月，私营土膏店由太

---

① 李恩涵：《本世纪30年代日本对华北的毒化政策》，《近代史研究》1997年第4期。
② 王德博：《日本在中国占领区使用麻醉品以戕害中国人民的罪行》，《民国档案》1994年第1期。

八 日军利用鸦片毒化山西

原市发展到榆次、代县、繁峙、临汾、宁武等20个县的72家。1941年2月3日,"太原禁烟分局"成立后,全省"土膏店"即转由该局统一管理。各"土膏店"每10天就得把出售、购入鸦片的数量填表呈报"太原禁烟分局"。仅以资本最小的"兴亚楼"为例,该店1943年向"太原禁烟分局"呈报的1月至8月份的销收土膏数量分别是:购入19310两,销售7599.1两。至于散布在全省各地零星兜售毒品的人,则不计其数。①

七七事变之前,大同地区由于地方政府的明禁暗纵,当地农民曾经在1926年到1928年偷种过两次罂粟,后被禁绝。且当地吸食鸦片者人数也不多,"在农村,一个村吸食鸦片者只有为数不多的几个老年人;中年人食鸦片者,多是光棍、流浪汉、流氓和小偷等等。有些青年人抽大烟,总要有意识地避开别人"②。鸦片对大同人民的毒害最甚的时候,是在日本军队侵占大同以后。

大同沦陷的第二年(1938),伪晋北政厅在日军唆使下,在李怀角街创办"鸦片烟公会"(后又改称"土药公会"),公开销售鸦片、吗啡、金丹等毒品。过去暗中转运推销毒品的日本浪人,由此变成了公开合法的毒品老板。同时,日军还通过伪晋北政厅,发动无业游民建立起许多鸦片烟馆,准许他们加工制造毒品。这样,这些毒品制造者们便把一批又一批的毒品分送到了雁北各县。由于伪晋北政厅的开禁,许多贪图眼前利益的农户也开始大量种植罂粟。

烟禁公开后,在大同开设的主要几家大烟土店有:李达霄在南大街的"华昌土店"、白祥(回民)在贵儿市街的"北大土店"、王坦的"公益土店"、王尊五的"宝聚丰土店"、王振伦的"振大号土店"等。许多晋北政厅伪职人员也受日军纵容,染指其间,暗中指挥,从中

---

① 山西省史志研究院编:《日本侵晋实录》,山西人民出版社2005年版,第173页。
② 中国人民政治协商会议山西省大同市委员会文史资料研究委员会编:《大同文史资料》(第13辑),政协大同市委员会文史办公室出版,1986年,第32页。

牟利。

日本人除支持运销转卖毒品的烟土店外，还督促增加供吸食毒品的烟馆，一时间大同市内烟馆林立。设备最完善的烟馆，以设在鼓楼西街的一家为最。该烟馆院内房屋较多，单间设"雅座"，架床铺席，烟具华丽，富有的烟民多入"雅座"。大房间为"混堂"，一切设施均逊于雅座，一般烟民多混迹于此。烟民临门，烟馆业务员殷勤招待，先让座位，再选择鸦片的品种数量，然后开灯吸食。这里除茶水方便外，还备有适时水果、应时糕点供烟民选用。吸完毒后，才由会计清算收款。这里从早到晚烟民来往不断，一些游手好闲的富家子弟成群结队地出入这个吸血的场所，不知不觉被毒化了。[1]

分布市内各个角落的是零销烟馆，一般资本小，设备简陋，仅能供店铺附近居住的烟民过瘾。这里多无座位，只能站着吸毒，且毒品数量有限，一旦烟民来迟一步，就供不应求，只能呻吟而返。

1939年，日军从东北运到大同一批数量可观的罂粟种子，分给雁北各县播种。很多唯利是图的地主和农民希望借此牟利或改变穷苦境地，选择肥沃土地播种……这年夏季，只要走出大同城，农田里尽是盛开的红、白、黄色"洋烟花"（即罂粟花）。仅大同一县的583个自然村落就有近百个村子种上了罂粟，占全部水浇地的95%。[2]

在广种鸦片的同时，日伪为了统一管理，在城内大皮巷成立了"大同清查榷运署"。署长是日本人，有若干东北人担任缉私和稽查等职务。各县都有清查分局，局长也都是日本人。大同归署兼摄，不另设分局。是年夏，又纠合王尊五、白祥、王振伦、李达霄等几个土店的负责人在欢乐街振大号土店组成"土药公司"。以王尊五为经理、王振伦为副理，另聘若干人均称协理，同时还设有义书、总务、会计、

---

[1] 王振三：《日寇以毒品毒化大同人民的罪行》，《大同文史资料》（第3辑），1982年，第8页。
[2] 同上书，第9页。

八 日军利用鸦片毒化山西

收纳等几个股。各股有股长一人,干事若干人,专门收购烟土,为了垄断,不许走私贩运。在各县相继组成收纳处,有主任、副主任、会计、收纳、鉴定、保管等。每到鸦片收割期,这一伙人便都到指定地点坐摊收购。大同收购处历年都设在周士庄、落阵营、许堡、古店和南关等地。这时也正是清查署、清查分局的稽查人员最活跃的时候。他们的任务主要是监督收购和稽查走私。日寇为了减少舞弊,对稽查人员经常调换,这更使这些人产生"五日京兆"的思想,不失时机地进行贪污勒索,使群众受害不浅。

尽管土药组合和清查署的汉奸们如此敲诈,但种植者还是一年多过一年,贩卖和吸收食者一日多于一日。后来市面上海洛因(也叫料子、白面)广为流行,几乎与鸦片并驾齐驱。海洛因是以鸦片为主要原料而改制成的一种烈性毒品。大同沦陷初期,只有在大同的日本人手下的"朝鲜浪人"会制作,流行不广。这种毒品由于携带和吸食方便(可放在烟卷上,甚至放在手掌上闻一闻、嗅一嗅即过瘾),刺激性强,开始时一吸即可减少疲倦,所以很快就蔓延到各个角落,会制造的人也越来越多。吸食者一旦成瘾就很难戒退,日久即精神萎靡,不务正业,以致食不得饱、衣不遮体,有的甚至倾家荡产、鬻妻卖子,冬季冻死路旁者难以计数。其悲惨情况由此可见。

日寇统治大同八年,种了七年鸦片,年产量为二百万两,归大同土药组合统一收购,一部分烟土运往各大城市毒化人民,一部分输出国外做出口交易。①

吸食鸦片、料面的悲剧

凡吸食料面者,有的当了日伪便衣,靠敲诈各村钱物生存,靠向日军密报抗日人员得赏。有的先卖地,后卖房,打发了老婆卖儿郎,

---

① 白蔚武:《日寇统治大同人民的所见》,《大同文史资料》(第5辑),1982年,第40页。

最后成了身披麻袋片、沿街去讨饭、夜宿寺庙中的"麻包太君"。①

抽大烟的悲剧随处可见。青渠屯农民赵某,一心想靠种罂粟发财,结果吸毒成瘾,不理家业,一座好端端的四合院和近百亩平展展的良田卖个精光,连个遮风避雨的简易住处都没留下。妻子挨冻受饿气死,他也因患病无钱医治而亡,留下一双儿女无人抚养,只得沿街乞讨,四处流浪。

抗战前,北乡乔家是有名的财富人家。曾有良田1500余亩,分布周边十几个村子。院落9座,房过百间,穿廊过亭,雕梁画栋。马厩场房50余间,骡马二三十头。还开了一个中药铺,放债10多万元。人们曾说,乔家人就是每天抽一块料面也穷不了。不久,乔家竟有6男2女和一个赵管家9人吸毒成瘾,个个面容憔悴,骨瘦如柴,不能视事。乔家老六,英俊洒脱,才华出众,被乔太公选为继承人。自从染上毒品,垂涎流涕,弱不禁风,上集赶会十里八里,不在半路上抽几口就到不了。最后30多岁便死在烟灯之下。显赫多世的乔家一朝败落。

赵伊镇傅家是永济县有名的大财主。家有良田数顷,豪宅几座。镇上有店铺多处,门面数十间,债放八乡,利集四时。永济沦陷后,傅某辞世,两子平分家业。老大自以为富比邓通,铜山不倒,以料面为应酬,广结日伪官员,每日花天酒地,消遣于烟灯之下。其长子也吸毒成嗜,不能自拔。1939年丧妻续弦,娶了个姑娘。可初过四十,家产卖光,携妻带女,住在磨房。娇妻不堪困扰,一气丧命。幼小儿女,无人抚养。赵伊镇赵某祖籍山南,开杂货店一座、当铺一所,资本丰厚,联号多家,号称"十万富翁"。日寇入侵后,赵某去世,子承父业,后染毒瘾,沉溺烟灯,不事商业,没过数年,彻底破产。回乡之前,甚至不顾人格,靠妻卖淫,换取料面。家人受辱,视若平常。②

---

① 穆照谦:《苦难岁月》,《文水抗日纪事》,山西人民出版社2005年版,第213页。
② 董寿安主编:《日军侵华河东罪行纪实》(下卷),中共中央党校出版社2006年版,第554~556页。

八 日军利用鸦片毒化山西

文水开栅镇上有名的"谦益成"商店的东家张芝茂夫妻两人都吸食鸦片,生下个儿子刚落地,就像烟瘾大发的样子,少气无力不会哭。父母大惊,赶紧喷了几口鸦片烟,说也奇怪,婴儿果然哭起来了。父母欢喜,取名健健。不料健健和父母一样,每到发瘾时间,瞌睡、流泪、打喷嚏等毛病就出来了,什么药也治不好,只能喷几口鸦片烟,看来比他父母的烟瘾还大。这一家因吸食鸦片,生意倒闭,家无隔夜之粮。娇生惯养的健健手无缚鸡之力,只好沿街讨饭,日坐矮檐下,夜宿灰渣坡。到18岁时,被穷极无聊、走投无路的父母勒死,悬尸于逢源涌店铺门口,企图讹诈未遂。[①]

当年,山西普遍流传着这样一首歌谣:"金丹!金丹!你害得我们真可怜:吸你的身体瘦弱,吸你的田宅卖完,吸你的生意倒闭,吸你的诸事难干,因吸你卖儿贴妇,因吸你夫妻离散,因吸你朋友交断;还有为非作歹,乞丐讨厌,多因为吸你金丹"。这正是日军利用毒品掠夺并毒害山西人民的真实惨状与写照。

日本人用大烟控制矿工

山西丰富的矿产资源令初到山西的日本人眼红不已,为了能疯狂掠夺山西,尤其是大同的煤炭资源,日本人对矿工进行残忍的压迫。恶劣的生活条件、灭绝人性的酷刑、险恶的劳动环境、沉重的劳动负荷、暗无天日的奴隶生活,激起矿工们的无比仇恨。不少矿工不堪忍受日本侵略者和把头的奴役和迫害,冒险逃走;还有不少矿工为发泄对日本侵略者的不满,想方设法磨洋工;还有的矿工则伺机破坏机器设备,制造大的破坏机器的事故。矿工的种种对抗,使日本侵略者逐渐感到,要稳住矿工队伍,促使矿工多出煤,单靠武力镇压、酷刑拷打是不够的。于是便采用起"软硬兼施"的手法——从精神上麻痹和

[①] 冯天恩:《日军用鸦片毒害开栅人》,《文水抗日纪事》,山西人民出版社2005年版,第257页。

摧残矿工，引诱矿工抽大烟，摧毁其抗争意志。根据麦纳·希尔·贝茨对日军占领区鸦片贸易的研究，仅1940年，在大同获得傀儡政府批准的鸦片销售处就达852处。当时日伪大同县县长白蔚就曾说过："日本侵略者在大同种了七年鸦片，年产量有二百万两之多。"①

1937年9月，日本侵占大同后，强迫矿区村民种植鸦片，日本侵略者把鸦片加工成官烟后，牟取暴利，卖给大同煤矿的矿工，对矿工进行精神摧残，以达到控制矿工的目的。

日本侵略者为了更多地掠夺大同煤矿资源，不但从外地抓骗大量劳工到大矿，而且连小矿也不放过——强迫附近村庄的青壮年劳动力到小煤窑背煤。大同市南郊区雅崖儿村的黄元良就是在这样的背景下于1943年被逼迫到雅崖东沟井小煤窑背煤的。"每天背煤时间大约十二个小时左右，给的工钱很少。每个背煤的劳工都发给一盒官烟（鸦片），把头亲眼看着劳工去抽，等到抽上瘾后，他们就刁难劳工，就这样使很多劳工变成了大烟鬼。我村被逼到小煤窑背煤的村民有十几人，都变成了大烟鬼。他们整天只知道抽大烟，鬼混，不顾家，不管妻儿老小，使本来一个好端端的家，弄得妻离子散，家破人亡。"②

小煤窑如此，大矿也是一样。当时的大矿，即大同煤矿里的矿工，也是深受其害。与黄元良同村的黄三娃、黄庄生，都是在四老沟矿当劳工，他们在矿上抽了日本人给的大烟成瘾后，好端端的青年变成了无赖，不但给家里带不来工钱，还偷家里的东西变卖，好端端的家，变得破败不堪。大同永定庄矿的刘恩富，1937年年底到矿上当机电工，日本人为了毒害和控制工人就每天给工人发鸦片，刘恩富吸食成瘾后，身体大不如前，日本人见其无法再卖力干活，就将其开除，刘恩

---

① 大同煤矿"万人坑"二战历史研究会：《抗日战争时期大同矿工口述实录》，中共党史出版社2013年版，第152页。
② 同上书，第161页。

八 日军利用鸦片毒化山西

富一肚子气,很快就病情加重去世了。① 1941年,王士孝因家乡山东遭受旱灾和蝗灾,被日本人招到山西大同四老沟矿当矿工,"我们刚来矿时,日军每天给工人两片大烟,到1943年后就不给发了,上瘾的矿工便将挣来的钱全花在了鸦片上。1943年后半年,日本人给矿工吃的是发了霉的高粱面、黑豆饼,很多工人都得了拉稀病,日本人又不给治疗,天天都有几十个人在大房子炕上病得起不来,看房先生就让抬尸队用铁丝把他们的手脚捆起来,抬出去活活扔进'万人坑'。"后来他听老矿工讲:"抽鸦片上了瘾,就离不开烟了,也就离不开矿上了。日本人用这种办法控制住矿工,让你为他们掠夺煤炭卖命。抽大烟也最能麻痹人的意志,抽上了瘾,为了得到鸦片,只得甘当亡国奴,努力出煤。"② 长治市陈昌奇回忆小时候随父亲同弟弟一起去矿上采煤时说:"你这个矿工采煤去了,那烟瘾上来啦给你发烟呀。像我和我弟发上烟就给我父亲啦。那东西抽着抽着就上瘾啦。当然我的父亲不是抽得很多的。他就接济他的朋友了。比如矿工烟瘾比较大的,给他们。不吸烟劲儿不大,一吸烟就劲儿大啦。他为了控制你,一抽就精神啦,好为他服务呀。你在这儿有烟瘾啦,你日子就不好过啦。就是拿这个来控制你。"③

日本侵略者疯狂掠夺了山西的矿产资源,还利用鸦片对矿工进行控制,给当地人民的精神造成了巨大伤害。

---

① 大同煤矿"万人坑"二战历史研究会:《抗日战争时期大同矿工口述实录》,中共党史出版社2013年版,第163页。
② 同上书,第156页。
③ 孙丽萍、雒春普等:《1937—1945山西民众的生存状态》,山西人民出版社2008年版,第334页。

九、敌后根据地的禁烟运动

日寇入侵期间的山西，药丸、料面曾风行一时，接洽应酬、请客送礼都离不开它。不管是城镇，还是农村，甚至是根据地，到处都能看到面黄肌瘦、倾家荡产的"抽洋烟"者。不少好人抽成坏人，富户抽成穷光蛋。大烟甚至侵蚀到地下党员。马家滑战役胜利后，永济地下党员张凯就要警卫员给他买几十个大烟棒子。白锋同志发现后当面批评："你怎么能抽这个呢？"张凯说："还不知道什么时候打仗死哩，能抽一天算一天。"①

此外，很多毒贩实际上都受日伪政府指派潜入根据地盗窃情报、物资、货币，散布流言，扰乱人心和社会秩序。很多青壮年，甚至早年间参加过抗日的善良民众，被骗食毒品后，成为日伪门下的汉奸、奸细，说出了不少根据地的信息。毒品与汉奸敌特的关系密不可分。

面对毒品泛滥成灾，严重影响抗日根据地的政治、军事、经济、社会秩序的状况，山西各抗日根据地军民为了捍卫民族利益，保护人民群众的身体健康和财产，粉碎日伪的毒化政策，巩固和发展抗日力量，在开展武装斗争的同时，进行了持续不断的以打、禁、防、控为主的禁毒战争。

首先，抗日根据地的领导高度重视禁烟、禁毒工作，认为禁烟与抗战同样是民族解放的斗争。1938年6月，《群众》杂志第2卷第1期发表了题为《禁烟与抗战同样的民族解放的斗争》的社论，把禁烟

---

① 董寿安主编：《日军侵华河东罪行纪实》（下卷），《永济革命老区》，中共中央党校出版社2006年版，第557页。

九 敌后根据地的禁烟运动

提到抗战的高度，把禁烟作为一种全面性、民族性的斗争，动员广大根据地的民众来共同努力。

1939年6月，中共中央北方局在《关于解决河北问题的八大纲领》中明确提出，必须"禁绝毒品，限制奢侈品的输入"。

其次，扩大社会宣传教育，增强群众禁绝烟毒的意识与观念。烟毒在中国社会中已成了一个瘤疾，吸食鸦片成为某些人的日常习惯。因此单靠政府的力量是不可能禁绝毒品的，只有发动群众，依靠群众自身的力量，自觉戒烟，才能从根本上禁烟。山西各抗日根据地和解放区首先召开各种禁烟会议，用具体事实揭露反动统治者和日本帝国主义强迫人民种、吸鸦片的罪恶目的，说明种、吸鸦片的危害及禁烟的意义，使广大群众觉醒。《晋察冀日报》《晋绥日报》《大众日报》《新华日报》（华北版）等报刊纷纷登载有关禁烟的报道，揭露日伪的毒品政策，号召人民起来禁烟。通过宣传，很多群众自觉按政府法令去做。如晋西北偏关县有50余户准备偷种者交出了罂粟种子，全县还收缴了110两大烟。①

第三，制定法律、法规，严厉惩治种植、贩卖、制造和吸食鸦片的分子。鸦片烟害流毒中国上百年，始作俑者是西方殖民者，加上一批军阀、官僚、土匪、政客等不法分子从中渔利，鸦片烟毒日益加剧。而日本帝国主义的毒化政策，把华北人民进一步推进毒品的深渊。面对如此强大的恶势力，禁毒工作还必须依靠政府力量，运用法律手段，严厉制裁违法犯罪分子。其中较有代表性的是1939年2月颁布的《晋察冀边区行政委员会关于严禁播种罂粟的命令》、1941年7月颁布的《晋冀鲁豫边区毒品治罪暂行办法》、1941年11月颁布的《晋西北禁烟治罪暂行条例》、1943年4月颁布的《山东省禁毒治罪暂行条例》等。这些法律、法规、条例的主要内容包括了禁种、禁吸、禁制

---

① 刘庆礼：《简论华北抗日根据地的禁烟禁毒运动》，《党史文苑》（下半月）2010年第3期。

造贩运、奖惩以及对军政人员的特别要求等各个方面。

罂粟为烟毒之源,禁烟首先要禁种罂粟。晋察冀边区发布的禁种罂粟命令指出:"播种罂粟,病国害民,早已悬为严禁,唯自敌寇进犯以来,厉行毒化政策,到处强迫播种。而无知愚民,竟有受其欺骗秘密偷种者,若不严加禁绝,将见生产日减,毒氛日炽,影响抗战殊非浅鲜。现值春耕将届,罂粟不日下种之期,合再重申禁令,仰该县长认真查禁,彻底肃清,倘有偷种,一经查获,即按中央禁烟治罪暂行条例严重处办。除分令外,仰遵照,并布告该县民众一体周知为要。"①

同时,严刑惩处制造、买卖、贩运烟毒的人犯。晋西北抗日根据地政府在《晋西北禁烟治罪暂行条例》中规定:"意图制造鸦片而栽种罂粟者,处死刑。"②《晋冀鲁豫边区毒品治罪暂行办法》规定,制造毒品者,处死刑;以运输毒品或包庇运输为常业的处死刑或无期徒刑;贩卖毒品的处死刑;吸食毒品者超过戒烟期限,仍吸食3次以上者,处死刑。《晋西北禁烟治罪暂行条例》中也明确规定,贩运毒品者,处2年以上10年以下有期徒刑,并给予5000元以下罚金,如数量在200两以上者将处死刑。《山东省禁毒治罪暂行条例》则规定,对制造、运输、意图营利为他人施打吗啡或设所供人吸毒者,处死刑或无期徒刑;有瘾者限期戒绝,再犯者处死刑。如1942年10月31日保德县政府关于杨润世私贩鸦片处刑二年的判决书:"经查杨润世,男,26岁,是府谷县贩盐商人,在保德县公益栈内买卖烟土毛重一百零玖两,后企图私渡黄河时,被巡查员陈延年查获所带烟土,经保德县政府核实后,判处两年有期徒刑。"③

---

① 黄绍智:《禁毒工作手册》,生活·读书·新知三联书店1993年版,第79~80页。
② 韩延龙、常兆儒:《中国新民主主义革命时期根据地法制文献选编》(第3卷),中国社会科学出版社1981年版,第140页。
③ 《保德县政府关于杨润世私贩鸦片处刑二年的判决书》,1942年10月31日,档案号A95-3-168-1。

九 敌后根据地的禁烟运动

1943年晋绥行署、保德县府毒品犯刘黄英拘一月,赵代儿找保释放的判决刑罚核准的批复:"刘黄英,男,四十八岁,贫农;赵代儿,男,二十五岁,两人过黄河到达岢岚,做佣工收割烟土,刘赚得烟土六两,依据《晋西北禁烟治罪暂行条例》第十一条,将烟土没收,并依据《处理鸦片案件补充办法》第二款,本应处罚金,但念其家贫无力交纳,处以拘役一月。赵赚得烟土三两,依据晋西北行政公署《私运、私存药品查缉处罚及提奖办法》第七条第二款将药品没收,犯找保具结释放。"①

第四,实行循序渐进办法,逐步禁绝鸦片。在禁烟工作中,鉴于鸦片烟害流毒已久,群众受害甚深,积重难返,不能操之过急,采取了分别对待、循序渐进、逐步禁除的办法。首先是禁种,已经种的,华北抗日根据地和解放区的党与政府要进行烟民登记,本年仍许其收割,但不许其随意出售。没有种的则绝对禁止再种。太原乡绅刘大鹏所著的《退想斋日记》中提到1940年二月初七,"红军之县公署在阎家峪召集各村长赴开会,决定严行禁种罂粟,如违定按军法治罪"。四月初十日红军到南城角村公所令毁坏罂粟,十一日"各家毁坏自己的烟苗公一顷有余,留下无几"。赤桥村也在"红军"的压力下铲毁了罂粟。该文中提到的红军就是当时活跃在山西的八路军。其次是戒烟,已吸烟者要进行吸烟登记,限期戒绝,未吸烟者严格禁止。如《晋冀鲁豫边区毒品治罪暂行条例》规定:吸食毒品者必须自1941年9月1日开始在各村公所登记,登记后限期戒绝。"凡吸毒犯在二十五岁以下者,限三个月戒绝;二十五至四十岁者,限六个月戒绝;四十岁以上者,限九个月戒绝。过上定期限仍吸食者,处以一年以下劳役,并酌科三千元以下之罚金;三次犯处以远地一年以上之劳役,并

---

① 晋绥行署:《保德县府毒品犯刘黄英拘一月赵代儿找保释放的判决刑罚核准的批复》,1943年2月25日,档案号95-3-168-2。

酌科三千元以下之罚金；三次以后再犯者，处死刑。"① 《晋西北禁烟治罪暂行条例》也规定："吸食鸦片者，准予在本条例颁布后一年内服食戒烟药丸戒绝之，在戒烟期内仍吸食鸦片，或逾期仍未戒绝者，处三年以下有期徒刑。但年在二十五岁以上者，得延长至三年。"②

抗日根据地在禁烟禁毒运动中有毒必禁，有烟必戒，在广大军民的一致努力下，取得了很大成功。

---

① 韩延龙、常兆儒：《中国新民主主义革命时期根据地法制文献选编》（第3卷），中国社会科学出版社1981年版，第122页。
② 苏智良、赵长青：《禁毒全书》，中国民主法制出版社1998年版，第1536页。

十、敌后根据地的救灾与医疗

连续几年破坏性空前的自然灾害以及日伪军的疯狂"扫荡",使得太行根据地的农村元气大伤,人民的生活水平不断下降,这不仅影响了人民的生产和生存能力,也动摇了根据地的社会稳定,更威胁着整个根据地的巩固与坚持。因此,集中力量克服灾荒,成为决定党和政府与广大人民群众的关系,乃至推动一切工作的前提条件。为此,根据地各级党委和政府工作人员深入发动群众,设法将群众的积极性调动起来并引入抗灾度荒中去。面对严重的旱、蝗灾,太行区各级党政军单位大力组织和扶持农民,凿井挖池,开渠修滩,突击抢种,锄苗保墒,扩大种植面积,力求不荒一亩地,以弥补旱灾所造成的损失。

据《新华日报》载,1944年山西大旱,山西汾城、临汾等17县出现多年未有的蝗灾,田陇积蝗四五寸,秋禾食尽。1942年秋天,平汉线以东的日占区和黄河以南的国统区发生严重蝗灾,蝗虫飞到解放区并投下了蝗卵。1943年6月,太行区的豫北和冀西各县蝗灾渐趋严重,随后又蔓延到晋东南的左权、黎城、潞城、平顺等地。

为保产抗蝗,1943年太行根据地政府动员群众开展了声势浩大的灭蝗运动。仅太行区10个县统计,打死蝗虫1825万斤,挖蝗卵、蝗蛹11万斤。边区政府发放打蝗奖励粮和挖蝗卵兑换粮达1000万斤。蝗灾来临后,太岳边区号召民众互帮互助,一同捕捉蝗虫。根据地发动群众打蝗虫,拿笤帚、扫帚、树枝往死里打。太岳区九专署提出"捕蝗一斤给钱两元"号召群众灭蝗。1944年自春至秋,从挖蝗卵到打飞蝗,几乎持续了一年,参加人数达100余万,用工达1000万个。全年最宝贵的生产季节,都与打蝗相伴随。经过不懈努力,全区因蝗灾而降低的收成控制在10%左右。

1943年，太行山区出现大面积蝗害。农民对付不了肆虐的蝗虫，就在无奈之中祭起了迷信的大旗，有很多地方烧香磕头，唱许愿戏，插杏黄旗。他们对蝗虫顶礼膜拜，称之为"神虫"。许多农民认定旱灾、蝗灾是"天定劫数"，积极参加求神活动。但蝗虫的活动丝毫不减，鄄北县"神娘娘""李善人"最初坚决不打，烧香拜神，别人的苗子保全了，他们的苗子被蝗虫吃得很厉害。在这种迷信活动流行之时，太行区组织了大规模的灭蝗运动并取得了显赫的成绩。在困难面前要靠自己的奋斗而不能靠天恩赐，铁的事实使不少农民改变了观念。另外根据地还用事实破除了许多迷信做法，不准神汉巫婆们进行活动，因陋就简地利用祠庙做小学发展教育，甚至在一些地区捣毁了庙宇。显而易见，救灾度荒有效地教育了广大农民，克服了各种迷信落后思想，它让群众懂得了，那些被看作神物而对之顶礼膜拜的自然力量，原是可以抗拒甚至征服的。这就进一步动摇了为剥削阶级服务的神权。

1942年起一场惊世灾荒降临整个中原大地，河南、山西、山东、河北等省份都发生了不同程度的苦旱，并伴有蝗灾、瘟疫，其中山西灾情持续三年之久。灾害带来的饥荒往往导致大批乡民离开故土，迁入他地移境就食，故土的沦陷更迫使人民背井离乡，由平原向偏远山区迁移。其他灾情较山西更为严重的地区，如河南等省的受灾民众纷纷涌入太行、太岳根据地，外来灾民达25万人，大约相当于整个晋冀鲁豫边区所有灾民的六分之一。对于外来逃荒的灾民，晋冀鲁豫边区颁布《根据地外来灾民登记安置办法》并进行有效安置，对于已经入境的灾民，按本地居民3%的比例安插，入户籍地灾民和本地灾民同等待遇。通过有效安置，外地灾民大量涌入边区所带来的社会隐患逐渐消除。据报道，当时逃向太岳区20万、逃向太行区5万的外来灾民，都找到了他们的家。妥善安置因灾而来的移民，保证了根据

十
敌后根据地的救灾与医疗

地和山西社会的稳定,为共产党和八路军取得抗战的胜利解决了后顾之忧。

沁源县那时候人们生疥疮,得伤寒、痢疾的很多。当时老百姓躲日本人,每家都要在山沟里打窑洞。很多人浑身都有疥疮,就是因为潮湿。当时治疥疮有一种土办法,在山里采些叶子回来以后熬水,然后用药水洗或者涂抹在患处,或者把山桃、山杏的仁捣开去皮砸碎,再拿上麻油调成面糊状,然后搽到手指和其他生疥疮的地方。治伤寒是让病人脱了衣服,用一个铜钱在他的背上刮,现在叫刮痧,沁源人就是叫哈喇哈喇,刮过以后,再喝点儿水里边放辣椒面儿、生姜片儿的辣汤,喝了以后一发汗,好像就发出来了。用这些土办法比较多一点。因为疥疮、伤寒死亡的人不少。

疥疮、伤寒等疾病,给抗日根据地的军民也带来了极大痛苦,对劳动力以及部队战斗力都造成严重危害。根据地政府除依靠自己的医疗力量,解决战场救护和伤病治疗外,开始协助地方每一个部队医院,也就是所在地区群众的医疗机构开展疾病防治工作。为了减轻群众的痛苦,太岳区从防疫运动开始,逐渐建立和发展了社会医药卫生事业。比如1944年6月,由太岳纵队发起,开展全区的卫生防疫运动。1945年6月17日,《太岳日报》还发表了《开展社会卫生运动》的社论。为了防病治病,绵上、安泽、浮山、沁(水)南等县,1945年春分别成立了中西医生研究会,召开医学会议、安生会议,第四专区和安泽、士敏、翼城等县都建立了医药合作社。安泽县模范中医李克让在1945年3月创办的医药合作社,吸收6家药店入股,18位医生参加,并且建立了两处分社,为群众治病随叫随到,不收诊费,药价便宜,深受群众欢迎。

由于药品缺乏,医疗条件比较落后。太岳区利用本区的资源,广泛组织群众进行采药活动,解决药品奇缺问题,各县采集本地的麝香、鹿茸、党参、黄芪、茯苓、山萸、石菖蒲等药材达二三百种,为群众治病提供了便利。1944年,仅沁南县在舜王坪就采集石菖蒲2134公斤。太岳军区卫生部制药厂以当地出产的中草药大黄、黄芩、远志、苦参、益母草等为主,购买少量云、贵、川、广名贵药材,经过加工提炼,配制成丸、散、膏、丹等中成药87种,不但保证了部队的需要,而且为群众供应了部分用药。①

---

① 中共山西省委党史研究室编:《太岳革命根据地简史》,人民出版社1993年版,第279页。

十一、改造"二流子"运动

在华北农村,"二流子"是对那些无正当职业而靠不良行为如盗窃、赌博、阴阳、巫神、土娼等为谋生手段的人的统称,即那些"不务正业、游手好闲,沿门乞讨,抽大烟,耍赌博,当巫神"之类的人。抗战时期,在抗日根据地存在为数不少的"二流子",他们既给根据地带来严重的危害,又是发展生产的潜在劳动力。各抗日根据地政府采取各种措施改造他们,既改良了社会风气,又提供了大量的劳动力,充实了抗日力量。

"二流子"也分为不同的类型。有的曾经是贫苦的劳动农民,因为遭受残酷的剥削,穷得房无一间地无一垅,致使无法从事生产,于是吃喝一天混一天,养成流氓习气,偷偷摸摸,无可奈何地过起了游民生活,成为"二流子"。有的是破产地主,少年时代光景好,被家庭娇养,从小不事生产、吃喝嫖赌长大的,后来家财散尽,生活贫穷,还依然保持旧习惯,浪荡成性,成了"二流子"。大量"二流子"的存在,为正常的社会秩序带来严重危害,对政治、财经、军事和社会风气来说,也是一种不稳定因素。如果放任自流,就可能成为日伪拉拢的对象,所以只能在施以救济的同时改造他们,使之成为发展生产、支持和坚持抗战的重要力量。因此,各抗日根据地政府采取多种措施积极改造"二流子"。

经过调查和群众评议,根据地政府先严格划定"二流子"、半"二流子"和非"二流子"。华北根据地划分"二流子"的标准,主要从其生活来源看,那些完全无正当职业而靠不良行为如盗窃、偷汉、招赌、贩卖违禁物品、拐骗、做巫婆神汉、做汉奸等为谋生手段者为"二流子";有正当职业又兼不良行为为生活手段者为半"二流子";完全靠正当职业为生活手段,但染有不良嗜好或不良习惯者,即使不劳动,也不能算"二流子"。这样划分,针对各人的不同情况,对症下药,也让他们明白自己的劣根性所在。

兴县二区柳叶村某劳动英雄改造一个"二流子"时,先借给他粮食帮助他,他有了吃的,依旧不好好劳动,劳动英雄就将他编到自己的变工组里。在地里,其他变工队员就你一言我一语追问他:"谁让你当'二流子'?"围绕这个问题,讨论了七八天,最后告诉他:"不是你愿当,是旧社会让你当。"经过这样的教育以后,他思想上开始觉悟,逐渐转变过来。兴县杨家坡合作社改造一个"二流子",最初干部用实际行动去感动,因其积习太深,好转了几天,又变坏了。干部气得难忍,动鞭子打,发动儿童讥讽,一点也不生效。最后还是用诚恳说服的办法,才改造过来。这样发动群众,帮助"二流子"解决实际困难,形成了改造"二流子"的强大社会舆论。还有的人是由于贫穷没有生产工具无法生产或无地可耕而沦为"二流子",这种人要从解决他们的实际困难入手,如帮其解决种子、口粮、农具等问题。灵丘王巨村某个懒汉,在1939年因偷盗劳动英雄王海的粮食,怕处分而走了口外。1944年王海捎信把他叫回来,并借给他2匹布、8斗粮,给他调剂土地,拿钱给他做本钱跑运销,光景好了,他感动得反省自己的过去,所有错误都承认,并承诺今后什么工作也不落后。[①]

"二流子"改造提供了大量劳动力,推动了华北根据地的大生产运动。大量的"二流子"改掉了过去游手好闲、好吃懒做、不劳而获的恶习,成了自食其力的新人,有的还成为边区的劳动英雄或积极分子。"二流子"改造净化了社会风气。离石有个女"二流子"在政府的帮助和教育下,要求参加民兵,并动员妇女练兵。她每天上冬学,听

---

① 牛建立:《华北抗日根据地的"二流子"改造》,《中共党史研究》2010年第2期。

报上的消息,在冬学中还订出了全年的生产计划。① 通过改造,在边区形成了"当二流子可耻,好吃懒做被看作是可耻,勤劳致富光荣"的价值观念,直接推动了边区的大生产运动。《解放日报》发表社论总结说:"几年来我们不仅进行了经济、政治、文化各方面的改造和建设,而且还进行了'人'的改造和建设。旧社会遗留给我们的渣滓——'二流子',大部分都改换了原来的面貌,变成健康勤劳的农民。"②

---

① 牛建立:《华北抗日根据地的"二流子"改造》,《中共党史研究》2010年第2期。
② 同上。

十二、敌后根据地颁布条例改革婚姻制度

抗战时期共产党在山西地区根据地的环境是广大的敌后农村。在这样的区域中，封建的婚姻制度一般都占着统治地位。尤其在那些交通落后、文化闭塞的地区，旧的婚姻制度更是具有不可动摇的垄断性优势。在各抗日根据地建立之前和发展初期，由来已久的传统礼俗与规范，对生活在农村区域的绝大多数青年男女依然有着很强大的约束力。但是这些落后的婚姻制度在新的历史时期已经不能适应当时的社会状况，而且对人的思想和自由存在很大程度的束缚。为了改变落后的风俗，赢得民心，各抗日民主政权相继颁布了一系列有关婚姻问题的法规，比如《晋察冀边区婚姻条例》《晋冀鲁豫婚姻暂行条例》《晋西北婚姻暂行条例》《晋绥边区婚姻暂行条例》等，从法制建设上加强对旧婚姻制度的破除，建立新民主主义的婚姻制度。[①]

从华北各抗日根据地的情况看，在开辟前以及发展初期，占主导地位的婚姻方式是包办式婚姻，即大都要通过"父母之命，媒妁之言"的包办方式结成婚姻。所谓的"父母之命"最根本的意义在于家中父母或家长对自己的子女在选择配偶上具有决定权。一般来说，父母的意志代替了子女的择偶意志，不经过父母首肯而自行选择的配偶很难成婚。子女个人的力量在此不具有重要意义。除了"父母之命"外，"媒妁之言"也是不可缺少的因素，无论男方家庭还是女方家庭，都把媒人视为依赖的对象，男子无媒不娶、女子无媒不嫁实际上仍是这些地区人们婚姻过程中必须遵守的规范。

---

① 傅建成：《论华北抗日根据地对传统婚姻制度的改造》，《抗日战争研究》1996年第1期。

十二 敌后根据地颁布条例改革婚姻制度

基于以上情况,改变包办婚姻,实行婚姻自由成为根据地婚姻制度改革的首要任务。根据地颁布的一系列有关婚姻的法规中,都切实保障了婚姻自由。婚姻自由包括结婚自由和离婚自由。《晋冀鲁豫边区婚姻暂行条例》第四章第十条明文规定:"结婚须男女双方自愿,任何人不得强迫。"《晋西北婚姻暂行条例》第一章第二条规定:"婚姻以基于男女当事人之自由意志为原则。"其他各边区政府颁布的婚姻法规中也都有类似的规定。① 婚姻法规强调婚姻自主,反对包办买卖婚姻,得到了青年男女真心实意的拥护,一些人在自己的婚姻自主权受到侵害时,不再像以往那样表现得逆来顺受,相反,则是以婚姻法规为依据,大胆进行抗争。40年代发生在晋冀鲁豫根据地所属太行区黎城县的刘秋河和彭邦清争取婚姻自主一事就是一个典型例子。刘与彭经人介绍相识后,两厢情愿结婚。谁知好景不长,成亲后第三天,刘秋河便陷入一场官司中,有人指责他抢了人家的媳妇。原来,彭邦清家中很穷,幼时被送到黎城县一张姓家中当童养媳。张家获悉二人结婚后,便来人要夺回彭邦清。刘秋河以婚姻法保护妇女合法权益、婚姻自主本人自愿为理由,向黎城县政府上告,要求保护自己和彭邦清的婚姻自主权。虽然事情过程一波三折,但最终在北方局妇委负责人浦安修及黎城县政府的关心和支持下,刘与彭获得了胜利,幸福地生活在一起。后来,刘秋河回忆起此事时,仍满怀深情地说,是婚姻法帮了他们的忙。

在离婚方面,各根据地婚姻法规中一般都规定如果夫妻感情意志根本不合,无法继续一起生活者,任何一方都可向边区司法机关请求离婚,除此之外,各边区婚姻法规还对其他离婚事项做了规定,有关离婚自由的规定,是对包办强迫婚姻制度的根本否定,为男女双方真正建立在爱情基础上的婚姻形成创造了条件,同时,也为解除历史遗

---

① 傅建成:《论华北抗日根据地对传统婚姻制度的改造》,《抗日战争研究》1996年第1期。

留下来的不合理的、痛苦的婚姻关系提供了法律依据。

早婚是封建社会形成的不良习惯,在华北各抗日根据地开辟前和发展初期,这种习惯普遍流行。大多数农村家庭都在子女很小的时候就为他们安排订婚、结婚事宜。与早婚伴生的还有夫妻年龄相差过于悬殊的情况,在许多农村,十几岁的男孩娶一个二十岁左右的媳妇成为司空见惯的情况。早婚作为一种恶习,既危害个人健康,也造成人们对婚姻满意度不高,还伤及民族元气,妨碍人口素质的提高。

鉴于早婚的危害,各边区婚姻法规都明确规定反对和禁止早婚。具体结婚年龄在各根据地有不同的规定,但基本是男不早于20岁,女不早于18岁或16岁,在有些根据地,考虑到当地相沿已久的婚姻习惯,把订婚也作为一项内容写入婚姻法规,但对订婚年龄也进行了明确规定,禁止过早订婚。总的看来,无论是订婚年龄还是结婚年龄,各边区婚姻法规所做的限制性规定与当时普遍流行的早婚年龄相比,均有所推迟。这对保障青年男女的身体健康,培养下一代的良好身体素质,都是大有裨益的。

在封建婚姻制度影响下,农村妇女受旧礼教压迫较男子更甚。传统的男尊女卑观念在广大农村中具有根深蒂固的力量。在家庭生活中,夫妻间的关系是不平等的。比如在有些经济落后的农村,买卖婚姻现象屡见不鲜,许多妇女很小年纪就被卖到别人家做童养媳,社会地位低下。各边区政权颁布的婚姻法规都注重对妇女权益的保护,或单独对妇女权益做出保护性规定。对于一些地方事实上存在的带有买卖性质的纳妾、蓄婢、童养媳、租妻、卖活人妻等不合理的怪现象,一律严厉禁止。在边区婚姻暂行条例施行前之童养媳,其自愿另择配偶者,可以随时请求解除婚约。

根据地颁布的一系列婚姻法条例,对所在地区的婚姻制度和妇女地位造成了显著的影响。晋察冀根据地有许多地方妇女结婚,以会议形式代替了坐花轿骑毛驴。自由恋爱之风日甚,结婚离婚者激增。自

十二 敌后根据地颁布条例改革婚姻制度

新婚姻法规颁布后,妻子在家中的地位逐渐提高,双方关系开始显露出趋于平等的端倪。许多地方的妇女与丈夫同样参加生产劳动,成了家中不可忽视的财富创造者。妇女不只在家庭的经济地位提高,政治社会地位也提高了,增加了家庭的和睦。童养媳、早婚等现象,也都随着生产的开展而日趋消除。总而言之,新婚姻法规在根据地起到了改善妇女家庭地位,促进家庭内部团结与和睦的积极作用。

抗日战争时期,中国共产党领导的抗日根据地对所在地区传统婚姻制度中落后的社会风俗进行了一系列改造,改变了根据地的社会面貌,加强了中国共产党的统治基础,壮大了抗日力量,为抗日战争的最后胜利创造了有利条件。

十三、山西开明士绅支援前线

开明士绅"出身于中小地主"①，是抗战时期同情和支持民主革命，愿意与中国共产党合作，并积极参与抗日救国的进步群体。面对灾难深重、亡国灭种的严重危机，作为中间势力的开明士绅，深知"覆巢之下无完卵"的道理，铭记"临难勿苟免"的古训，识大体，顾全局，在中国共产党统一战线政策的感召下，积极参加到民族抗战的行列中来，有的甚至抛头颅，洒热血，为民族抗战的胜利做出不可磨灭的贡献，他们的抗日行动和事迹，将永远留在全民族抗战史的丰碑之上。

积极动员参军

为保家卫国，支持部队建设与发展，开明士绅利用自己的社会威望，不仅积极动员乡亲们参军，而且还晓明大义，亲自把自己的子女送入军队，极大地推动了民众参军热潮的高涨。

1939年，晋城士绅刘文鼎"虽年逾半百，而精神矍铄，于上月亲送其少君刘寇置、刘寇民，步行六十余里至八路军'冀西'团入伍"②。著名士绅刘少白很早就培养子女走革命道路，长女刘亚雄是兴县第一个不缠足的女子，也是第一个考入省城上学的女学生，后来成为优秀的无产阶级革命战士。抗战期间，出于对中国共产党的信任，刘少白又将儿子刘易成、二女儿刘兢雄、三女儿刘平、外孙刘纪原等送到延安公学学习，另外还介绍牛何之、李六平、高重华、张义侠等亲属奔

---

① 《中国革命和中国共产党》，《毛泽东选集》（第2卷），人民出版社1991年版，第638页。
② 《刘文鼎先生送子出征　好兄弟武装上前线》，《新华日报》1939年5月7日第1版。

赴延安，参加革命。

在送子参军方面，红色士绅牛友兰无疑是最具代表性的一位。全国抗战爆发时，他的大儿子牛荫冠已经加入共产党，负责山西牺盟总会的工作，成为晋绥解放区创建人之一。1938年年初，牛友兰将次子牛荫天、三子牛荫东送到延安学习。毕业后，牛荫天转赴晋察冀边区工作，牛荫东先后在八路军第115师和安徽新四军工作。1942年春，牛友兰又把自己的小儿子牛荫西送到延安。至此他的四个儿子全部走上了革命道路。除此以外，牛友兰还把他的侄女牛荫英、牛荫蝉、牛兴中，侄儿牛荫德、牛荫树、牛荫越，侄孙牛联棠夫妇、牛联棣夫妇，侄孙女牛金枝、牛联桐、牛番秀等牛家大部分子女报送到革命队伍，参加救亡工作。他们中有的在敌后残酷的斗争环境中，献出了年轻的生命；有的后来留苏学习，成为我国工业战线的重要骨干；有的在地方和军队担任领导工作。1942年6月29日，毛泽东、朱德会见晋西北士绅参观团时，亲自接见了牛友兰一行。毛主席握住牛友兰的手亲切地问："听说你把孩子们都送到延安来了？"牛友兰说："前后送来了十几个。"毛主席说："很好，欢迎你们全家革命！"[①]

热情拥军护军

拥军、护军是一件非常重要的工作，直接影响抗战的士气。只有把拥军、护军工作做好，才能使军队增强吸引力，才能吸引更多青年加入到抗日队伍中来。抗日战争时期，开明士绅有钱出钱、有力出力，在拥军、护军，优待抗属等方面也贡献了自己的一臂之力。

1939年，阎锡山提出要"饿死八路军，困死八路军，赶走八路军"的反动口号。兴县开明士绅孙良臣四处奔走，想方设法动员群众给八路军筹粮、筹款，支持八路军第120师和决死四纵队、工卫旅以及暂一师抗击

---

① 张湛彬：《倾囊救国的红色士绅牛友兰》，《百年潮》2002年第6期。

日本侵略军。他总是说:"抗日救国,匹夫有责。现在到了生死存亡的紧急关头,我们每一个中华儿女都应该为抗日救亡做贡献。"① 孙良臣身先士卒,带头把自己的所有积蓄和一部分粮食拿出来交给当地政府,因此受到了第120师政委关向应的特别称赞。

1940年春,晋西北行政公署(后改名为晋绥边区行政公署)成立,牛友兰将占地4500平方米的五座宅院和一所花园庭院悉数献出,供行署机关使用。1942年,晋绥军区司令部暨第120师师部也移驻此院,中共中央晋绥分局同时成立(驻地北坡村与蔡家崖仅百步之遥)。从此,以牛家大院为中心,兴县蔡家崖成了晋绥地区政治、军事、经济、文化的中心,时人誉称"小延安"。晋绥党政军主要领导人贺龙、关向应、林枫、续范亭、周士弟、李井泉等同志长期生活和战斗在这里。

关于此类的事例不胜枚举。离石的20余名士绅,为加强团结,坚持抗战,向全县民众发出号召:加强戒严、缉私斗争,使敌探奸细不能在根据地内稍有活动;搜集破铜烂铁,换取手榴弹及枪支,供给民兵打击日伪特务汉奸;拥护军队,使军民关系团结得像铁一般,军队来时要打扫房子,找柴担水,实行慰劳,妇女们给军队洗缝衣服,生火烧饭;优待抗属,执行政府法令。② 浮山县富绅乔名昌,认为八路军战士"执戈卫国,必须叫他们有饭吃"③,因此主动减租50多石,远远超过了政府规定的减租数目。1939年晋城县人民武装自卫队急需款项,原实升、焦济平两位士绅"各慨捐大洋三千余元"。④ 平顺县寺头村开明士绅申文化,获悉八路军进攻白晋北段取得胜利的消息后,慷慨拿出50元大洋转寄给八路军,并附函说:"贵军总攻白晋北段的大胜利,实为空前

---

① 孟红:《爱国民主人士孙良臣》,《沧桑》2004年第5期,第4页。
② 《离石士绅号召民众:加强团结对敌斗争,爱护军队发扬民兵战斗力》,《新华日报》(华北版)1943年9月29日。
③ 《值得表扬的浮山富绅乔名昌》,《新华日报》1939年1月1日第1版。
④ 《晋城两绅士疏财救国》,《新华日报》1939年3月5日第1版。

未有，不仅提高民众抗战信心，更唤起热烈慰劳之意，但迫于僻处乡村，购买物品困难，故措洋五十元，呈钧署转前线，敬希哂纳。"①

英勇与敌斗争

开明士绅世居乡村，明了乡情，乡望素孚，在农村有着很高的地位和影响。因此，日伪总是企图拉拢一些有名望的士绅充当其汉奸走狗，组织维持会以控制民众。在这种残酷环境下，许多开明士绅以国家和民族利益为重，将生死置之度外，以文弱的身体、坚定的意志同敌寇英勇斗争，表现出高度的抗日热忱和高尚的民族气节。

谢好礼是黎城县人，性情耿直，嫉恶如仇，早年曾留学日本早稻田大学政法系，是日寇极力拉拢的对象。1938年正月，有人找上门来说日本人和他是同学，想邀请他当伪县长。谢好礼当即严词拒绝："我只有一颗脑袋，若有两颗，我就去试一试！"事后，为了避免敌人报复，他不得不远避外地。1940年9月，谢好礼不幸在日军的"扫荡"中被俘。这次敌人又威逼利诱他组织新民会，并且许诺若不愿在黎城任职，可到长治县任职。面对日军锋利的洋刀，谢好礼义愤填膺，用日语痛骂："我是中国人，绝不给日本人当走狗！"敌人恼羞成怒，拿起洋刀就朝他身上刺了两刀。谢好礼顿时鲜血直流，晕倒在地。敌人以为他死了，把他扔到小南街口扬长而去。当天下午，谢好礼幸被同村人发现，经抢救医治最终得以脱险。谢好礼死而复生、誓死不当汉奸的事迹很快传遍边区，八路军太行支部还将一块写有"气节凛然"四个大字的匾额送给了他。②

李子才是定襄县士绅，他的家境其实并不是很好，但是为了援助、救济抗属与贫苦群众，他经常捐粮、捐物并组织募捐。另外在掩护党政干部、配合各种工作、发动制炸药人员参加工作等方面，他也处处表现

---

① 《爱国士绅申文化捐金慰劳八路军》，《新华日报》1940年6月13日第1版。
② 李春荣：《气节凛然的谢好礼先生》，《文史月刊》2009年第6期。

出高度的抗日热忱。1941年晋察冀边区组织士绅参观团时,他亲任副团长,回来后就积极向群众宣传边区的建设成就。同年11月,李子才在蒋村被日军逮捕,敌人对他严刑拷打、威逼利诱,他始终坚定不移,最终被敌惨杀。[1] 在晋绥根据地,临县士绅李增瑞,热心根据地各项建设事业,日伪数次诱其事敌,均被拒绝。敌人遂使用下三滥手段,暴力劫持了他的妻子和亲属,并将其妻残忍打死。但这不仅没有使李增瑞退缩和胆怯,反倒更加坚定了他抗日的决心。[2]

---

[1]《定襄士绅李子才坚决献身抗日临死不屈》,《晋察冀日报》(抗敌报)1942年4月10日第3版。
[2]《敌诱逼无效恼羞成怒,李增瑞先生家中被袭》,《抗战日报》1942年8月13日。

十四、山西武林人士救国强国

中华武术是中华民族传统文化的瑰宝，具有健身和攻防双重功能，自古以来深受各族人民的喜爱。清末民国时期，随着山西晋中地区商业的繁荣，晋商巨贾们纷纷聘请镖师保镖，太谷"形意拳"、祁县"心意拳"等随之兴起，并涌现出许多闻名遐迩的著名武术家。抗日战争时期，面对国破山河、民族危难的局面，山西武林人士利用武术"强国强种"的技能，服务于社会，救国于危难，将勇武、强健、团结、不畏强暴的侠义精神和民族性格，在血与火的交融历炼中进一步弘扬和光大。

民族气节　浩气长存

1937年11月太谷沦陷后，日寇为维持其统治而筹建伪"保卫团"。有汉奸知道形意名家宋铁麟练得一手好形意拳，功夫非凡，便以厚禄力荐其出任团长。宋公虽然赤贫如洗，但丝毫不为所动，冷言拒绝道："国难当头，吾堂堂中华武士没能为国捐躯已是憾事，何有为倭寇效劳之理！"[①] 对于此类要求，曾担任太谷县国术馆教练的朱福贵表现得更为刚烈。1939年，日军多次至其家中请他做事，朱福贵都断然拒绝。他曾说："中国人不能当亡国奴，中国武师更不能为日本人做事。"这年冬天，几名日本人又逼迫其传授武艺，朱福贵怒不可遏，气血冲头，不久病逝。[②]

有一些略懂武术的侵华日军好与中国拳师比试拳法，欲借此显示

---

① 尚疑：《形意世家铁麒麟》，《太谷报》2010年9月1日。
② 吴秀峰、孙石轩：《形意拳发展史略》，山西人民出版社2008年版，第178页。

淫威。1937年，驻太谷的日军"邀请"形意拳传人孙德宜到驻地轮流较量，结果尽数败北。① 后来日军又在太谷贝露学校设立摔跤场，抓附近的中国人当靶子摔，伤了不少青年。宋铁麟的弟子苗秀荣得知后，决心主动前往一战。一个日军上来就想猛抱这位送上门来的中国拳师，苗秀荣一个健步贴近对手，一招"穿裆靠"连托带架便将他举起，日本兵乱伸乱蹬还是被重重地摔在地上。接着，后面跟上的几个日军又被摔得鼻青脸肿。苗秀荣见好就收，迅速离开了摔跤场，总算替百姓出了口恶气，让鬼子颜面扫地。②

在形意拳传人之间，还有大家合力舍命保护"车师纪念碑"的故事，至今传为美谈。清光绪年间，第一代形意拳代表人物车毅斋大师闻听日本武士在中国大摆擂台，骄横不可一世，遂专程赴津一较高下。当时，日本剑术在世界上是首屈一指的。但是，车先生凭借自己高超的武艺、过人的胆量和满腔的爱国热忱，在剑术比试中击败了气焰嚣张的日本人，从而名振武林。此后大师的门徒专门立"清花翎五品军功车毅斋纪念之碑"③，以纪念这段史实。太谷沦陷之后，因碑文中刻有"日人奋然临，毅斋慢然应，倭败色沮，愿师之。毅斋婉谢焉。人问其故，毅斋曰，岂可使吾国绝技而传之外人耶"④的"辱日"内容，当时健在的形意拳大师布学宽、刘俭及其弟子们便将纪念碑掩埋保护起来。1938年，由于汉奸告密，日军开始追查此碑下落，欲毁其证。他们对布学宽威逼利诱，要求说出石碑下落，均遭严词拒绝。日本特务队又用吊打、灌凉水等毒辣手段逼刘俭交出石碑，但刘俭始终咬紧牙关，拒露风声，最后日军无计可施，只得不了了之。

---

① 吴秀峰、孙石轩：《形意拳发展史略》，山西人民出版社2008年版，第172页。
② 同上书，第176页。
③ 该碑现存太谷县明星镇贾家堡村的车毅斋武馆内。
④ 吴秀峰、孙石轩：《形意拳发展史略》，山西人民出版社2008年版，第174页。

十四 山西武林人士救国强国

不畏强暴 奋勇抗争

一些爱国武人不畏强暴,利用武术这一制敌之技,毅然与侵略者展开英勇的斗争。戴氏心意拳第五代传人段仙,为人行侠仗义,爱交武林朋友,讲究江湖义气,人称"西关大侠"。1937年11月8日,日寇占领祁县城,烧杀掠抢无恶不作。一次段仙大摇大摆走向城门,守城日军见他不行大礼,即用枪托从背后打来,段仙忙闪身躲过。日本兵大怒,即追上前,用刺刀直刺当胸,欲致死命。段仙见日本兵来势汹汹,猛地抓住敌枪顺势往前一带,只见此日本兵收脚不住,一下前扑,栽到一丈深的护城河里了。其他伪军见状遂一起举枪用刺刀直逼段仙,段仙即施展拳术,游龙戏水,穿梭往来于敌群之间,几个照面就把众日伪兵打得连滚带爬,倒了一地。待到他们狼狈爬起欲举枪射击时,段仙早已窜到城外庄稼地里,跑得无影无踪了。

自从拒绝出任保卫团团长后,由于汉奸迫害,宋铁麟不得不离家出走,远避山村,但他偶尔也会秘密潜回太谷办事。一日晚间,当他行经东寺园处小胡同时,恰好碰见两个日本兵对一位女同胞欲行不轨。国仇家恨、新仇旧怨,宋铁麟真是气不打一处来,他快步向前,一拳猛将一个鬼子打倒,另一个拔刀呼地由背后劈来,他回身疾闪,顺势一牵,那厮连人带刀砸在前一个鬼子身上,宋铁麟就势猛踏一脚,两个鬼子便不再动弹了。①

乡宁县田家原村的高提,自幼好武,练就了一身好功夫。1938年的一天,日军又来村里打劫,把全村的牛、羊、骡、马一并抢走,高提的一头好骡子也在其中,于是他跟着骡子尾随其后。当走到高岭村外时,高提出其不意,三拳两脚便将五名日军打下万丈悬崖。其余日军见状,慌忙把高提给射死了。类似这样的孤身杀敌,在寿阳县也发生过多例。如平头镇的拳师郑成权在一次与日军的搏斗中,夺得步枪两

---

① 孙业民:《神技光华夏,气节照山河——忆山西形意大师宋老铁》,《武魂》1991年第4期。

支；胡家堙拳师赵家胜在执行任务途中、董家庄拳师董德胜在回家路上、太安驿拳师张培荣在探听消息途中，都各自打死过日军。①

协助主力　白刃歼倭

在缺少枪炮弹药的极端情境下，武术在抗战中的作用也绝非花架子，尤其是"最后五分钟之决斗，仍非短兵相接，以白刃肉搏见真不可"②。一些武术界人士便利用自己的一技之长向抗日队伍传授武技，在一定程度上帮助战士们在白刃战中取得优势。

祁县心意拳传人岳蕴忠（岳贵宁）是家中独子，老人们不让他赴疆场抗击日寇，只让他给村里巡田。1940年秋天，庄稼相继成熟，但是日寇与地方上的歹徒相互勾结，老百姓粮食被抢的事情时有发生。某夜，岳贵宁正在巡田，忽然看见一辆马车闯进了玉米地，他不动声色，严密监视，待等车马欲行，他马上冲过去喝令停车，窃贼见他孤身一人，便大胆地甩鞭子要溜。这下彻底激怒了岳贵宁，只见他牵住辕骡发劲抵顶，任凭鞭响如炮，骡子猛冲，就是顶不动岳贵宁半步，歹人无奈只好将粮物归原主。事发时道北武工队就在附近，次日副队长郭凤山密会岳贵宁，问他能不能教战士们学武术，岳贵宁欣然应允。此后，他经常利用割草、巡田等机会向武工队队员传授短兵相接的技击术，后来郭凤山还成为徒手夺枪的抗日英雄。③类似的事实不胜枚举。1941年，戴氏心意拳第五代传人高升祯，在时任八路军祁县四区区长的师弟吕义的举荐下，秘密向八路军祁县独立营的战士们传授心意散手、刀法。④后来这些战士先后组成了决死队、大刀队，在执行特殊任务中屡建战功。

---

① 寿阳县志编纂委员会：《寿阳县志》，山西人民出版社1989年版，第555页。
② 耐冬：《谈刀论剑》，《山西国术体育旬刊》1935年第2期。
③ 曹继植：《戴氏心意拳功法教案》，内部材料，第194~195页。
④ 赵宝祥：《戴氏心意拳大师高升祯》，《武魂》2002年第1期。

十四 山西武林人士救国强国

1943年,为了有效打击日军,中共中央提出大力发展民族统一战线,争取团结更多的群众,为抗战服务。时任太谷县六区区长、城市敌工站站长的要进之同志,与武术界朋友相交甚好,他利用这层关系将布学宽及其门下闫芝兰、安玉山、李三元,还有王来虎的弟子白少林等武林人士都发展为共产党的内线关系。在要进之的领导下,武术界的朋友们利用广泛的师徒关系,收集日伪情报,组织购买药品,营救保释抗日革命同志,做了大量有益于抗日救国的工作。根据上级关于"敌工站内线关系要秘密隐蔽,长期潜伏,不到关键时刻,绝对不能公开"的指示精神,这批内线关系的身份始终未曾公开。但是,武术界的这支"无形"队伍,无疑是一支不可低估、不能忘却的重要抗日力量。

还有一些武林人士直接加入抗日队伍,以血肉之躯奋勇杀敌,表现出忠诚炙热的爱国情怀和无畏拼搏的民族精神。如第三代形意拳弟子邱凤鸣在中共地下党员阴杰的影响下,加入了共产党,并毅然参加了晋冀豫抗日义勇军第3支队,后担任别动队副连长。[1]1942年,寿阳县潘沟拳师潘守忠组织他的弟子及当地爱国青年三十多人前往左权县参加了抗日游击队。[2]

---

[1] 吴秀峰、孙石轩:《形意拳发展史略》,山西人民出版社2008年版,第177页。
[2] 寿阳县志编纂委员会:《寿阳县志》,山西人民出版社1989年版,第555页。

十五、晋西北根据地的拥军优抚运动

拥军优抚,属于整个社会保障的一个组成部分,体现了一国人民对自己国家军队的拥护和爱戴,以及其政府和群众对烈属、军属、在职军人、残废军人等的优待和抚恤。中国共产党的拥军优抚政策起源于第二次国内革命战争时期的中央苏区。抗日战争时期,共产党为了争取抗战的胜利,根据各个根据地的特点,进一步改进和完善了保障政策的内容。晋西北地区,东起同蒲路北段,与晋察冀北岳区相接;西至黄河,与陕甘宁边区隔河相连;南至汾(阳)离(石)公路,与晋军驻区毗邻;北至清水河,与大青山区连接。1941年8月,晋西北抗日民主根据地完全建立,共辖36个县,所辖区域地广人稀、地瘠民贫,战斗环境十分艰苦。晋西北边区政府为了适应战争需要,制定并实施了一系列带有鲜明时代特征的拥军优抚政策。

晋西北边区拥军优抚机构

抗日战争爆发后,中国共产党相继建立了一批抗日民主根据地。1937年8月,中共中央在著名的《抗日救国十大纲领》中明确规定优待抗日军人家属。晋西北革命根据地依照纲领和《中国共产党中央晋绥分局对于巩固与建设晋西北的施政纲领》的有关规定,及时开展了对抗日军人家属、荣誉军人及阵亡将士遗属的优待工作。

根据地政府自上而下,不断健全与完善优抚工作组织机构,建立配套完整的组织体系,推动根据地内优抚工作的广泛开展。晋绥边区行政公署行署负责民政事务的机构为民政处。专区负责民政事务的机构为民政科,县里负责的则称为第一科,均设科长一人,科员若干

十五 晋西北根据地的拥军优抚运动

名。区设民教助理员,分别负责办理各级行政区内优抗、抚恤、赈灾、救济及关于军政民联系等事项。到最基层的村,根据《晋绥边区优待抗日军人家属条例》第十二条:"行政村村长、自然村主任代表为优抗工作之主要负责人,行政村设优抗队长(或由自卫队中队长兼),自然村设优抗分队长(或由自卫队分队长兼)。在村长、村主任代表领导下,办理代耕及其他优抗工作;村抗联(特别是农会及妇救会)负协助责任,必要时得由以上人员组成行政村之优抗会及自然村之优抗分会,以推动检查优抗工作。"①

除此以外,为保证优抗工作能够经常与普遍地进行,晋绥边区还规定,在每一行政村要建立一个优抗委员会,由村长、农救秘书、民兵中队长及抗属代表二人,共五人组成,互推正、副主任。晋西北各县按照上级的指示,均在本县设立了优抗委员会,以开展拥军优属工作。以保德县为例,在1942年,以行政村建立了优抗委员会,由村长、抗联主任、拥军代表组成之;自然村以主任代表、农会干事、拥军代表组成优抗小组,有个别村是选出优抗代表专门负责的,如代耕土地由村讨论后,报告给优抗委员会(行政村的)研究后,决定哪一家需优待与优待多少。这样克服了过去村长与抗联互相推诿的现象。由于组织健全领导加强了,优抗工作也取得了成绩。②

晋西北边区拥军优抚政策

为了配合抗战时期拥军优抚政策的实施和激励广大士兵奋勇抗战,晋西北边区政府相继颁布了一系列新的抗战军人及其家属奖励、褒扬和抚恤法规,主要有《晋西北抚恤残废军人暂行条例》《晋绥边区抚恤优待荣誉军人暂行条例》《晋绥边区民兵伤亡抚恤办法》《优待抗日军人家属暂行条例》《晋西北抚恤阵亡将士遗族暂行条例》《晋绥边

---

① 革命历史档案:《晋绥边区优待抗日军人家属条例》,A90-2-93-1,山西省档案馆藏。
② 革命历史档案:《保德县一九四二年优抗工作总结》,A35-3-56,保德县档案馆藏。

区抚恤抗战死难烈士遗族暂行条例》等。

首先是对抗战军人及政民干部的政策保障。晋西北边区在抗日战争时期,分别依照其边区政府(行政委员会、行署)颁发的有关革命残废军人(荣誉军人)的抚恤条例,实施对革命残废军人的抚恤。晋西北各县,从1941年后,按照《晋西北抚恤残废军人暂行条例》(1941年5月10日公布)和《晋绥边区抚恤优待荣誉军人暂行条例》(1945年12月9日修正),对革命残废军人实施抚恤,残废等级分为一、二、三等3个等级。在职的残废军人,除伙食、服装、津贴等费用仍由所在部队供给外,分残废等级每年发给抚恤金:一等50元,二等30元,三等20元。退伍回家的残废军人,按残废等级发给抚恤米:一等270公斤,二等225公斤,三等200公斤。此后,晋西北各县及时依照晋绥行署不断调整抚恤金和抚恤米标准,提高抚恤待遇。① 根据地还制定了一系列政民干部伤亡抚恤办法,对阵亡和因公殉难的根据地的各级任职脱离生产的政民干部(含武委会干部),发给其遗族抚恤金或实物,以安定军心,安抚民心。

其次是对军烈军属的政策保障。抗日战争期间,晋西北根据地在1941年间,先后制定了《优待抗日军人家属暂行条例》(1941年3月1日公布)及《晋西北抚恤阵亡将士遗族暂行条例》(1941年5月10日公布),对抚恤抗日军人家属做了详细规定。《晋西北抚恤阵亡将士遗族暂行条例》中规定:凡本区域阵亡将士,按生前在部队所任职务,按下列抚恤标准发给其遗族抚恤金,每年领五分之一,分五年领完。班长、战士级100元,连排级干部150元,团营级干部200元,旅级以上干部250元。1945年4月以后,改按晋绥行署调整的抚恤标准,班长、战士3000元,排级以上干部4000元,皆一次发清,除发抚恤金外,另发纪念证,作为永久纪念,遗族仍按抗属优待。《晋绥边区优

---

① 山西省史志院编:《山西通志·民政志》,中华书局1996年版,第154页。

十五 晋西北根据地的拥军优抚运动

待抗日军属条例》（1943年1月25日修订颁布），开始对出征抗敌军人家属给予一些优待。上述条例规定：对抗属享受代耕限于收不足维持其最低限度生活者，即每人年平均收粗粮在1.5石以下者，以及无男劳力无畜力，或虽有男劳力及畜力，不足维持最低限度生活者。代耕由村中16岁至55岁之男子并配备使役畜力组成代耕队，分别不同情况，采用定人、定组等代耕形式进行，使代耕工作逐步普及。

晋西北边区拥军优抚政策的推行

为了安慰已死将士之灵，激励抗战将士之志，晋绥行署特颁布死难烈士纪念办法、烈士遗族抚慰办法、抚恤烈士遗族条例及民兵伤亡抚恤条例。关于纪念死难烈士，决定县建立烈士祠或纪念塔，各县烈士所属市镇村庄建立烈士墓碑，每年清明节发动群众祭扫追悼，宣传烈士英勇事迹，晋西北边区政府对死难烈士均进行隆重安葬。这些措施对部队战士情绪影响很大。在兴县举行烈士碑落成典礼时，气氛庄严隆重，参加战士深受感动，认为"为革命死了真光荣"。有的说："把我的名字刻上去，我死活你不要管了。"[1]

为使抗日军人感到参军光荣和激励抗战将士之志，晋西北边区政府为军人制定了许多优抚条例、制度，规定了军人享有的各种权利。1943年1月，晋西北行署制定了爱护抗日军人的办法，指示各级政府教育人民认真执行。（1）交纳公粮，要碾簸干净，不掺杂糠皮、不拌碎沙。（2）诚心爱护抗属，认真代耕土地，送柴担水，切实优待。敌占区尽可能保护抗属，不叫敌人伤害。（3）过路军人，好好招待，帮助煮饭烧水，住处要暖和、适宜。（4）担架运输，不得拖延推脱，迟缓误事。（5）代做军鞋，要加工细做，底子纳好，结实耐用。（6）军队打仗，要送饭、送水、救护伤兵，赶运后方。（7）游击环境里，伤兵病号分散居住，

---

[1] 中国人民解放军政治学院政治工作教研室编：《军队政治工作历史资料》（第9册），解放军出版社1982年版，第36页。

要加意爱护,费心治疗,敌人来了要帮助藏好。(8)敌占区里,要掩护抗日军人的活动,要打听敌情,保守秘密。同时政府还通过宣传抗日官兵保家卫国的英雄事迹,来提高抗日军人的社会地位,从而在社会上形成"当八路军最光荣"的社会舆论环境。

军事职业特点决定了军人与家属大多两地分居,因此晋西北边区政府注重保护军人婚姻,以安定前方军心,维护后方秩序。为适应抗日战争的特殊环境,华北各根据地颁行的婚姻法规具有其时代特色。首先是离婚方面对抗日军人实行保护。凡抗日军人的配偶,非有特殊情形,原则上不准离婚。此种特殊情形必须是:对抗日军人死亡确有证据者;抗日军人参加部队后满5年无音信者;参加部队后满3年以上音信中断者。在这些情形下,抗日军人的配偶始能向当地政府提出离婚请求。如当地政府接到此类请求时,必须尽力予以说服,做好政治思想工作,多方解释,晓以大义,并调查情况是否属实,再决定可否准予离婚。对于因抗战残废者,除非"不能人道者"外,抗属亦不能因残废而提出离婚,或者"须征得他方之同意"方可离婚。[①]对于与抗日军人订有婚约者,非对方毫无音信或音信中断满3年,也不准解除婚约。其次,对违反有关规定者予以处罚。

注重优待荣誉军人,荣誉军人是指在抗战中受伤而致残以及年老身弱的复员军人。随着战争的继续,荣誉军人数量日益增多,如何安排他们将直接影响部队情绪的稳定和战斗力的巩固。晋西北边区政府依据中共中央提出的"长期教养"和安排家务的方针,先后颁布了大量的有关政策和条例,调动了退伍军人的生产、生活的积极性。

另外,群众性的拥军工作很大一部分是围绕抗日军人家属开展的。各级政府依据抗日军属优待条例,纷纷发动群众在生产上帮助抗属代耕代收,在生活上关心和帮助抗属,尽量使抗属在物质上和精神

---

① 韩延龙、常兆儒:《中国新民主主义革命时期根据地法制文献选编》(第4卷),中国社会科学出版社1984年版,第813页。

十五 晋西北根据地的拥军优抚运动

上都得以安慰。以抗日军人家属为主要对象的优抗内容,主要有代耕、优待粮、救济粮款、贷粮贷款、互剂调剂土地。这些抚恤、优待政策的贯彻实施,既解除了战士们的后顾之忧,又鼓舞了士气,使他们一心杀敌,提高了部队战斗力。正如抗战期间一位家住边区的战士给家里的信中所说的:"得知家庭生活如常,甚为高兴,我们在外活跃非常,打了很多胜仗,消灭了不少日寇。"①

1942年10月初,晋西北行署规定安置残废军人及退伍军人办法,并进行了安置退伍军人工作,或者帮助他们解决生活困难,或以货币或以粮票形式予以发放路费和抚恤金。这些政策的实施对于稳定社会秩序、安定民心都具有十分重要的作用。抗战胜利后,中国共产党曾一度计划安排大批军人退役,并对复员安置工作做了一定的部署,军人的退役安置工作在晋绥边区等地有所开展。

同时在需要动员一切人力、物力全力抗战的时期,中国共产党也非常重视民间社团参与优抚的巨大效用,支持建立了农民抗日救国会、妇女抗日救国会、青年抗日救国会、抗日儿童团等很多组织来积极参与战时的优抚工作。

晋西北边区政府制定实施的拥军优抚政策措施,一方面保障了抗日军人的切身利益,调动了他们奋勇杀敌的爱国热情,使抗战得以坚持到底;另一方面也为稳定后方抗日军人的家属,宣传动员后方各阶层人民支援抗战做出了贡献。

---

① 《认真执行优抗条例》,《解放日报》1943年2月9日。

十六、慰安妇：被侮辱、被损害的特殊群体

从 1937 年 9 月入侵山西，一路攻城略地，烧杀奸淫，直至 1945 年日本战败投降，日军奸污山西妇女的兽行从未停息。自 1938 年日本政府和军部将日军奸污妇女的兽行以建立慰安所制度合法化后，日军在山西设立的慰安妇制度有如下三种不同的形式：一是在大小城市里建立了由日本籍或朝鲜籍妇女组成的慰安所。这种慰安所，专供日军官兵泄欲，中国籍嫖客不准进入。另一种是日军在占领区边沿地带设立据点的地区，靠"扫荡"抓捕拘押妇女，尤其是抗日妇女，设立所谓的"慰安所"，供其发泄。还有一种形式是，在一些设有维持会的农村，靠伪村长给日军"搜罗"妇女，有伪县政权的地方则靠伪政权操办此事。但是，无论是在日军占领的大小城市还是在日军占据的乡村，或是日军随时"扫荡"的地区，日军对中国妇女随时随地的搜捕和奸淫，从未止息。

太原城内的"料理馆"（慰安所）

有关史料说，"日伪统治时期，太原城内有百余家妓院，察院后、日城街、福寿里、双龙巷都有妓院"。据太原市老人冯炳楠兄妹回忆，当时在太原，东校尉营有几家慰安所，其中一家叫"三岛楼"，另一家失记；三圣庵有一家叫"富贵楼"；正太街以及西羊市一带的鸡窝巷、豆芽巷、大小濮府也设有慰安所，都是日本军队的专用场所。当时，日军在太原城内设立的慰安所，太原市民称其为"料理馆"。此种称呼，或许是为了有别于中国人开设的妓院。市内大街上和小巷里，日本人开的"料理馆"很多，日本官兵和日本商人出出进进，酗酒打闹，

十六 慰安妇：被侮辱、被损害的特殊群体

跌跌撞撞，以及"女招待"（或许就是慰安妇）妖里妖气地接送日本人的镜头，太原老人至今记忆犹新。设在大街上的日本人的"料理馆"，可能同时兼有饮食和"慰安"的双重功能，而设在诸多小巷的"料理馆"则大多只有"慰安"一项功能。据黄廷壁所写《日寇暴行日记》中载："我们住的五拐巷并不安宁，因为当时汉奸政权在察院后为日本兵设了妓院，整个一道街都是。那些日本兵往往走错了街，到我们街上来骚扰，弄得附近几条街的居民只好整日插上大门。那些兽兵在街上遇见了妇女，便丑态百出，半蹲着身子说：'花姑娘的，快快地，塞古塞古！'"

冯炳楠兄妹也有同样的忆述：他们家原住在太原市西校尉营23号，而日军在西校尉营26号、中校尉营代县会馆、耿步蟾大院三个院内都设有"料理馆"。西校尉营26号原属一姓杨家的院子，杨家七七事变后搬走，日本人侵入太原后，便在此设立了慰安所。日本官兵白天黑夜常在这条街上出没，有些醉兵还不时误入23号。23号的居民，也是整日插住大门，以防寻找"慰安"的日本醉兵闯入。有时日本兵夜里敲门，他们都吓得躲到最后面的一个小院内（此院为四进院），爬树上房（小院里有两棵大槐树，紧贴着平房），随时准备往西校尉营22号院内跳，22号院是座小学校。据说，这三个院子是绝对不许中国人进去的，其中耿步蟾院子里的慰安所，似乎带着饭店，日军官兵可在此泄欲并吃饭，比较高级。

又据刘展先生撰文讲，1945年8月，他以第八行政区专员公署工作队身份随晋军先遣部队返回太原，住宿在大袁家巷22号院内。该院大门正对面，是一"料理屋"，实为日军的一所"军妓院"。该院是一所四合院，约有十几间瓦房，常有四五个朝鲜籍慰安妇，均为20多岁。其中有名叫"桃子"的，穿一身粉红色朝鲜衣裙，缀有飘带。还有一位，常穿一身青色衣裙，戴一副黑边眼镜。据说她们是被日本人从朝鲜强征出来"服役"的。"料理屋"不准中国人进去，如有中国人

要强行进入，守在门口的老鸨就用电话报告日军前来强行制止。此屋一直开到1945年9月以后才被撤销。日本官兵来了，先在门口老鸨屋内登记，交费办手续，然后在院里坐着等候。出来一个，再进去一个。节假日，来人很多。那些慰安妇很少外出上街，只有开饭时才在院里走动。从大门口可以看到她们忧郁的表情。

当时，大同亦是妓馆林立，分中国妓馆、朝鲜妓院、日本料理三种。其中，中国妓馆有：日华馆、庆乐馆、翠香班……，日本料理有：山海、八千代、一休亭、乌家……。一部分日本浪人从北京、江南等地诱骗不少青年女子来大同为娼，专供日本人玩乐。当时的情况是，朝鲜和日本窑子（俗称），华人进不去，可是中国妓馆日人随便出入，招待得稍不如意，挨打受气是家常便饭，要是遇到日本醉汉，真是缠扰不休，无法应酬。另一种情况是：满洲警察，他们去妓馆，既不花钱，处处又要讨方便，喝酒行凶，脚踢手打，任意轻污。这些人认为他们是满洲朝廷派来的官员，高人一头，你们必须殷勤接待，所以妓女们一听见马靴声，一看见警察打扮，就吓得浑身发抖。中国妇女受到的摧残，言难尽意。

县城推行慰安所制度

日军入侵山西之后，凡在某一县城或乡村驻定，首要任务便是向投靠他们的汉奸或伪职人员征集民夫、粮食、蔬菜、肉类和妇女，以支应日军所需。如晋城赵聘三忆述，1938年农历正月二十六，原阎锡山县政府人员及保安队等全部撤走。正月二十七，日军侵入晋城，中和坊街长李青连受盐店指示，出面维持，"迎接"日军。日军石黑少将便在城内老盐号店铺的大厅里，任命赵聘三为伪商会会长、李廷相为伪维持会会长，同时命李廷相为日军提供"花姑娘"。于是，李廷相与晋城名流郭可阶在晋城小东关大店内设"平康里"（即日军所谓的慰安所），迫令暗娼和贫家女供日军奸淫。

十六 慰安妇：被侮辱、被损害的特殊群体

又如，1939年年初，山西文水县伪政权在日军指示下曾公开张贴布告，明令征用妇女。其内容如下："文水县公署训令，差字第一号令：南贤村长副，为训令事，查城内贺家巷妓院，原为维持全县良民而设，自成立以来，城乡善良之家，全体安全。唯查该院现有妓女，除有病者外，仅留四名，实不敷应付。顷奉皇军谕令，三日内务必增加人数。事非得已，兹规定除由城关选送外，凡三百户以上村庄，每村选送妓女一名，以年在二十岁左右确无病症、颇有姿色者为标准，务于最短期内送县，以凭验收。所有待遇，每名每月由维持会供给白面五十斤，小米五升，煤油二斤，炭一百余斤，并一人一次给洋一元，此外游客赠予，均归妓女独享，并无限制，事关紧要……"时至今日，文水县的老人们还记得，即便这些汉奸们为日寇在贺家巷设立了妓院，而日军在文水县欺侮妇女的兽行也从未停止过。布告中所说要"每村选送妓女一名"，其实，这是打着"妓女"的旗号，在强征民女。即使各村真有"妓女"，这些妓女也不会心甘情愿地去"慰安"屠杀中国人的魔鬼。

原山西潞安日本陆军病院军医汤浅谦在其《无法抹去的记忆》中，对当年日军在潞安设立慰安所和慰安妇的罪行有一个全面的交代，他的忆述证实了侵入山西的日军在其驻扎的县城里，确实设有慰安所，并分为由日本妇女组成的且由军队批准的慰安所、由日本妇女组成的且为日本人民营的慰安所、由朝鲜妇女组成的且为朝鲜人民营的慰安所、随日本野战军流动的专供军官的慰安所等几种。其情形如汤浅谦所述如下："在潞安也有慰安所。一家是军官专用，受到军队批准的，还有两家民营的日本餐馆……另外，还有两家全是朝鲜人的妓院……下士官和一般士兵大都到朝鲜妓院去。每逢星期日，兵营放假，这些女人一天要接几十个客人，有的在接客时就累得睡着了。这些士兵只好放下钱回来。星期日外出，一般士兵是下午六时、下士官是八时必须归队，而军官们则不受限制。这样，有的军官就有意晚出，而往往

会遇到女人们因极度疲乏而睡着了的情景……战败前一年的一天，听说军官团的军人会馆，也就是慰安所来了十几名年轻的慰安妇，十分热闹……"

泽昌利在其《太行噩梦——一个侵华日军的日记和回忆》里，也述及了日军在山西汾阳县、长治县实施慰安妇制度的一些情况。他的忆述说："到了汾阳，我被分配到金森部队，在等待进攻长治的休整期间，我曾被同期的壁内技术候补生邀到汾阳城内的妓院去看过。在战地，可以说凡有大日本帝国驻军的地方，都开设着妓院，只要不是非常危险之地，都有妓女们装点着门面……大兵的性欲处理问题是个严重问题，弄不好就会引起出乎意料的强奸事件，为了防止这样的事件，部队承认的妓院总是跟着部队一起行动。我在汾阳去部队的妓院看过，是联队本部的壁内候补生约我的……这是中国式的房子，把两三家中国人撵走而成了部队承认的妓院。一个有六块榻榻米大的房间，是妓院最合适的单间，炕上铺着席子，有套花里胡哨的被褥。打开厚厚的木板做成的门扉，五颜六色的花被妖艳地进入眼帘。"

"在侵入上党盆地的长治城时，正是雨季，给养接不上。不久，补给总算到了。一天，正在我去联队办完事的归途上，在长治西关看到了一辆满载粮食的卡车开过来，车上车下都是尘土，看上去好像是经过长途跋涉很艰难地才到这里。在米袋的垛子上，坐着三四个女人和两个男人，尽管浑身上下都是黄土，但他们还是抱得紧紧的……我想，在卡车上的妓女们都经过战地运输线，其生命很可能会被轻而易举地葬送。不久，在城里开设部队妓院的消息迅速在士兵中传开了，我听说大兵们接连不断地在妓院门口排起长队，简直是门庭若市了。"

日军据点推行慰安妇制度

日军占领山西铁路沿线的主要城镇后，与抗日根据地形成了相峙

十六 慰安妇：被侮辱、被损害的特殊群体

局面。为巩固和扩大其既得的地盘，日军在这些相峙的前沿阵地上不断设立据点，修筑炮楼，每个炮楼派一个小队左右的士兵进行守备，这些守备部队不断结集力量对周边进行"扫荡"。而这些地区多是崇山峻岭，日本籍和朝鲜籍的慰安妇很难到达，为了稳定这些日军的军心和士气，日军便将战场上和"扫荡"中俘虏的八路军等中国抗日军队的女俘虏、中共地下党员中的女青年及农家妇女押送到这些据点当了慰安妇。据张双兵的调查和掌握的数据来看，每个日军据点平时至少有五六个女人，最多的时候达到十几个。且在那个时候被抓去的女人，少的关押十来天，多的关押一到两个月，特殊情况也有一两年，就以每一个据点每次抓捕5到6个女人，每20天换一批女人计算，那么一年内在一个据点被抓的女人预计有100多个，按1个县10个据点计算，得到的数据至少是1000人。据不完全统计，日军侵华期间，仅山西省就被侵占过80多个县，这样计算仅一年在中国就有8万多的无辜妇女被强征为慰安妇。日军全面侵华八年，照此计算，强掳山西的慰安妇当在64万人以上。

抗战八年，在中国战场上日军极少设立女战俘集中所，女战俘有的被审讯后随即处死，有的便被押到华北、华中荒凉地区和前线充当了慰安妇。日军第14师团士兵田口新吉对这一问题有如下一段回忆和交代："日军在作战中，一抓到这些人（指八路军游击队的女战士），立即送到后方的大队本部去。在大队本部里，如果她们受了伤，就由医务室先给她们治伤；如果没有受伤，则由担任情报工作的军官对她们进行审讯，这是通例。但是，这些中国女性就在不知不觉中消失了。虽然士兵们有时也偷偷传说：这些当官的又干好事了，但谁也不会去追查这些中国女人的去向。当时，日本军队中从来就没有建立过女俘虏收容所，那么这些女人被弄到哪里去了呢？我听到了一种说法是把她们弄去当慰安妇了。但是，那些有特务嫌疑的女人以及在八路军中受过教育的女兵，是不可能让她们进入一般的慰安所的。因为

如果让她们进了慰安所，她们随时都会逃跑，二是她们可以与八路军的工作人员取得联系，这是很危险的，因此，绝不会把她们送到那种地方去。那么，她们被送到哪里去了呢？其实都被送到华北、华中一带最前线地区的两三个分遣队据点里去了。那都是些日本或朝鲜慰安妇无法到达的情况恶劣的地区。这些据点四周都建有围墙，盖有炮楼，每个炮楼由一个小队左右士兵进行守备。那些俘虏来的妇女就是被送进这些据点里去的。"

据原任侵华日军陆军独立步兵第14旅团第244大队中尉大队长住冈义一供认：他在任阳曲县南温川分遣队长时，于1941年12月至1943年3月间，先后命令部下在阳曲县北温川、石糟村、岔口村等地擒掳妇女刘××等10人，在南温川分遣队前面的民房内（四所）设置了慰安所，供士兵强奸。该慰安所的管理由军官森五郎负责，被害妇女大都是20岁至30岁。这里的慰安所不但卫生条件较差，且受尽折磨的妇女纯粹只是供日军发泄兽欲的工具。

类似阳曲南温川日军慰安所形式的农村慰安所在当时盂县、阳曲县、沁县、武乡县都很普遍，这些慰安所多是驻扎前线据点的日军为满足性欲需要通过强抓据点附近的农村妇女建立起来的。他们对当地妇女的性迫害，远远超过了对日本籍和朝鲜籍慰安妇的迫害，达到了无以复加的地步。对此，山西盂县乡村教师张双兵历时十多年亲自走访调查，对数千人次进行了采访，寻找了近百位当事人，写了数十万字的调查证言，为中国山西的慰安妇起诉日本政府提供了有力的证据。

第一个站出来向日本政府讨还公道的中国女性受害者侯冬娥，因为年轻时长得俊俏，早年有过"盖山西"的名号。但战乱年代，美貌便是女人的过错。1941年日本人进军盂县，名声在外的侯冬娥最先被抓去当了"祭品"。在日本人的炮楼里，侯冬娥和同被抓去的姐妹受尽欺辱。两个月大的女儿因为侯冬娥被抓，在自家土炕上被饿死了。

十六
慰安妇：被侮辱、被损害的特殊群体

侯冬娥被救出来时，已怀了日本人的孩子。她百般自虐，弄掉了孩子，但之后再也没有生育过。第一任丈夫讨了别的女人，唯一的儿子被抢走，她被赶出家门；第二任丈夫因病去世，抱养的儿子也被同族抢走；因为生活不下去，她跟了第三任丈夫，这个男人早年得过梅毒，鼻子烂掉了。如今跟村子里稍年长的人闲谈，人们还唏嘘"山西最美的女人跟了最丑的男人"。1994 年 4 月，73 岁的侯冬娥悄无声息地离开了人世，没有人打点后事。最终，她的孙子把她和她恨了大半辈子的首任丈夫，埋在了一起。

盂县西潘乡羊泉村刘面焕的经历更令人唏嘘不已。1942 年 3 月的一个早晨，日本兵从村口来到刘面焕的家。当时她正在做家务，几个日本兵端着枪闯了进来。他们用刺刀在家里到处乱捅，一边抢东西，一边嘴里叫着"花姑娘的有嘻"。刘面焕在房间里正准备躲起来，但已经晚了，日本兵冲进来抓她。她的母亲用身子挡住不让抓，他们就用刺刀逼住她母亲，用绳子把她的双手紧紧捆住，不顾她的哭叫强行将她带走。

那天，日本兵到村子其实就是来抢姑娘的，当时被抓走的还有同村的两个姑娘。她们三个人被日本兵押到 15 公里外的圭村据点。一到日军据点，一个被乡亲们叫作"毛驴"的队长就把刘面焕带到他的房间，一下把她按倒在床上。她那时才 15 岁，她一边哭叫着，一边和他撕扯。他狠狠地打了刘面焕两个耳光，并用手枪顶在她的脑袋上，叫着喊着要把她毙了。刘面焕吓得瘫倒在床上。第二天一早，"毛驴"队长就把刘面焕踢了出来。随后村子里的另外一个同时被抓来的叫刘二荷的姑娘被带进了"毛驴"队长的房间，门"砰"的一声关上后，就马上传来刘二荷的哭喊声和"毛驴"队长的淫笑声。刘面焕被"毛驴"队长折磨得路都走不了，有两个日本兵把她架到炮楼边上的一个土屋里，随后从外面又进来七八个日本兵，他们开始一个接一个地糟蹋她。随后的半个多月里，她每天都至少被七八个日本兵糟蹋。刘面焕被他们糟蹋得站都站不起来了，腿部、腰部、脸上，全身浮肿，上厕所只能爬着去。就在她的隔壁，每天也不断传出女人的哭喊声和日本兵的怪叫怪笑声，她知道同村两个姐妹正在遭受着和她同样的折磨。刘面焕的父母非常着急，卖了家里所有能卖的东西，并找亲戚好不容易凑齐了100块大洋把她赎了回来。回家后，刘面焕重病半年多，之后才慢慢好起来。

张先兔也是慰安妇制度的受害者。1942年农历正月初二，人们正沉浸在春节的喜悦中，张先兔尤其高兴，因为她春节前几天刚刚新婚……才起床，日军就冲进她家，叽里呱啦拉上她就走，不让他们拉，一个人举起枪托就打。张先兔的男人当时只有13岁，过来拉住日本人求情，一个日本兵端起刺刀就要刺他……根本由不得你，他让你怎样，你就得怎样，稍不如他们的意，不是拳打就是脚踢，脸上不知道挨了他们多少巴掌……张先兔在日军据点里待了20多天，患上了严重的妇科病，被家人赎出来时，婆家人不搭理她，她在娘家养病养了一年多。当时日军抓她时，张先兔的小丈夫被刺刀吓傻了，之后几年都不会说话，并落下了浑身哆嗦的毛病。

阳曲县王壮秀生于1926年4月，从小生就一张漂亮的脸蛋，她年轻的时候，周围的人都说她漂亮。就在日军占领家乡不到一个月时，王壮秀才刚刚15岁，就被日本兵抓到了据点，关在离据点不远的一个院子里。开始几天，那里只有一个日本军官。几个月过去了，王壮秀的肚子大起来，肚子里怀上了日本人的孩子。有时候那个日本军官也要摸摸她的大肚子，但是可以看出他不高兴。王壮秀也非常害怕，但由于语言不通，不能对话，也不知道他怎么想。几天以后他就不来了，从此以后，在王壮秀住的地方，日本兵随便来，无论白天晚上，最少也有十来个人。没过几天王壮秀的身体就被糟蹋得不成样子，肚子里的孩子也被糟蹋得流产了。流产以后大出血起不了床，几个日本兵把她家里人叫来将她抬回家里。从此以后，王壮秀再也没有生过一个

十六 慰安妇：被侮辱、被损害的特殊群体

孩子。

一些被日本兵糟蹋过的女性，她们当年承受着日本军人的残酷迫害，在身体上和心理上受到的打击是难以想象的。而且在此之后，她们的身体和心理上都留下了永远抹不去的伤疤。她们有的因此丧失了劳动能力，一辈子没有经济收入，依靠别人的怜惜和施舍度日；有的甚至因此失去了做母亲的权利，到了老年，无依无靠，没有经济来源，得了大一点的病，就几乎没有康复的希望，只能等死；有的背井离乡，躲避乡亲们鄙视的目光；甚至有的还被安上莫须有的"汉奸"罪名，被村民打死。她们中的大多数已经在战争年代和战后的几十年里陆续逝去，只有一少部分活到现在。这一少部分中的几位受害者冲破几千年封建社会强加给她们的层层枷锁，不顾儿女和亲戚友人们的极力反对，顶住精神和舆论上的压力，勇敢地站出来，指控日军的暴行。

十七、山西妇女在争取解放中走上了抗日战场

随着日军侵占山西，各地的妇女不惜牺牲，自发抗敌，妇女抗日组织如雨后春笋般建立起来。晋察冀边区妇女抗日救国联合会是抗日根据地中最早成立的妇女抗日统一战线组织之一。根据地的妇女救国组织，在中国共产党的领导下，积极响应民主政府的号召，开展了大规模持续不断的各种抗日救国活动，并取得卓越的功绩。

在支援前线与根据地的建设方面，广大农村妇女挑起了这个重担。抗战时期，根据地的家家户户都是军队的后勤供给加工厂。当时，人民的生活十分艰苦，有的妇女找不到布匹做军鞋，就把自己的衣服大襟扯下来。据统计，1938年至1939年间，晋西北妇女做军鞋12万多双。1940年太行山区妇女共募集40多万件慰劳品。1943年太行山、北岳区和晋西北临南县等地参加纺织的妇女有12.9万人，而到1945年太行和晋西北根据地参加纺织的妇女达到37万余人。到抗战胜利时，各根据地的军民用布基本上能够自给，八路军全体将士都穿上了解放区生产的草绿色细布军装，彻底粉碎了敌人的经济封锁。在这场关系到根据地生死存亡的经济斗争中，由广大农村妇女充任主力的纺织大军立下了汗马功劳。如石榴仙，生于1898年，是武乡下广志村人，后来嫁到了马堡村。她14岁出嫁，30出头就守寡了，带着两男三女五个孩子艰难过日子。石榴仙身材比较高大，面庞黝黑，嗓门很大，是一个普通的农村妇女，却又深明大义、心直口快。她1940年加入了妇救会，积极为抗战服务。她把全村的80多名妇女组织起来分成了五个小组，开展纺织竞赛。同时她还不断改进纺织技术，能够达到一天纺花十两、织布两丈多的成绩，而且还是又快又好。当时人

十七　山西妇女在争取解放中走上了抗日战场

们把她的事迹编进了歌曲："马堡村石榴仙四十六岁整，她是纺织女英雄，武乡头一名，越干越有劲，一天能纺花十两，织布两丈，咱们分区彭政委奖给她机一绽"。石榴仙出席了第一、二届太行群英会，邓小平亲自为她颁发了"纺织模范"锦旗，"男学李马保，女学石榴仙"成为当时太行山区广大群众的奋斗目标。

为了支援前线，妇女们不仅从事纺织、养猪养鸡、养蜂养蚕等家庭副业，而且克服了体力上的困难，冲破了旧的世俗观念，毅然担负起过去主要由男子承担的开荒种田、植树造林、送粪施肥、锄草收割等比较繁重的艰苦劳动。据统计，1940年，晋察冀边区妇女开垦荒滩5万多亩。广大妇女节衣缩食，用超出常人数倍的劳动，努力建设根据地，为支援前线做出了巨大贡献。

根据地的妇女为了革命，含泪送亲人上战场。武乡县禄村有一位李改花老人，是个足不出户的小脚女人。抗战之初，她和丈夫张全德就积极响应政府的号召，把自己的二儿子张二臭送到抗日前线，参加了八路军。1943年，日寇到禄村"扫荡"，张全德因病没有来得及转移，被敌人用开水活活烫死了。得知噩耗之后李改花顿时悲痛欲绝，晕了过去。等醒过来以后，人们说要通知她儿子回来奔丧，可是她却说，人已经不在了，孩子回来也没用，还是让他多杀几个日本鬼子吧！李改花含悲忍泪掩埋了丈夫之后，又把三儿子全宽也送去参加抗日队伍。几个月后，三儿子在爆破碉堡时光荣牺牲。1945年年初，抗日战争进入最后阶段，这时传来了张二臭在山东战场牺牲的消息。村干部将其告诉李改花时，她正在纺线，听到这个消息之后一动不动地沉默了几分钟，然后平静地说："打仗总会有人死，他为国家牺牲了，死得值。"当时李改花已经六十多岁，不知道她是如何强忍自己的悲痛的。后来，她又执意把大儿子送到抗日战场。当时她的大儿子已经四十多岁，想要在家照顾母亲。负责征兵的同志也非常犯难，可是李改花却态度坚决。最终，唯一留下的儿子也奔赴了战场。

根据地的妇女还直接参军入伍，顽强打击敌人。五台县妇女抗日自卫队，是在1939年冬季到1940年春季逐步建立起来的。当时，晋察冀边区武委会妇女部长、妇教会主任是熊常武、王春平；二分区武委会主任范富山，妇女部长齐志勇；五台县武委会主任胡震生，妇女部长高贵文。根据形势的发展，领导决定组建一支妇女抗日自卫队，由高贵文同志担任五台县第一任妇女自卫队队长。

"绝不做亡国奴"，这是妇女自卫队的誓言。1938年秋季，日军占据了五台东冶镇、台城，1939年春季，日军又在五台的大王、田家村、五台山、白家庄等地区，先后修筑了20个据点。日军所到之处，烧杀抢掠，奸淫妇女，从而激起了广大妇女参加抗日斗争的决心。特别是1939年11月下旬，八路军在龙泉关、台怀镇沿线一带，与日军展开了历时15天、大小十余次英勇的浴血奋战，毙、伤敌人650余人，大挫了日军的锐气，更加鼓舞了妇女参军参战的勇气。一位名叫白云的女副县长，到沿清水河的高洪口、照吞口、横岭、常家塘、石咀、金岗库等地区，发动20岁左右的女青年参加抗日救国运动。根据抗日武装建设的需要，她还动员戎梅香、刘贵英、罗贵香、史丑香、罗书香、牛树英等54名女青年，加入了正规部队。

青年妇女参军入伍的行动，在妇女群众中影响极大。居于清水河沿线的一区、二区、三区、九区等抗日巩固区的妇女们，纷纷响应抗日民主政府关于"加强保卫边区，强化地方群众性武装"的号召，踊跃地参加抗日救国活动。于是，很快从县到区组建成立了妇女抗日自卫队的组织，18岁至45岁的青壮年妇女，都成了自卫队队员。据1945年39个巩固区、村和95个游击区、村的统计，参加妇女自卫队的队员共计17700多名。

从1940年到1945年，五台县妇女抗日自卫队发扬了奋起抗日、奋不顾身、奋勇当先的"三奋"精神，取得了很大的成绩。她们奋起抗日送亲人参战，扩充人民军队；奋不顾身，营救抗日军民，背送粮

十七 山西妇女在争取解放中走上了抗日战场

食；奋勇出征，承担重任，参加实际战斗。五台县妇女抗日自卫队，在恶劣的环境中，配合人民武装力量锄奸反特，先后捕捉汉奸、特务136人。在此期间，县、区、村妇女自卫队干部，为开展工作，不幸被敌人抓捕和杀害的有20名。她们坚贞不屈的精神，激励着队员们更加顽强地战斗。

从1937年卢沟桥事变到1945年9月2日日本无条件投降，在这漫长的艰苦斗争岁月里，在关系到中华民族生死存亡的关键时刻，广大妇女从未停止过反抗和斗争。她们是历史上最野蛮的侵略战争的受害者，但也是反侵略战争最英勇、最坚决的奋斗者和胜利者。她们用无愧于祖国的人生谱写了一曲英雄的史诗。

十八、山西抗日女英雄

抗日救国，匹夫有责，为了民族的独立和解放，为了国家的富强和人民的幸福，无数的先烈们抛头颅洒热血，艰苦奋斗，无私奉献。特别是活跃在抗日战场上的英勇无畏的女指挥员、女战士、女民兵，在残酷的抗日斗争中，她们用鲜血和生命谱写了一首首抗日战歌。

李林的名字，在晋绥抗日根据地，特别是在平鲁老区，家喻户晓，老幼皆知。李林于1916年出生在福建闽侯，父亲是华侨商人。小时候她跟随父母侨居在印度尼西亚、爪哇（当时爪哇为荷兰殖民地），在那里她亲眼看到荷兰殖民主义者对爪哇人和华侨的欺侮、剥削，深受刺激，幼小的心灵里充满了对帝国主义侵略者的仇恨和对祖国的向往与热爱。由于她父亲的商业受到当地殖民政府和资本家的排挤，很不景气，1930年她14岁的时候，便同母亲一起回到了阔别多年的祖国。

李林回国后不久，便考入了华侨陈嘉庚办的集美中学，不久转入杭州中学。学生时代的李林非常活跃。1935年春天，李林转学到上海爱国女子中学，于是上海四马路的杂志公司便成了她每星期必去的场所。《读书生活》《世界知识》《大众生活》《妇女生活》等刊物，成了她的良师挚友。这时她从进步书刊和严酷的社会现实中受到了教育，思想上有了很大的进步。1936年，她考入北平民国大学政治经济系。在这里，她一如既往地积极参加学生运动，很快又被学校党组织推荐，参加了共产党领导的"中华民族解放先锋队"（简称"民先"）。革命斗争的锻炼使李林思想进步很快，革命觉悟不断提高，同年12月12日，在北平学生组织的一次大规模游行示威后，她光荣地加入了中国共产党，成为中国无产阶级的先锋战士。

十八 山西抗日女英雄

1936年12月,李林告别学生生涯,响应中共北平市委的号召,和平津的许多爱国学生一起离开北平来到当时已是国防前线的山西,参加了山西牺牲救国同盟会,并在该同盟会举办的军政训练班第12连(后调第11连),接受军事训练。她穿起军装,打上绑腿,一个大城市的女学生,变成了一个英姿飒爽的革命女战士。根据工作需要,李林担任了中共在军政训练班中的临时组织——特委的宣传委员,并兼任第11连党支部书记,主要是做学员的政治思想工作。李林在训练班刻苦学习,取得了全优成绩。这为她后来在雁北敌后指挥对敌斗争奠定了坚实的基础。

1937年9月,大同失陷后,李林自愿留在雁北的平鲁一带坚持敌后战斗。在平鲁,她日日夜夜宣传抗日的道理,发动群众参军参战,创办《战斗生活报》,培养了一批又一批地方干部,建立了人民武装,为开辟和巩固平鲁抗日根据地做出了重大贡献。当时,群众自发地称她为"平鲁人民的领袖"。她在领导军民与日军殊死的战斗中,发挥了卓越的军事才能和异常的胆略,曾以田成村夺马、麦胡图破敌、偏关城杀奸、夜击红沙坝、奇袭长林、岱岳镇等战功,名扬解放区,成为晋绥边区中能征善战的巾帼英雄。同时她的英名也传遍了敌占区,使敌人闻之战栗、见之丧胆,呼之为"女太君",并不惜以5000元重金悬赏她的头颅。

1940年,是雁北根据地对敌斗争最残酷的一年。这年2月29日,数千敌人兵分六路进行的第八次"扫荡"刚刚被粉碎,3月14日张崖沟惨案烈士的血迹未干,紧接着4月25日,雁北十几个县的敌人又倾巢而出,拼凑万余兵力,联合向雁北根据地进行了第九次大"扫荡"。

接到朔县敌人已向我方发动进攻的紧急情报,李林、姜胜等领导同志召开紧急会议,分析敌情,当机立断,决定先避开敌人锋芒,迅速与主力部队步兵三营会合,然后向平鲁方向敌人薄弱的山区转移。

按此部署,我方迅速前进,行至平鲁小峰山上,前锋三营突然与敌人发生遭遇，短兵相接，经过激烈战斗，三营冲杀过去。可是我方机关人员，因一时混乱掉了队，被敌人拦腰截断，难以前进。于是我方人员就地卧倒，等待新的命令。在万分紧急的时刻，李林、姜胜分析敌情，采取对策，准备趁乱突围。李林的突围行动打乱了敌人的部署，敌人迅速调集兵力向李林带的突击队围攻。李林为了拖延时间，给姜胜带领的大部队突围留下足够的时间，坚持与敌人对峙作战。最后，她将仅剩的一颗子弹打进自己的头部，壮烈殉国，履行了她平时常说的"我宁可战死沙场，也绝不当俘虏，共产党人随时要有牺牲的准备，要有革命气节"的誓言。

就这样，年仅24岁的李林同志，为了掩护许许多多被敌包围的同志，为了共产主义事业，为了中华民族的解放斗争，在雁北敌后的战场上，英勇地倒下了。

女英雄梁奔前，山西省平遥县襄垣村人，祖籍平遥县襄垣乡罗鸣后村，父亲梁元茂，新中国成立前任国民党平遥县党支部秘书。她是一位思想进步的小学教员。姐姐梁竞新，七七事变后参加革命奔赴延安。

梁奔前幼时活泼好动，性格倔强，聪慧善学。7岁入本村小学，读书认真，成绩优秀。九一八事变，日本帝国主义侵入我国，东北三省沦陷，全国人民响应共产党的号召，酝酿着抗日救亡斗争，在学校的她也积极参加抗日救亡的歌咏比赛、游行和募捐活动。1936年考入本县二高小后，在一二·九运动的影响下，她参加了抗日救国宣传队，与进步同学走出校门张贴标语，宣传抗日救国的理念。七七事变后，辍学在家的梁奔前救亡之心更坚，她一有机会就给群众宣传抗日救国的理念，揭露日寇的侵略罪行。

1938年4月，平遥县抗日民主政府成立后，梁奔前家成了县、区干部与她父亲传递情报、布置任务的联络点，每当抗日政府的人到家，梁奔前便领上妹妹在门外放哨。她多次凭借着自己的聪明勇敢，在敌人面前救下抗日干部。

1941年,梁奔前面对日军暴行,愤怒异常,向父亲提出要上抗日前线,参加八路军,打日本兵。从此,她作为一名光荣的抗日战士,踏上了革命的征途。

1942年春,抗日训练班结业后,她先后到西崖窑、千庄、仁义等根据地任小学教员,她按照中国共产党提出的十大救国纲领,自编教材,向学生传授新的思想,她将游击队打鬼子的事讲给学生,让学生们懂得了抗日救国的道理。她经常带领学生们到群众中进行宣传,组织孩子们站岗放哨、查路条,安排一些机智的孩子到敌人据点附近的亲戚家,为游击队探察情报。秋后,她任区妇女干部,组织民校读书、识字、唱抗日歌曲,讲光明前景;发动妇女交公粮,做军鞋,件件工作圆满完成。1943年,梁奔前被吸收为中共党员,调往县抗日民主交通局做机密工作,即传递文件、情报,日夜奔波在根据地的山庄之间。

1945年2月14日(农历大年初一),天刚拂晓,日本侵略军"七支一四六一部队"同驻在偏城、原家庄的日伪军共三四百人,对抗日县政府驻地朱家庄、三岔口等村进行了偷袭。梁奔前将文件包藏匿好,向深山转移时,不幸被包围过来的日本兵抓住,当被追问八路军转移的地方时,梁奔前一言不发,只用愤怒的目光锐视着对方,一个鬼子从她身上搜出一支钢笔,即认为她就是八路人员,将她押送到三岔口村,一路上枪托脚踹,叫骂不绝,梁奔前镇静自若。

三岔口村,房屋在熊熊烈火中倒塌,路上横着被残杀的妇女、儿童,村民们被荷枪实弹的日伪军围在村口,日军队长摇晃着屠刀,迫问村民说出被捆绑的梁奔前的身份,日本兵的刺刀尖戳着郝春英的胸口追供,若不招认,刀穿胸膛。梁奔前慨然道:"要共产党员我就是,要八路军我知道,一切情况向我要,不准残害老百姓。"郝春英脱险了,继而日本兵转向梁奔前追索八路军的情况,梁奔前怒斥:"你们日本侵略者失败的命运已定,你们的末日已经来临,还敢在这里屠杀中国人民……！"恼羞成怒的日本兵队长下令将梁奔前推进了熊熊燃烧的房屋中，梁奔前高喊道："你们只能把我烧死，伟大的中华民族是杀不绝的，中国共产党人是烧不尽的，胜利只能属于中国人民……"日本随军翻译渡边龟二郎被梁奔前铁骨铮铮的气节所感动，以"有事要向她调查"为由，建议队长中止死刑，将其囚入窑洞。

晚上，在三岔口审讯中，渡边龟二郎想说服梁奔前改变信仰，放弃共产主义，以免一死，而梁奔前却始终坚持"无论如何不能说共产主义是错误的，哪怕是一时的胡说"。日本队长对失败的审讯大动肝火，下令置梁奔前于屋顶上冻死，由于渡边龟二郎用谷草将她覆盖才使其幸免于被冻死。

次日，渡边龟二郎再次要梁奔前暂时声明改变主意，然后一起进县城。得到的回答就是宁可死在自己工作过的地方，绝不改变主意随敌进县城。第三天清早（2月16日，农历正月初三），梁奔前被日本侵略军拖至屋顶，威迫其向山里的八路军、群众喊话"日军已经撤走，可以安全回村"，而梁奔前面对山野高呼："打倒日本帝国主义！中华民族万岁！中国共产党万岁！"在这气壮山河、震撼太岳之巅的呼声中，梁奔前壮烈牺牲在侵略者的屠刀下，年仅19岁。

女英雄们，她们在战火纷飞的年代，用自己的青春热血捍卫着祖国的尊严，为中国人民的解放事业浴血奋战，最终换来中华民族的解放，她们虽然已经走远，然而我们永远也不会忘记她们。

参考文献：

（1）山西文史资料编辑部：《山西文史资料全编》1998年。

（2）张成德、孙丽萍主编：《山西抗战口述史》（第1部）（第2部），山西人民出版社2005年版。

（3）孙丽萍、雒春普等：《1937—1945山西民众的生存状态》，山西人民出版社2008年版。

（4）岳谦厚：《战时日军对山西社会生态之破坏》，社会科学文献出版社2008年版。

（5）苏华、何远编：《民国山西读本》（旅行集），三晋出版社2013年版。

第四篇

在反掠夺反封锁中打破经济围困
努力构筑抗战经济斗争的新战线

抗战之初，中国共产党就制定了《抗日救国十大纲领》，提出了团结各党各派建立抗日民族统一战线、团结起来一致抗日的主张，得到了全国各阶级、各阶层大多数人的拥护和支持。在抗战中的山西，共产党和八路军在异常残酷的环境中开展抗日游击战争、开辟敌后抗日根据地，经济和财政是重要的支柱。当时，在国民党政府拒绝拨付任何款项、物资和经费的情况下，共产党和八路军积极制定可行的经济和财政政策，组织广大人民群众发展生产，从而保证了抗战的经济开支。

抗战初期，各根据地的重要任务之一就是恢复被战争破坏了的经济。在繁荣农村经济、发展人民生产、增加社会财富、建立公营事业的经济方针指导下，各抗日根据地采取减租减息、废除高利贷和苛捐杂税的经济政策，施行开垦荒地、兴修水利、科学种田等积极措施，充分调动人民群众的生产积极性，扩大了耕地面积，稳定了农业生产，提高了粮食产量。同时，致力于发展公营经济，鼓励发展合作或私营经济，保障了军事和经济支出的需要，为打破日伪封锁、夺取抗战胜利提供了物质保障。

太原失守后，国民党第二战区撤至晋西南，控制了大约23个县，其中15个县与敌占区或根据地都有交错。到1942年下半年，第二战区经济困难，120余万军民的生计成了问题。阎锡山提出学习解放区的"自给自足"办法，开展生产运动，要求驻扎在克难坡的干部、士兵和干部家属参加劳动。为了解决战时物资贫乏、物价波动加剧问题，打击私商投机倒把和囤积居奇，进一步推行"新经济政策"，"发展生产，实行自给自足的管理经济"。

日军侵入山西后，疯狂掠夺山西丰富的煤、铁、盐、棉花、粮食、人力等资源。日伪军和日伪警察、特务以及日本财阀相互勾结，将山西作为日本实施"以战养战"战略的主要资源供给地，对占领区进行赤裸裸的经济掠夺，并对游击区和抗日根据地进行疯狂抢掠和严密封锁，严重破坏了山西的地方经济。

一、白手起家：敌后根据地初建时的经济

抗战前，山西各地经济是半殖民地半封建的自然经济。全国抗战爆发后，日军侵入山西，烧杀抢掠，掠夺破坏，山西经济遭到极大破坏。1937年8月，中国共产党为了团结抗日，将红军改编为八路军，开赴华北敌后抗日，在山西开辟了晋绥、晋察冀、晋冀鲁豫等抗日根据地。这些抗日根据地大多处在穷乡僻壤的农村，经济十分落后，人民生活极度贫困，农业生产十分薄弱。同时，由于日本侵略者的残酷"扫荡""蚕食"及烧、杀、抢掠，致使根据地的人力、畜力严重减少，生产农具被破坏，大量土地荒芜。在这样严峻的经济形势下，使根据地经济处于极端困难的境地，特别是在严冬季节，战士大多数没有棉衣穿，受伤后没有医药保障，连棉花绷带都十分紧缺，吃的只有山药蛋、小米糠。如八路军初到晋西北时，生活极端困难，晋绥根据地军政人员缺衣少粮，每人每天仅吃7两黑豆，还要勒紧腰带打仗。部队的粮饷、弹药有时只能得到所需的七分之一到五分之一。[①] 在这种严峻形势下，如何加强根据地经济建设就成为根据地重建的基本任务。

随着抗战战略相持阶段的到来，从1939年1月国民党五届五中全会起，国内政治形势逆转，国民党的政策重点转向"消极抗日，积极反共"，不仅停发八路军军饷，还对根据地实行封锁，截断国内外给根据地的支援，根据地经济状况面临严峻挑战。对此，毛泽东1942年在边区高级干部会议上曾说："最大的一次困难是在1940年和1941年，国民党的两次反共摩擦，都在这一时期。我们曾经弄到几乎没有

---

① 金丰、李树萱：《抗战时期晋绥根据地是怎样解决财政问题的》，《经济问题》1983年第8期。

衣穿,没有油吃,没有纸,没有菜,战士没有鞋袜,工作人员在冬天没有被盖。国民党用停发经费和经济封锁来对待我们,企图把我们困死,我们的困难真是大极了。"[1]由于各抗日根据地大多处在自然条件恶劣的地区,当时落后的防灾设施根本无法抵御频发的自然灾害。这种状况,极大地影响着根据地农业生产的发展,在灾荒之年,更是严重威胁到根据地军民的生存。因此,各抗日根据地不仅要遭遇日本侵略者的残酷"扫荡""蚕食"及烧、杀、抢掠,而且要破解国民党顽固派在经济上的封锁和军事上的摩擦,还要应对频发的自然灾害。当时,各抗日根据地的农业生产和财政经济都陷入了十分困难的境地。

当时,山西根据地的经济发展具有一定的有利条件。山西地区人口不是很多,但物产丰富。其中上党盆地、岚县、岢县、兴县、临县、离石素有"米粮川"之称;晋西北根据地所辖35个县,拥有350万人口,矿产有煤、铁、金、银、铅、锰、硝、硫黄、石膏等;农产则有五谷杂粮、森林、畜产、野兽、皮毛、药材等。太行区煤炭蕴藏量为350亿吨、铁1.5亿吨,此外还有石灰石、硝、瓷器,以及铜、银、锰、铝、石膏、云母、石棉等,足以满足游击战争所需原料。这一切为党领导人民进行抗日建设、生产自给、粉碎日伪经济封锁、夺取抗战胜利奠定了物质基础。

为了抗战,中国共产党领导根据地人民,在吸收土地革命战争时期劳动互助经验的基础上,利用民间旧有的劳动互助形式,集中组织起来,广泛开展劳动互助,进而解决人力、畜力不足的问题,使抗日根据地的民众生活、农业生产、军队供给等方面得以正常运行。党和边区政府从一开始就提出:抗战初期,根据地经济任务是恢复被战争破坏了的经济,建立公营企业,逐步实现由依赖外援为主向自给自足方向转变。与此同时,还提出繁荣农村经济、发展人民生产、增加社

---

[1]《毛泽东选集》(第3卷),人民出版社1991年版,第892页。

一 白手起家：敌后根据地初建时的经济

会财富的经济建设方针，并动员全党，依靠群众制定了一系列切实可行的办法。1940年，中共北方局高级干部会议指出，"建立工业，发展农业……是一个关系到根据地能否存在、抗战能否坚持并取得胜利的大问题"，要求各根据地领导必须把经济工作切实抓紧抓好。1940年6月，中共中央在给晋西北的指示中就指出："财政经济问题是晋西北生死问题……现在如不求节省，积蓄人力物力，则将来绝不能持久，然而，财政出路的中心是加紧生产与建设，以求自给自足。"[①] 党对敌后抗日根据地经济工作的指示，有力地促进了根据地经济工作的开展。各根据地根据各自的实际情况，因地制宜，展开了非常时期的经济建设，并在条件极其艰苦、缺乏支援的环境中和与敌人展开短兵相接的形势下，取得了显著的发展，是抗战过程中的一个"奇迹"。邓小平于1943年总结太行区根据地经济建设经验时明确指出："首先，我们确定了发展生产是经济建设的基础，也是打破敌人封锁、建设自给自足经济的基础。"[②]

---

① 《中央对晋西北工作的指示》，1940年6月8日。
② 《邓小平文选》（第1卷），人民出版社1994年版，第79页。

二、减租减息：解决农民土地问题的基本政策

1937年2月，中国共产党为了促成抗日民族统一战线的建立，提出了"在全国停止没收地主土地"的主张，并在陕甘宁苏区停止了没收地主土地的运动。8月25日，中共中央政治局召开洛川会议，通过了《抗日救国十大纲领》，决定以减租减息作为解决农民土地问题的基本政策。

山西抗日根据地的减租减息最早是在第115师进入晋东北后实行的，当时提出的口号是"二五减租""一分利息"。1938年2月，晋察冀边区颁布《减租减息条例》，规定"地主之土地收入，不论租佃伴种，一律照原租额减少25%"，"钱主之利息收入，不论新债旧欠，年利率一律不准超过一分（10%）"。该条例还规定废除正租以外一切杂租和各种名目的高利贷。到1940年上半年，北岳区大部分实行了减租减息。晋冀鲁豫根据地也先后做出了"五一减租""二五减租"和"半分减息"的决定。1938年，工作基础较好的辽县、和顺、沁县等地，初步展开了减租减息和借粮反霸斗争。

1939年11月1日，中共中央指示各根据地，"在新四军、八路军活动的区域，必须实行激进的有利于抗日民众的经济改革和政治改革。在经济改革方面，必须实行减租减息，废止苛捐杂税与改良工人生活。凡已实行的，必须检查实行程度。凡尚未实行的，必须毫不犹豫地立即执行"[①]。根据中共中央指示，除晋绥区外，山西各根据地先后制定和完善了具体政策，群众性减租减息运动很快在巩固区普遍开展起来。

---

① 中央档案馆编：《中共中央文件选集》，《中共中央关于深入群众工作的决议》，中共中央党校出版社1989年版。

二 减租减息：解决农民土地问题的基本政策

1940年2月1日，晋察冀边区政府公布了《减租减息修正条例》，规定地租最高额"不得超过耕地正产物收获总额的千分之三百七十五"，承租人有"永佃权"等。8月，冀太联办①成立后，在《施政纲领》中统一规定了"二五减租""租额不得超过土地正产额千分之三百七十五""年利率不得超过一分"，并公布了《减租减息暂行条例》。1940年，晋西北边区政府成立后，颁布了《减租减息暂行条例》，并于1941年修正公布一次，收到了一定的效果。到1941年春，晋冀鲁豫边区政府成立后，即颁布了《晋冀鲁豫边区土地使用暂行条例》，极大地推动了该区减租减息运动的发展。

从1942年起，减租减息运动在敌后根据地全面展开和深入贯彻。1942年1月和2月，中共中央发出了《关于抗日根据地土地政策的决定》和《关于如何执行土地政策的指示》，使减租减息政策进一步完善。1943年10月1日，中共中央政治局又发出指示，要求彻底减租，各根据地政府据此制定了具体措施和条例，开办了干部训练班。这些干部大多数都参加过典型村的实践，对推动减租减息运动由点到面的广泛开展起了重大作用。晋西北行署于1942年9月20日正式颁布了减租交租和减息交息的条例。1943年9月，中共中央晋绥分局发出《关于群众工作的指示》，派大批干部深入农村，加强领导。据晋西北根据地兴县、临南、临县、偏关、朔县、河曲等14县统计，减租佃户达15112户，减租数达3685石。② 晋冀豫根据地于1943年10月修正公布了《土地使用暂行条例》，使减租减息运动在各地普遍深入地开展起来。

抗战胜利前夜，为进一步巩固和发展胜利果实，各地根据中共中央指示，普遍开展了查租减租运动。太行山区从解放群众思想入手，启发农民自动投入运动。1944年11月以后，以减租、订约、保佃为

---

① 1940年4月，中共中央北方局决定成立冀南、太行、太岳行政联合办事处。这是使根据地由分散走向统一的决定性的一步，标志着晋东南抗日根据地的初步形成。
② 晋绥边区财政经济史编写组：《晋绥边区财政经济史资料汇编·农业编》，山西人民出版社1986年版，第57页。

中心的减租运动深入开展。1944年中共晋绥分局发出普遍减租的指示，使双减运动更加广泛深入，收到良好效果。一年中，每个佃农从减租、退租中平均得粮一石，各负债户获得了很大利益，雇工工资平均增加40%左右。此外，晋冀鲁豫根据地的某些地区还把减租斗争逐步深入到敌占区，既发动了群众，又团结了地主士绅，推动了对敌斗争。

山西敌后抗日根据地实行减租减息政策产生了多方面的深远影响。

减租减息使农村土地所有制关系发生了重大变化。通过减租减息，减轻了地主对农民的封建剥削，农民收入增加了，而地价随地租下降而下跌，买地的农民增多了，出卖土地的地主也增加了。土地所有权的转移和封建经济的削弱以及阶级关系的新变化，为个体经济的发展提供了广阔的天地，也促进了农村资本主义经济的萌芽。

减租减息调整了农村阶级关系，保障了农民和地主双方的合法利益，从而巩固和扩大了抗日民族统一战线。减租减息保障了农民的人权、地权、佃权、政权、财权，改善了农民的生活，提高了农民抗日与生产的积极性；以减租减息为基础，各根据地在政治上实行"三三制"，吸收地主参加政权，并从法令上确保地主的人权、政权、地权、财权，从而调整了地主与农民之间的紧张关系，缓和了农村的阶级矛盾，推动了抗日民族统一战线的巩固和发展。

减租减息改善了广大农民的生活，激发了广大农民抗战的积极性。减租减息使农民增加了收入，减轻了负担，生活水平大幅度提高，从而极大地激发了农民的抗战积极性。晋西北、北岳区、太行区和太岳区广大农民自觉地为八路军部队担任警戒，昼夜放哨，清查户口，盘检行人，捉拿汉奸，侦察敌情，传递情报，运送物资以及参军参战。晋西北1944年参加主力师的新战士中，80%是减租减息后的翻身农民，参加自卫队和民兵的农民分别达到159400人和30500人。正是由于广大农民参军参战，才奠定了山西抗战的群众基础，形成了民族解放的人民力量。

三、山西敌后根据地的大生产运动与互助合作

1941年,日本侵略军的疯狂"扫荡"和国民党顽固派的经济封锁,使根据地的财政经济遇到严重的困难。晋察冀边区一些地方的军民不得不以野菜、柿子充饥。晋绥根据地的抗日军队终年吃着定量黑豆,严重的地方"曾经弄到几乎没有衣穿,没有油吃,没有纸,没有菜,战士没有鞋袜,工作人员冬天没有被盖"[①]。在这一关键时刻,毛泽东同志发出"自己动手"的号召,提出"发展经济""保障供给"的经济工作方针,号召解放区机关、部队尽可能自给自足,以克服当前困难。[②] 随后,山西各抗日根据地军民行动起来,在中共中央的领导下掀起了轰轰烈烈的大生产运动。

山西各根据地积极响应中共中央的号召,利用战争和工作空隙从事生产劳动,并制定了相应的条例、措施。如晋东南军政人员在生产中提倡开荒种地,规定每人每年自给粮食2个月到3个月,自给蔬菜一半。晋察冀根据地1940年开始大生产运动,到1943年,部队平均每人种地3亩,粮食自给达四分之一。[③] 晋绥根据地曾规定开生荒免征公粮3年,免征地租5年;开熟荒免征公粮1年,免征地租3年;开河滩免征公粮5年,免征地租5年至20年。[④] 到1943年,晋东北、晋西北、晋东南、晋西南4个地区,共扩大耕地面积600万亩以上。太行区部队、机关的生产已能自给3个月的粮食和全年蔬菜。其他地区

---

① 毛泽东:《抗日时期的经济问题和财政问题》,《毛泽东选集》(第4卷合订本),人民出版社1968年版,第847页。
② 毛泽东:《毛泽东选集》(合订本),人民出版社1964年版,第266、416页。
③ 刘建生、刘鹏生等:《山西近代经济史》,山西经济出版社1997年版,第834页。
④ 穆欣:《晋绥解放区鸟瞰》,山西人民出版社1984年版,第100页。

一般也能自给全年蔬菜和一个半月至两个月的粮食,①达到了"自己动手,丰衣足食"的目的。通过开展大生产运动,我们党和军队既瓦解了敌人的经济封锁,渡过了难关,又密切了军民关系,调动了广大群众积极抗战、踊跃参军的抗日热情。

虽然大生产运动搞得轰轰烈烈,但是在根据地,落后的生产关系仍旧束缚着生产力的提高。抗日根据地农业生产中最大的困难是劳动力不足和耕地缺乏,经济主要是个体经济,一家一户为一个生产单位,这种分散的个体经济使农民长期陷于贫困。因此,山西各抗日根据地政府在发动大生产的同时,为了进一步解放生产力,提高劳动效率,引导农民按自愿互利的原则,组织了互助组、变工队以提高劳动生产率,发展生产。

1943年,毛泽东在《组织起来》的报告中反复强调农业互助的重要性,把互助运动推向了自觉发展的新阶段。到1944年,各根据地农业互助合作运动蓬勃发展起来。据统计,平均组织起来的劳动力,约占各地劳动力的20%。晋西北根据地的保德、河曲、偏关、岢岚、临南、离石6县参加互助的劳动力有42012人,占全体劳动力的31.21%。②互助合作对于恢复和发展农村经济具有重要意义。

耕地面积扩大。1944年晋冀鲁豫太行区6个分区,军民开荒33.6万亩,等于原耕地的13%,抗战八年晋察冀根据地共扩大耕地面积182万亩。③晋绥根据地1940年至1945年6月军民开荒达195.6万亩。④

水利建设有较大发展。晋西北根据地实行变工互助后,水利工程得到很大发展。偏关县花园村原有旱地210亩,因无人组织,水利年久失修,农会组织农民用八九天就开通了200多丈的水道,离石县1年打坝102处,坝成平地990亩。太行区1942年10月至1943年6

---

① 穆欣:《晋绥解放区鸟瞰》,山西人民出版社1984年版,第100页。
② 晋绥边区财政经济史编写组:《晋绥边区财政经济史资料汇编·农业编》,山西人民出版社1986年版,第732页。
③ 穆欣:《晋绥解放区鸟瞰》,山西人民出版社1984年版,第100页。
④ 史敬棠等编:《中国农业合作化运动史料》(上册),生活·读书·新知三联书店1962年版,第357页。

三 山西敌后根据地的大生产运动与互助合作

月,共拨出235万元和25万斤小米组织灾民开渠修坝,在漳河两岸修筑了固新、清泉等十余条大坝,开出1万余亩滩地,开掘了22里长的黎城漳北大渠和26里长的林县漳南大渠,增加水浇地6783亩。八路军总部在左权县麻田还修筑了1个大水库,把480亩旱田变成水田。[①]静乐县汾河西岸村庄积极开展坝地运动,将13600亩荒滩变成了良田,恢复旧渠道15道,开新渠29道,兴修渠道48道,筑打水码头达22处。

粮食等重要农产品产量大幅度增加。据估计,晋察冀根据地仅兴修水利即增产粮食100万石以上。1946年,晋冀鲁豫根据地仅太行区就种棉129万亩,产棉2000万斤,保证了全区棉花和布匹的供给。[②]

[①] 太行革命根据地史总编委会:《太行革命根据地史稿》,山西人民出版社1987年版,第173页。
[②] 中国社会科学院近代史研究所《近代史资料》编译室主编:《陕甘宁边区参议会文献汇编》,科学出版社1958年版,第285页。

四、敌后根据地进行的粮食战和棉花战

棉花和粮食都是重要的战略物资。围绕着粮食和棉花，敌后根据地与日寇展开了激烈的斗争。

山西气候适宜种棉，亩产量高，品种优良。战前日本就通过各种方式强行扩大种棉面积，以期加大掠夺。抗战开始后，边区政府针对日军在山西大肆掠夺棉花的企图，派出游击队深入到沦陷区和敌我交错区的群众中进行"少种棉花"的宣传鼓动，打击了日伪掠夺棉花的阴谋。日军虽想尽办法，甚至发放种子强迫老百姓种植棉花，也没能奏效。沦陷区棉田种植面积仍然迅速递减。据统计，1939年到1940年，山西省的棉田种植面积由67.8万亩减至40.4万亩，减幅达40.5%。[1]

在沦陷区棉田面积迅速减少的同时，敌后根据地内的棉田种植面积却逐年扩大。为了解决根据地军民的穿衣问题，边区政府对棉花种植采取了一系列奖励措施。晋绥根据地为了鼓励人民种植棉花以应军需，前后共发放棉花贷款约2亿元。并在法令中规定："旧种棉区与推广种棉区，征公粮时，只计算一半，试种区则完全免征公粮两年。"[2] 这一措施使根据地内的棉花种植得到迅速发展。1940年全区仅有棉田3600亩，1941年增加了10倍，1944年增至153200亩，1945年达25万亩（产棉300余万斤）。[3] 其中河曲、临县在1940年还没有1亩棉田，到1944年扩大到53000亩，基本上解决了军民的穿衣问题。

抗日战争进入战略相持阶段后，日军企图以华北为"大东亚战争的兵站基地"，对我根据地抢掠烧杀，实行经济封锁；对根据地周围沦

---

[1] 郑伯彬：《敌人在我沦陷区的经济掠夺》，国民图书出版社1941年版，第45页。
[2] 穆欣：《晋绥解放区鸟瞰》，山西人民出版社1984年版，第104页。
[3] 同上书，第105页。

四 敌后根据地进行的粮食战和棉花战

陷区则实行配给、公包制度，企图通过抢夺粮食，困死、饿死根据地军民。对此，山西根据地军民积极开展反掠夺反封锁的斗争，其中粮食争夺战在敌我斗争中尤为突出。

根据地当时规定，游击区和半巩固区的粮食要运到巩固区，对敌实行"坚壁清野"。在运粮中，经常是组织百辆大车，在部队掩护下，往返于日伪交通线上。在日伪封锁严密时，边区政府又动员组织大批民众在武装掩护下往返背送，秘密地把粮食运往指定地点。晋察冀军民就是用这种方法在1940年7月到1941年春运粮1900万斤。

1941年，根据地发生粮荒，垄断囤积者大获暴利，百姓深受其害。日伪又乘机抬价，套购粮食，扰乱根据地物价，制造更大的粮食困难。为了稳定物价、保障百姓生活、打击敌人，边区政府、民众合办平粜局以稳定粮价。1941年秋，平粜局已有资金517万元，粮食30180石，在1942年4、5、6月份粮价飞涨时，起到了平抑粮价的作用。以后因战争影响，边区政府于1942年5月开始归还民股平利。

日军为彻底摧毁根据地，专门组织了"放火队"以配合"扫荡"。凡日军所到之处，一面烧毁民房，一面焚烧粮食，包括已打下的及村外即将成熟的田禾。据记载：1940年日军"扫荡"时仅平山一县即烧毁粮食10万石。为抵制敌人的掠夺和破坏，根据地军民齐心协力，快打、快收、快藏以保卫劳动果实。1942年，日伪企图在太行一专区抢粮655万斤，在付出重大代价后只抢到37000斤。[①] 日伪预谋在太谷征粮1000万斤，结果只征得30万斤，在昔阳的征粮计划仅完成不到1%。[②] 边区政府领导人民实行"空室清野"斗争，使"扫荡"之敌吃喝无着，疾病丛生。1942年春，日军村川大队在文件中称：日军"扫荡"部队"在露天宿营，仅以土豆充饥"。石田军医中尉在对上级的报告

---

① 太行革命根据地史总编委会：《太行革命根据地史稿》，山西人民出版社1987年版，第131页。
② 同上书，第731页。

中说:"患者很多,派不出人。"可见其困窘之态。[①]对于敌人抢走的粮食,根据地民兵积极打击其运输队,以夺回粮食物资。1944年,行唐、贾木一带民兵曾设伏击溃抢粮之敌500余人,毙伤日伪军30余人,俘虏10余人,夺回粮食万余斤。

[①] 穆欣:《晋绥解放区鸟瞰》,山西人民出版社1984年版,第51页。

五、从修理到制造：敌后抗日根据地的军事工业

"没有吃，没有穿，自有那敌人送上前；没有枪，没有炮，敌人给我们造。"这句歌词清晰地反映了抗战初期我军的武器来源主要靠缴获的事实，即部队的武器弹药常常得不到补充，而且所缴获的武器弹药口径经常不能对应，许多战士参军后没有武器可用，只好用大刀、长矛等冷兵器，这极大地限制了我军的战斗力。为解决这一难题，山西各抗日根据地开始依靠群众、自力更生进行军工生产，逐步地从小到大，先修后造，由仿到造，从简单到复杂，发展起自己的军事工业。

1937年9月，五台县以戎修德为首，把从太原兵工厂回五台的30名工人组织起来，为八路军办起修械所。1937年12月，晋察冀军民供给部在五台县炮泉场村成立了有80名职工的修械所，主要修理枪械，以后又制造六五步枪和刺刀。八路军总部率领第129师挺进晋冀豫太行山后，师各部即以随军的军械所修配班战士为骨干，招收峰峰煤矿、六河沟煤厂、阳泉煤厂和正太铁路等机修厂工人，建立起5个流动修械所。同时，八路军总部、第115师第344旅和决死纵队也分别从太原、五台山、定襄和洛阳、孟津等地招收技术工人，建立起4个流动修械所，以修配损坏枪械和生产红缨枪、大刀片为主。其中规模较大的是晋绥根据地第120师的军械修造所与工卫旅制造厂。

为集中力量加强领导，军工部把军事工业加以集中，在太行山区组建黎城黄崖洞军工部一所、和顺西安里军工部二所（主要生产82毫米炮弹）、辽县高峪军工部三所（主要生产六五、七九及乌克兰式步枪）、武安梁沟军工部四所和武乡柳沟军工部铁厂（生产手榴弹、地雷、50毫米炮弹）、黎城下赤峪军工部复装子弹试验厂、和顺

青城军工部炸弹厂、辽县尖庙军工二部机器厂8个兵工厂。在晋绥区，1940年春，工卫旅制造厂的200多名人员和10余台机器，除留下30人成立修械所外，其余与第120师修械所合并，在陕北葭县成立晋绥军区后勤部修械所。该所最初生产手榴弹和地雷，后可制造枪弹、六〇式、八二式、一二〇式迫击炮弹、山炮炮弹、高级炸药和掷弹筒，而且可以制造机床，并增加了发电、化工、冶炼等生产制造部门。

黄崖洞兵工厂在军工部组建的各兵工厂中排号第一，故名军工部一所，也称水窑兵工厂，对外保密代号为"工兵营"。它于1939年7月开工兴建。工厂建成投产时，共有机器设备40余台件，动力设备除原有的锅炉和蒸汽机外，新增10千瓦直流发电机一台，能供部分照明，切削机床增至17部，都以蒸汽为动力，靠天轴皮带传动。各种专用设备都是职工用道轨钢做床面自己制造的。后来全所职工发展到680人，月产步枪高达375支。职工上下班以汽笛为号，厂内机声隆隆，白天运货的民工川流不息，人欢马啸，晚上全山谷灯火通明，呈现出一派生机勃勃的景象。职工们自豪地称兵工厂是"太行山上的小天津"。

1942年春，日军开始调集精锐部队，对太行山抗日根据地发动围歼性的"总进攻"，妄图一举扑灭八路军首脑机关，摧毁根据地的各项建设，破坏八路军在太行山区的生存条件。抗日战争进入了最艰难的时期。面对这一严重局势，根据总部指示，军事工业实行了"缩小规模，分散转移"的方针。黄崖洞兵工厂虽然于1941年冬取得了保卫战的重大胜利，但工厂目标已经暴露，且受到严重破坏，厂房大部分被炸毁，机器损坏待修，难以在原地全面恢复生产。1942年2月，遵照总部的部署，工厂的大部分人员和设备迁往辽县苏公村一带，在清漳河两岸设立分厂，利用河水做动力，建起了新的生产基地。同时根据"精兵简政"的原则调整了机构，精减了职工，老弱病残的动员回

五 从修理到制造：敌后抗日根据地的军事工业

家，部分青工送太行工业学校培训，职工由原来的680多人减至340人左右。

黄崖洞兵工厂从1942年2月分散转移到1944年3月停产整风，一直在"反扫荡"斗争的严峻形势下坚持生产。这一时期工厂的基本特点是，实行劳武结合，职工肩负劳动生产和武装保卫工厂的两副重担。两年中，日军先后五次进入工厂区"扫荡"，仅1942年的三次大"扫荡"，就迫使工厂停工98天。在这种情况下，每个人既是职工又是战士。平时，大家都以战备姿态，争分夺秒，日夜加紧生产，并开展"新劳动者"竞赛。各项工作都围绕"一切服从战争"，人人把多生产一发炮弹，多加工一个零件视为多消灭一个敌人，多取得一份胜利，"多"和"高"成为新劳动者的重要标志。尽管当时职工人数精减过半，而生产数量却成倍增长，仅1943年全所生产的炮弹就达4万多发，比1942年提高了76%。

战时，即在"反扫荡"期间，每个职工都参加保卫工厂的游击战。各分厂距敌人据点最近者25公里，远者50公里左右。敌人从据点出发到工厂"扫荡"，行程至少要半天以上。工厂获得情报之后，只要2—3小时就可把主要设备、器材埋藏完毕，做好"坚壁清野"，职工分散向安全地区转移。在"反扫荡"中，青年职工组成的自卫队埋设地雷，阻敌入厂，利用有利地形与敌人展开麻雀战，扰乱他们的"扫荡"步骤，减少工厂的破坏和损失。敌人一走，自卫队迅速通知职工返厂，一般情况下，一至两天就可以恢复生产。1942年5月，日军出动25000多人"扫荡"太行根据地，企图围歼八路军总部。左权副参谋长在指挥总部机关突围中壮烈牺牲。工厂当时距总部机关只有4公里，接到上级的"反扫荡"命令后，按事先的分工很快就把机器埋到了距工厂一里之外的山沟、河滩里，拆下工房顶部的茅草掩入河中。职工分成小队转移打游击。这次反"围剿"历时34天，工厂人员无一伤亡，设备无一丢失，战后迅速恢复了生产，为适应以后战争的需要又制造出了82毫米迫击炮弹。1943年5月，日军在武乡县蟠龙镇设立据点，距黄崖洞只有20多公里，影响到二分厂的安全，经杨立三副参谋长决定，工厂搬迁到平顺县西安里村，于9月份又开始了更大规模的生产。

黄崖洞兵工厂驻苏公村的两年，虽然遭受敌人的多次"扫荡"和严重自然灾害的影响，但军工生产非但没有减少，反而有所增加。从1942年4月至1944年3月，共生产50毫米炮弹76000多发，82毫米迫击炮弹5800多发，炮弹产量占整个太行军事工业同类产品的90%以上，为抗日战争期间全部产量的35%。1944年，日本侵略军在各个战线上节节败退，已无力再对根据地发动大"扫荡"，八路军由战略防御转向战略反攻，在迎接抗日战争最后胜利的前夕，总参谋长滕代远亲临军工部参加领导干部会议，会上对武器生产的数量、质量提出了更高的要求。为适应新的形势，同年9月，军工部对军事工业的组织机构进行了一次大的调整，将分散在偏僻山沟的工厂又逐步集中扩大，统一组编成8个生产厂和1个实验所。撤销了所一级的建制，各工厂直接受军工部领导。原一所管辖的几个分厂在这次调整中以它们为基础，组编成3个炮弹厂、1个锻造厂和实验所5个单位，分布在平顺、武乡、黎城、左权4个县境内。这5个单位从1944年10月投入生产，至1945年6月共生产了50毫米炮弹、60毫米炮弹、82毫米炮弹12.1万多发，被源源不断运往前线。

在军工生产中，根据地注意发挥专业技术干部和工人的积极性，努力提高劳动生产率。军工生产者有曾留学国外的技术专家，有来自军队的领导干部，有归国华侨和大批知识青年，也有从北京、天津、上海、太原等敌战区来的技术工人。他们结合战争实际，推动技术干部和工人群众共同进行技术革新，在吸取各种步枪优点的基础上，首先解决了步枪制式化问题，于1940年8月研制出八一新式步马枪，继而又取得自制枪弹、无烟火药和烈性炸药的成功，研制出比日式更适

五
从修理到制造：敌后抗日根据地的军事工业

用的掷弹筒和手射炮等多种兵器，缩小了敌我差距。晋西北根据地刚开始生产军火弹药时，约有20%到30%不能爆炸，或者杀伤力小，影响了战斗力。随着技术水平的不断提高，到1944年，所生产的手榴弹及炮弹已百分之百派上了用场。而且，在生铁质量低下、外铁进不来的艰难条件下，技术人员开始注意冶炼技术的研究，通过采取焖火办法，使生铁产量增加，质量也得到了保证。

抗日期间在军民的共同努力下，根据地的军工生产从无到有、从小到大，生产能力有了极大提高。不仅为八路军的武器研制和生产做出了重要贡献，极大地支援了抗日战争，同时为抗战胜利和民族解放做出了巨大贡献，而且培养和造就了一批工业技术和管理人才，对新中国军事工业的发展起了重大作用。

六、山西敌后根据地的煤矿生产和制度变革

煤炭供给在根据地人民生产生活方面具有着重要意义。日军占据了城市和交通要道后，对根据地实行经济封锁，尤其对煤矿加紧控制，使根据地煤炭等战略物资十分紧张。由于缺煤，各根据地不能大量冶铁，连居民生活燃料也成了大问题。以北岳巩固区为例，1940年，70多个小煤窑日出煤80万斤，而全区每天则需要300多万斤，缺口很大。而边缘区、游击区则更为艰难。

为了打破经济封锁，坚持敌后长期抗战，根据地的煤矿业以公营经济为基础逐步发展起来。太行、太岳敌后根据地的煤炭建设基本上经历了三个发展阶段：

从1937年冬到1939年年底，煤炭建设基本上处于无序阶段。全国抗战爆发前，长治、晋城、阳城一带的煤矿已有一定规模，煤窑数量较多，著名的有晋城南村煤矿、长治峙峪煤矿、潞城石圪节煤矿等。据《中国实业志》（山西类）记载，到1934年，山西全省已有64个县开办大小煤窑1425家，开采总面积达938000公亩，年总产量达302万吨。因战争破坏，山西多地煤矿生产的停顿，加上根据地又刚刚开辟，一切处于草创阶段，各地抗日民主政权尚未统一，根据地没有也不可能产生一套适合具体情况的煤矿生产政策和方法。

从1939年到1943年，根据地经济建设逐步完善，煤矿建设逐步走向集中统一、系统有序的轨道。1940年4月，"黎城会议"制定了"自力更生发展经济"的方针，提出增加工农业及农村副业生产的任务，公营经济与工业生产得到了推动和发展。1940年8月冀太联办的成立，对于统一煤炭经济建设，克服各自为政的现象，节约民力，

六 山西敌后根据地的煤矿生产和制度变革

保证工业和民用用煤起了积极作用。根据地政府投资建立起了不少适应战争环境的小型煤厂，从煤矿手工业生产起步，逐步发展具备条件的煤矿工业生产，以增加社会财富，推动市场和商贸发展。在太岳区，由根据地政府、牺盟会和工会组织，从抓工厂建设开始，到1940年下半年，建立起小工厂550个，其中公营工业主要是煤矿、铁厂、纺织厂、造纸厂。① 在太行区，到1941年，建立各类工厂200余个，还办了一批小煤窑。1941年，太行全区已有200多个涉及棉花、毛纺、服装、印刷、铁器等的工厂，同时兴办了一批小煤窑。② 1938年，八路军第769团在武乡县白和（村）筹建矿井，到1942年投产，用临时工60余人，日产原煤25吨左右。③

根据地煤矿生产以公营企业为龙头，带动了整个根据地煤矿业的全面发展。首先，"从1942年开始，改变管理体制，除军工和其他一些私人无力举办的工业由政府统一兴办外，把一部分公营煤矿扩大为合作性质的企业，吸收职工资金，鼓励私人投资"④。这就使原有的公营煤矿由过去的政府单独投资扩大为政府和私人资本共同投资，从而加快了煤矿业的发展。其次，通过合作经营的形式，把分散的、个体的小生产经营的煤矿组织起来，走上了集体经济的道路。

1943年到1945年，煤矿建设进入了提高与发展的新时期。1943年1月，"温村会议"⑤把"发展农业和手工业的生产"提到"财政建设的基本环节"的高度。由于管理体制的完善，合作经营和私人经营煤矿手工业也得到了发展。1944年4月，八路军前方总部制订并颁布了

---

① 中共山西省委党史研究室编：《太岳革命根据地简史》，人民出版社1993年版，第97页。
② 太行革命根据地史总编委会：《太行革命根据地史料丛书之六：财政经济建设》，山西人民出版社1987年版，第46页。
③ 武乡县县志编撰委员会办公室编：《武乡县志》，山西人民出版社1986年版，第141页。
④ 山西省史志研究院编：《根据地经济建设研究》，山西人民出版社1987年版，第120页。
⑤ 1943年1月25日至2月20日，中共中央北方局太行分局在涉县下温村召开高级干部会议（史称"温村会议"）。会议根据中共中央提出的"发展经济、保障供给"的经济工作和财政工作的总方针，以及北方局1942年12月23日发布的《关于华北敌后抗日根据地1943年方针的指示》精神，讨论研究了如何更快扭转晋冀鲁豫边区的困难局面、全面开展根据地的建设等问题。

《总部伙食单位生产节约方案》，规定所有参加劳动的工作人员，不论担任什么职务，都要订出生产任务、生产计划，积极开荒、种地、开煤窑，这些规定调动了部队生产节约的积极性，促进了根据地煤炭业的不断发展，满足了根据地内部生产生活的基本需要。

抗日战争时期，太行、太岳革命根据地的矿业生产是在极其恶劣的环境中发展起来的。根据地经济本来相对落后，还要打破日军、国民党的封锁，又要应对严重的旱灾，遭遇了重重困难。但在共产党和民主政府领导下，矿井生产不仅恢复扩大了，而且进行了改革尝试。

积极改变矿山的所有制形式，即由原来帝国主义、官僚资本主义所有，改变为国家所有、人民所有，同时积极改进生产技术和努力提高工人工资等福利待遇，加快了煤业发展。

废除封建把头制，建立民主管理制度。民主政府接收旧煤矿后，第一步是废除把头制，建立生产班组，由工人自己推选班组长，组织生产，之后厂矿一级逐步建立起由行政、党、工会选派代表组成的生产管理委员会，以提高生产效率，保证安全生产。太行、太岳敌后根据地积极建立工厂管理委员会，推行工厂职工代表会议，负责管理矿山，决定生产和生活中的重大问题。同时，部分厂矿先行实行定额管理经济核算制度，逐步建立起新的矿务规程、经理规程、器材制度、公务制度、工资制度、人事条例、抚恤章程、奖惩条例等规章制度，使煤矿管理工作逐步走向秩序规范的轨道。

贯彻多劳多得原则，逐步实行工资改革。太行、太岳敌后根据地的煤矿有公营和私营以及公私合营之分，工资制度种类较多，但总的精神是在服从发展生产、繁荣经济、节衣缩食、支援战争的原则下，照顾职工利益，并且以当时革命根据地国民生计确定其工资待遇，实行按劳计资，同劳同酬，使脑力劳动者与体力劳动者，均按个人能力享受合理待遇。私营厂矿中一度实行"劳资合作"分红和固定、记件、计时等工资形式，提倡多劳多得，增加矿工收入。公营煤矿为了鼓励多出煤，曾试行集体计件工资制，结果表明，由于计划任务明确到人，计件工资可以鼓励工人发挥互助精神，能够超额完成集体任务。

加强煤矿职工教育。在半殖民地半封建的旧中国，绝大多数工农群众是文盲。煤矿工人中的文盲一般在 70% 至 90%，中国共产党接收了旧煤矿之后，在发动职工恢复生产的同时，十分注意对职工进行思想、文化和科学技术的教育，把职工教育与恢复和发展生产紧密结合起来。积极采取措施，开展多种形式的职工教育活动，举办识字班、训练班、职工学校等，提高了他们的素质。太行、太岳敌后根据地煤矿采取的几种职工教育方式，针对性强，对于提高职工队伍素质、培训生产骨干、改进管理、改革技术，都起到了相当大的作用。

根据地煤矿业的发展与根据地的巩固、扩大是分不开的。在根据地创建初期，政府对煤矿业主要强调恢复原有煤矿的生产，而在中后期，则更加注重在恢复基础上的发展。矿工队伍的扩大、开采工具的增加、开采技术的更新促进了采煤生产，基本满足了根据地军民需要，推动了根据地经济建设和提高了农民的生活水平。在战时特殊的环境下，太行山地区丰富的煤炭资源为从事煤炭行业的工人提供了资源可能，政府对煤矿业生产的重视、扶植，也为当地百姓增加了就业机会和收入，活跃了商品市场，极大地增强了敌后根据地对敌斗争的力量。

七、由小到大：山西敌后根据地的纺织业

由于战争的破坏，山西敌后抗日根据地原本薄弱的纺织基础被敌摧毁殆尽。敌占区与国统区都实施严格的经济封锁，纱、布、棉花一律不准流入根据地，致使根据地"战士没有鞋袜，工作人员冬天没有被盖"①。晋察冀二、五专区1匹小布竟换1至1.2石米（市石）。②晋绥根据地天气寒冷，士兵穿着单衣伏在覆雪的山头上打仗是常事，战士们常被冻得手脚麻木，拉不开枪栓，甚至被严寒夺去生命。夏天人们在河边洗衣服，往往是等着衣服晒干，才能穿上回来。因此，为保障军需、充裕民生，边区政府必须扶助手工棉纺业，使之尽快恢复。

晋察冀根据地在《经济问题决议案》中决定鼓励农民家庭妇女纺纱织布，"扩大家庭纺织业，使之普遍于全区农村，把发展棉织业作为28年度（1939）各级政府与群体团体的中心生产工作之一"③。为了推动棉纺织业迅速恢复发展，边区政府规定：凡纺织收入，不管工厂个人，一律不征公粮，并给以低息贷款；旧棉区与推广区种棉收入在征公粮时，只计一半；试种区免征公粮两年，并拨出大量奖金帮助、鼓励手工棉纺业的恢复。

通过这些措施，根据地的纺织工业逐渐发展起来。1940年以前，根据地手工织布所用棉纱特别是"所有经线几乎全部是仰赖洋

---

① 毛泽东：《毛泽东选集》（第3卷），人民出版社1968年版，第847页。
② 晋察冀边区财政经济史编写组：《晋察冀边区财政史资料选编·总论编》，南开大学出版社1984年版，第654页。
③ 同上书，第347页。

七 由小到大：山西敌后根据地的纺织业

纱"①。后来，由于敌人的封锁，洋纱越来越少。1939年，边区政府号召以手工纺纱代替洋纱。1940年又号召"推广纺织机，解决土布的经线问题"。为推广农村纺纱，各边区政府采取了许多措施：举办各种形式的纺织训练班，培训纺纱技术人才；开办手工纺纱场，作为"纺纱先导"；派出大量"纺织经理员"帮助棉纺工作。许多妇女终年累月挨门挨户组织和教授纺织技术。同时，八路军还规定军服必须用根据地自产的土布，并向民间大量采购布匹，从而使手工棉纺业得以恢复、发展。1944年，仅太行、太岳、晋西北3个区的纺织妇女人数就高达47万余人，根据地妇女的生产热情和积极性空前高涨。

由于纺织从业人数的大幅增加，棉布产量也大幅度上升。1944年，晋察冀年产土布1420万匹，达历史最高水平。在晋绥根据地，1941年的民间纺织比1939年增加了30%，土机增加了40%，改良机增加了3倍；1942年，纺车、土机、改良机增加到原来的2倍；1943年已有纺车50000架、土机（日产1丈多）9000多架、快机（日产5丈多）1300余架，年产506000万匹布。1945年，全区纺车90000架，快机3551架，土机13745架，出布1072913匹。②在根据地人民的努力下，棉布的生产地区和范围也在逐年扩大。1941年以后，晋绥根据地民间纺织业由临县、离石推广至兴县、神府、河曲、保德诸县。1943年以后又继续推广至神池、五寨、岢岚、偏关、朔县、阳曲、交城、静乐、宁武、岚县等13个县。

在产品种类方面，根据地手工棉纺织品的大宗是棉纱和土布，但随着纺织运动的扩大，品种也不断增加：一是纱线类，其中有细纱、粗纱、棉线；二是棉布类，有细棉布、粗线布、干线布、水线布等；三

---

① 晋察冀边区财政经济史编写组：《晋察冀边区财政史资料选编·工商合作编》，南开大学出版社1984年版，第191页。
② 中国人民大学政治经济学系编：《中国近代经济史》（下册），人民出版社1978年版，第237页。

是棉布制品,有袜子、帽子、毛巾、背包、绑带、毛毯、毛线、成衣等。

　　山西敌后抗日根据地的妇女纺织运动具有重大的历史意义,它解决了军民穿衣问题,支持了长期的革命战争。山西抗日根据地近1亿人口的穿衣困难是在农村环境和战争条件下依靠广大妇女的手工纺织解决的,这深刻地反映了妇女群众的伟大创造力,为大生产运动增添了丰富的内容,成为抗战胜利的一个重要因素。

八、支持抗战与改善民生并举的工业经济

山西敌后抗日根据地初创时期,手工业生产还很落后,加之日伪不断破坏封锁,交通困难,贸易不畅,工业品极度缺乏,原有的工业设备不能充分利用。五台、浑源、平定等地生产大量煤铁没有销路,致使工人失业,而别的地方则缺乏燃料和农具,有的地方还不得不用破锅做饭。机关、学校、团体的纸张十分短缺,盐、碱、油等必需品更是极度匮乏。这些困难已大大影响了工作的正常进行。

为了扭转这种困难局面,巩固和发展根据地,边区政府积极采取各种奖励办法,调动百姓的生产积极性,以供军需,充裕民生。1938年1月,晋察冀根据地决定:鼓励农具、纸业等手工制造,提倡手工经营,开办各种工厂,发掘各种矿产,政府提供低息贷款,实行战时工业投资奖励办法,鼓励商人投资。① 根据地军民受此精神鼓舞立即行动起来,大力开展恢复工作。根据地内旧有的工厂、作坊很快恢复起来,投入生产。特别是巩固区的抗日政权建立后,"许多地方原有的各种生产事业的主人,都积极恢复经营,有些矿山的小资本家和其他工厂主人,主动要求政府投资帮助他们恢复生产"②。对于农民急需而根据地过去没有的产业,如煤油、造纸、油墨、肥皂、电池、玻璃、酒精等,由工矿局负责,聘请各种技术人才,充分利用土产,研究新法,争取自制或积极寻找代用品。经共同努力,先后试验成功"植物油试制轻油,植物酸试鞣皮革,大炭化铁、蒿类造纸、皮毛染色、枣制酒

---

① 刘建生、刘鹏生等:《山西近代经济史》,山西经济出版社1997年版,第850页。
② 晋察冀边区财政经济史编写组:《晋察冀边区财政史资料选编·总论编》,南开大学出版社1984年版,第241页。

精、试制玻璃以及油墨、电池、瓷器、工具等"①。根据地民用工业在自给运动中迅速发展起来。

文具纸业

根据地建立后各单位的文具用品十分紧张，而学校、商店、工厂、作坊、机关每天需大量纸张。为此，根据地政府在号召节约用纸的同时，努力制造纸张、油墨、蜡纸、笔墨、印油、信纸、信封等，以解决纸张的自给问题。根据地很快便能以麻绳头等为主要原料，使用简单的办法生产土纸，使纸张紧缺的状况略为缓解。为了发展造纸业，边区政府推广钢罗底捞纸的新技术，号召纸业工人与职员加强技术研究，提高纸张的质量，并规定除报社、机关、学校的办公纸与宣传品外，其他如课本、公文、账簿等尽量使用土纸。土纸销量大增，从而促进了纸张生产。

造纸业的蓬勃发展，使纸张所用的原料麻绳头相对缺乏。为解决原料问题，根据地试验成功了用稻草、麦秆、白草等原料造纸，从而解决了原料问题，保证了生产的发展。到1942年，北岳区有纸厂10个，仅高平县永禄村人民造纸厂就有职工千人，日产各种纸6吨。②在晋绥根据地，兴县、河曲、保德、临县、临南、离石6县，1941年纸厂增加到138家。文水、偏关、宁武、静乐4县各新建1处，合计142家，年产纸45614000张。经营方式由过去的农闲操作，逐渐转变为专业的规模生产。如兴县蔡家会两处公营纸坊，每家雇工平均18人以上。纸张的质量有了明显提高，烧纸、月尺纸的产量缩小。当时印报纸、钞票纸占了主要位置，技术水平有了明显提高。同时纸的种类增多了，印报纸、印票纸、卡片纸、书皮纸、两面光纸、色纸、漂白纸等均可生产。

---

① 晋察冀边区财政经济史编写组：《晋察冀边区财政史资料选编·总论编》，南开大学出版社1984年版，第516页。
② 刘建生、刘鹏生等：《山西近代经济史》，山西经济出版社1997年版，第851页。

八 支持抗战与改善民生并举的工业经济

矿冶业的发展

日伪对矿业的控制，使根据地煤、铁等战略物资十分短缺。由于缺铁，许多铁制工具、农具不能生产（新式纺车因没有铁轴而不能大量制造推广），以致影响产量的提高。如军工业的发展，由于缺煤，不仅不能大量冶铁，影响军工业的发展，而且民用燃料的需求也无法满足。特别是冬天，许多地方把森林、果树、沤粪的麦秆用于取暖，造成极大的资源浪费。为此，根据地除恢复旧有小生产外，还有计划地采用各种方式，特别是用政府出资兴办合作社的方式进行生产；另外鼓励私人采掘铸造，努力解决煤铁的供应不足问题。

冶铁方面主要由政府兴办，供应军需。一般允许私人兴办民用小型铁厂。对私人资金不足者，政府积极予以贷款扶植。1945年，太行区生产生铁10280吨，太岳区铁货达3309吨，晋绥区1941年产铁600吨，煤224091吨。[①] 到1945年，煤窑达33座，产煤9亿斤、产铁194万斤、熟铁25万斤。晋西北根据地临县1941年有铁矿窑11座，工人60名，年产毛铁200万斤，有铁厂18家，工人126人，年产铁器70余万斤。保德县炉子沟有铁砂，能铸大小锅、犁铧、铁链、铁镣、火圈、火盖等，内有工人40人，每日产铁6000斤。[②] 各地政府还广泛开展献铁运动，同时动员群众破路、搬铁轨，对于搬运回的铁轨，由政府优价购买并对搬运者进行奖励，此法亦缓解了根据地的缺铁状况。冶铁业的迅速发展，有力地支持了抗战的需要。

榨油、制盐业的发展

抗日战争时期，日伪严格控制机器油运往根据地，妄想以此封锁根据地经济。为打破日伪封锁，根据地军民自力更生，以植物油代替

[①] 山西省基本建设委员会编：《山西工业建设志》（初稿，内部印刷），1982年，第240页。
[②] 晋绥边区财政经济史编写组：《晋绥边区财政经济史资料汇编·工业编》，山西人民出版社1986年版，第516页。

机器油取得成功。根据地依据山西农村棉籽、花生、麻子、胡麻、核桃、花椒、黑豆、椿树种子等榨油原料丰富，且榨油方法简便的有利条件，广设油坊，改善因日伪封锁造成的缺油状况。1939年，晋察冀政府提出了"我们要以植物油代替煤油"的口号，并要求在1940年做到自给。各地遂纷纷开设新油坊，充分利用畜力和水力榨油，采用较先进的方法不断提高劳动生产率。积极推广植物油灯的制造技术，以代替煤油灯。各根据地还有计划地布置植物油经济作物的种植，并利用山货榨油。1943年，北岳区共有公营油坊120家，私营油坊183家。1945年，晋绥区已有榨油坊700家，产油430多万斤。[①]

为了解决食盐的供给问题，根据地大兴盐业生产。当时，晋东北、雁北由定襄、应县盐供给，晋冀豫部分地区由运城盐供给，其余地方则大都靠买海盐。由于日伪的封锁，根据地军民的生活受到极大影响。根据地鉴于熬盐收入中硝占很大比例的状况，用提高硝价的办法奖励熬盐。在寿阳、代县等产盐区奖励熬盐的同时，还以合作社的形式聘请化学人才，改良硝盐熬制，试种植物盐，利用盐水井熬盐，并奖励由敌占区贩运食盐者，以此增加食盐的供给。

在经济建设中，由于根据地政府奖励发明创造，其他工业也颇有建树。不仅广泛开办了肥皂、瓷器、牙刷、酒精、火柴、农具、制药等工业，而且以石英代替玻璃成功地制造了药用玻璃管及注射管。在制药方面先后制成了镇痛剂、止血剂、退热剂、小苏打等数十种药品，其中用中药所造各种药品则更多，其他如骨粉之制造、活版冷皂箱的发明、辗布工具、打毛衣版、轧花机皮轴子以及制革方法亦日趋简化，可节约原料80%以上。蒿类造纸、皮毛染色、枣制酒精以及油墨、电池、瓷器等也都先后试制成功，投入生产。

根据地工业的发展在新民主主义经济的发展历史上具有深远的意

[①] 穆欣：《晋绥解放区鸟瞰》，山西人民出版社1984年版，第109页。

八 支持抗战与改善民生并举的工业经济

义。首先,它有力地支援了抗战,打破了日伪的经济封锁和侵略。各项事业的开展使根据地节省了大量开支,对稳定金融、平抑物价起了促进作用。其次,改善了根据地军民的生活。根据地工业的发展,一方面使根据地劳动力找到了很好的出路,另一方面促进了商品生产,刺激了消费,提高了人民生活水平,推动了根据地经济向前发展。工业的发展,对于农民思想的开化有重大作用。它开创了新鲜的社会风气,为根据地的工业建设培养了各类人才,使工业体系初具雏形,为新民主主义经济的未来发展打下了基础。

九、另一条战线：与日寇进行商业斗争

由于中国人民的顽强抵抗，日本帝国主义"速战速决"的美梦成了泡影。战争的巨大消耗，使其国力锐减，预算大增，金融紊乱，物价飞涨，原料及生活物资极度匮乏。1939年入冬以后，日本国内发生严重米荒，工业能源供应短缺。日军为了摆脱困境，采取就地筹措战费政策，提出了"政治诱降"和"以战养战"的策略。1940年3月成立的汪伪中央政府成为日军"政治诱降"和"以战养战"的执行者。在经济上日伪开始有计划地以进攻姿态出现，对贸易方面依据兵力分布实行部分封锁，企图使敌我经济往来限于少数几个地区，以便其控制。

为粉碎敌人阴谋，根据地与日伪在经济上也进行了激烈的斗争。起初，根据地只是在内部有商业往来，对外（沦陷区）受"对敌经济绝交""禁绝仇货"等朴素观点的影响，没有注意战争形势和根据地经济情况的变化。因此，凡是从敌占区来的货物，不管是否需要，一律视为仇货，禁止入境；凡是根据地的物资，不管多余还是不足，怕有资敌之险，一律禁止出境。后来随着敌人的封锁，根据地的经济日趋困难，认识到这种断绝经济来往的做法是不现实的，也非长久之计。在当时敌我犬牙交错的情况下，对物资实行绝对封锁，不仅难以奏效，而且还助长了走私活动。根据地军民从实践中认识到，不仅要有内部的商品流通，对外（沦陷区）也不应是消极简单地断绝经济往来，而应积极地迎上前去与之斗争，开展对沦陷区的贸易，发展根据地经济。

各级政府责成贸易局动员合作社及商人输出非必需品，输入必需

品以扩大对外贸易。各县成立了以贸易局为领导、以合作社为骨干的商业联合会，代替过去的商会。经过宣传、说服，商人们纷纷入股参加联合会，密切了商人之间的业务联系。这对调剂根据地内商品流通、平抑物价、打击奸商起了积极作用。

经过努力，根据地的对外贸易基本上得到统一，内部贸易实现了以自由营业为主。为了便于管理，根据地规定商人营业必须领取营业证或贸易证（但不纳税）。为了真正体现"对外统制，对内自由"的原则，根据地政府对出入口货物只收一次税，取缔了区内厘金关卡。为扩大贸易，繁荣根据地经济，边区政府规定：贸易局、合作社与私人商家一般经由贸易局批准后，都可以进行对外贸易。凡私人对外贸易者，要缴纳政府所规定的进出口税，同时其输出输入的货物种类和货物数量要经贸易局批准。

1940年，根据地的商贸工作在广大军民的努力下，取得了很大的成绩，首先是根据地的进出口贸易有了极大的发展。截至1941年8月底，兴县商店由春季的76家增至171家，临县由181家增至248家。个体经营运输货物的商人迅速增加，境内商品流动亦渐畅达，物资交流频繁。从而打破了敌人的经济封锁，提高了商人对抗日政权的拥护热情，协调了各阶级之间的关系，也提高了抗日根据地及抗币在敌占区民众中的威信。

1941年，日军为了消除根据地的威胁而回师华北，开始了极其残酷的"扫荡"，并对根据地实行全面、严密的经济封锁，以致一段时期大城市与根据地内部的直接贸易几乎陷于停止。同时，日伪还任意贬低边币，提高伪钞，以阻止必需品和非必需品的进出，致使根据地当时必需品的价格越来越高。在封锁的同时，日军还竭力破坏根据地市场，建立据点市场。敌人用武装汉奸或军事"扫荡"破坏扰乱游击区的市场，或以包围、拉夫、抢劫的方式掠夺游击区集市或乡村的物品。在据点内，日伪设集贱卖，有的竟致请客吃饭、送人东西，或用汽车免费接送等方式以引诱，甚至强迫人们到据点赶集。

针对这一情况，根据地民政干部、合作社、贸易局召开了第二次经济问题讨论会，决定在根据地内部给予商人更多的营业自由和行动自由，以促进商品流通、市场繁荣，尽快渡过困难时期。为促进贸易自由所采取的具体措施包括：对过去合作社、贸易局滥用组织力量垄断土产，滥用行政权力统制贸易，使商人无法自由活动的行为予以批评，彻底纠正某些专区和县限制出境，扣留商人的本位主义；合作社不能强制收买各村各户土产；在根据地境内货物，任何机关团体不得限制扣留等等。为了避免自卫队拦路检查的麻烦，根据地还统一了贸易证与通行证，减少商人出入往来的繁杂手续。

边区政府还加强了统一战线工作。保护商人合法权利，尽量给商人活动以便利，在根据地内部以商人救国会形式、游击区以商人联合会形式把他们组织、团结起来。同时还欢迎外商来根据地经营商业，把统一战线扩大至敌占区商人。

在对外方面，根据地政府为杜绝漏洞、发展生产，还实行了贸易保护政策，具体办法是：掌握游击区市场，使敌我贸易不为二重市场的商人和敌人垄断，包括分散集市、加强合作社、流动迁移、成立夜市、布置警戒保卫集市、团结游击区商人，使之为我所用。1942年，保德县利用贸易形式，食盐入口54895斤，比1941年增加20970斤，碛口进口棉花达106282斤，棉纱达1628块，铁12924斤。[①] 在与敌人的商业斗争中，各根据地由被动转为主动，改善了军民生存条件，打击了敌人经济，有力地支援了抗战。

---

① 晋绥边区财政经济史编写组：《晋绥边区财政经济史资料汇编·金融贸易编》，山西人民出版社1986年版，第562页。

十、敌后根据地的开源节流措施

抗战时期,在敌后残酷的环境中开展持久的游击战争,坚守抗日根据地,一方面靠的是中国共产党领导下广大军民的浴血奋战,另一方面靠的是经济和财政这一物质支柱。山西敌后抗日根据地的经济和财政,靠自己制定的各项政策和党领导下的广大人民的抗日积极性,保障了长期抗战的经济开支,对抗战胜利起了重要的作用。

抗日政府的财政收入是供应抗战军需与改善人民生活的前提和基础。内容主要包括农业税、商税、罚没收入、公产收入、缴获收入和机关生产收入等几大类。

农业税是根据地财政收入的主要来源。以晋冀鲁豫为例,抗日战争时期,农业税占总收入的85%至93%。[①]它一方面关系到保障革命战争的供给,另一方面涉及党和农村各阶级的关系,因此建立正确的农业税制度是争取革命战争胜利的一个十分重要的条件。山西各敌后抗日根据地曾开展了征收公粮、恢复田赋、合理负担、统一累进税等各项工作,以保证农业税收的完成,并且基本上收到了理想的效果,支持了战争。

工商税包括工商营业税、烟税、酒税、牲畜交易税、盐税、出入境税和田房契税等。党的政策是保护工商业,促进有利于国计民生的工商业的发展。边区政府制定的税率也体现了这一原则,如工业税率低于商业税率,生产必需品部门的税率低于生产非必需品部门的税率。

卷烟税是对机制卷烟所征的税。根据地政府对卷烟的生产和销售

---

① 戎子和:《晋冀鲁豫边区财政简史》,中国财政经济出版社1987年版,第12页。

实行限制政策，采取的措施是寓禁于征，对卷烟课以重税。但也考虑不使之负担过重，否则会造成沦陷区卷烟的流入，吸走根据地原料，对根据地建设和人民生活不利。

出入境税是对进出根据地货物所征的税，目的是保证必需品的输入和限制非必需品的输入。抗日战争时期，我敌后根据地同日伪和国民党统治区的交界区多被封锁。日伪和国民党限制粮食、石油、布匹等物资进入根据地。抗日政府则针锋相对，对我急需之物，鼓励入境，限制出境；对我无用之物则鼓励出境，限制入境，并设立关卡收税，控制对外贸易，维护根据地军民利益，保护根据地经济发展。

抗日政府的财政支出，主要有军费、行政费、建设费、文教费和社会救济费等项目。各根据地的军费开支包括一部分战勤费在内，约占财政总支出的80%至90%，主要是为了保障武装抗日部队正常作战的开支。根据地的行政费包括党政机关、群众团体、工作人员的最低生活费，办公杂支和部分战勤费等。建设费主要是水利费，由政府所属工商局进行贷款贷粮和部分拨款拨粮。如晋冀豫根据地1943年至1944年，在涉县、黎城开凿隧道，修建了两条大渠，引清漳河、浊漳河水灌溉耕地一万多亩，便是一项很大的建设开支。文教费包括医院卫生费、公办大中小学经费、出版报刊费等。抗战时期各根据地都开办许多学校，培养人才。一般初小学生的课本皆由公家发给，高小学生贫寒者还给以补助，这些开支都由财政支付。社会救济费包括社会救灾费、荣誉军人安置费、党政人员死亡抚恤费等。

以上几项财政支出约占总支出的10%至20%。财政概算收支相抵，每年赤字约占概算的10%至20%，这些差额主要靠银行发行货币解决。

敌后抗日政权成立后，重点"抓粮抓钱"，在开源方面做出了显著成绩。但在节流方面，由于财政制度不健全，基层单位开支名目繁多，浪费严重。当时晋察冀政府规定，一个县政府每月开支标准为6000元到7000元（包括地方武装军费和民众团体经费在内），而冀中区的一个

十 敌后根据地的开源节流措施

村公所,平均每月开支达1000元以上。北岳区忻县有一个村公所一年开支竟达12000多元。据1940年1月报告估算,晋察冀根据地70余个县,村款的浪费每年都有750余万元。① 另外各地县、区财政和部队中不合理的开支和浪费现象也十分严重。为纠正这种不良现象,各地抗日政府在广开财源的同时,积极开展反对浪费的活动。

首先,各根据地陆续建立了预决算、会计、金库三大财政制度。严格各项财政开支的手续和标准,坚决杜绝计划外开支,任何个人、机关不得任意挪用公粮公款,违者以贪污论处。晋察冀根据地规定县以上单位,每年必须编造预决算呈报边区政府审核批准。年度预算在每年12月15日前呈报上级;年度决算必须在第二年1月10日前做出。在预算未经上级批准以前,不准事先预支,否则会计有权拒绝付款。随后,各抗日政府对村财政也进行了整顿,减少开支项目,实行财政包干,制止了村经费的乱支现象,减轻了人民负担。晋察冀边区政府1940年公布了《村概算和村决算暂行办法》,把原来的村开支项目减为5项,即村办公费、村教育费、村优抗费、民兵弹药费、村建设费等。标准也由每村每月平均400元减为40元。仅此一项措施,全区每年便节省近7000万元开支。②

其次,鉴于当时财政人员文化水平较低、业务生疏,抗日政府通过颁发《财政行政制度手册》,举办会计短期训练班,对一些记账、结算、填写报表等技术上的疑难问题都详细举例做出示范说明,从而培养了一大批专业人员,为贯彻执行财政制度提供了可靠的保证。

各敌后根据地在艰苦的环境中,由小到大、由弱到强,财政建设逐步走向完善。它的成功不但在坚持敌后抗战中发挥了重大作用,也为夺取政权后有效进行国家财政管理积累了丰富经验。

---

① 刘建生、刘鹏生等:《山西近代经济史》,山西经济出版社1997年版,第922页。
② 张洪祥:《略论晋察冀根据地初创时的财政建设》,《南开大学学报》1983年第5期。

十一、敌后根据地的银行建设和金融发展

日军占据山西的主要商埠和城市后,即设立银行滥发伪钞以统治金融贸易,致使山西经济陷于被动破产的境地。国民党和阎锡山的银行携资金相继南撤,地方金融陷于紧张,周转不灵,以致交易停顿、民生凋敝、社会恐慌。因此,组织群众发展生产,搞活市场,安定和改善人民生活,并积蓄力量,支持长期抗战,成为我党和根据地政府的重要任务。于是,各根据地相继建立银行,稳定金融秩序。当时,山西抗日根据地主要有以下三大银行:

晋察冀银行

1937年七七事变以后,晋察冀三省相继沦陷,金融秩序非常紊乱,法币很少流通。山西省除大量流通晋钞外,各地银行商号及投机者滥发的钞票更是充斥市场,个别地区则仍使用银圆。当时山西市场上流通的纸票达四五种,而且互不通融,界限十分严格,县票不能出县境,省票不可进邻省。日军又大量发行伪钞,地方杂钞大量涌向根据地,扰乱了晋察冀根据地的市场,物资大量外流。因此,建立强有力的金融机构,统一币制,稳定金融,是根据地刻不容缓的工作。

1938年3月20日,晋察冀边区银行成立。总行设在五台山区的石咀村普济寺,钞票印刷局在古佛寺,各县、区、村设分行、办事处和代办所,开始发行晋察冀边币。边区银行成立后,晋察冀政府宣布边区银行是根据地范围内唯一合法的金融机构,由边区政府独资经营。

银行初建时,聂荣臻从部队津贴费中拨出40000元法币作为发行边币的最初基金,后来还把没收日伪、汉奸的金银财产等充当准备

金。边币的发行主要以根据地生产事业为基础，视生产的发展、人民财富的增减和市场交换等情况，有节制地发行边币。银行一方面代理金库，办理贷放款业务；另一方面组织力量打击伪钞，开展对日货币斗争。1938年秋末冬初总行迁至河北阜平后，随着抗战形势的发展，边区银行业务逐渐扩大，机构不断健全，相继在冀中区、冀晋区、冀察区设立分行，各专区也相应设立银行办事处，在商业繁盛的村镇设立营业所或代办所，在贸易口境设立兑换所，在广大农村则由合作社代理信用业务，由此形成组织和调剂根据地经济以及对伪币斗争的金融网。

边区银行的组织机制是：总行垂直领导下级各银行、办事处、兑换所、支行、营业所、派出所。总行设经理、副经理，分行、支行设经理，办理处、营业所设主任。总行经理、副经理、分行经理由边区行政委员会委任，其他干部由银行在根据地内招收优秀青年，予以短期训练（一般为一个月），然后充实和壮大银行职工队伍，逐渐培养造就一批在银行业务上日渐成熟的专业人员。

1945年9月，抗日战争胜利后，总行迁至张家口。

冀南银行与冀太联办

八路军总部率第129师进入太行山后，在牺盟会和山西省第三、五行政公署的支持下，于1938年8月在沁县郭村成立"上党银号"。1939年4月，冀南行政主任公署成立经济委员会，提出成立地方银行，以便调剂金融，统一币制，便利商贾，改善人民生活，增强根据地经济力量，保证部队给养，坚持持久抗战。1939年10月15日，冀南银行在山西黎城县小寨村成立，同时，上党银号并入冀南银行。

冀南银行成立后，对外称"八路军工作团"。初设时，总行只有4个科、1个政治部和1个警卫连，经常活跃在山西黎城小寨村、河北邢台和河南涉县的索堡（现划归河北）一带。后来总行在冀南区、太行区、太岳区设有区行：太行区行下设各专属的第一、二、三、四、五分行；太岳区行下设第一、二、三、四分行。1940年五六月间，在冀南区和冀鲁豫区先后设立了县一级的银行机构，初称办事处，后改称县支行。自此，冀南银行的机构设置业已完备，即总行、区行、分行、支行四级管理。以后随根据地各项事业的发展和对日经济斗争的需要，在支行以下，又设置了兑换所。负责印刷冀南币的冀南银行印刷厂第一、二、三分厂于1939年前后相继在石锁、小寨、瑶门口成立，接受总行领导。下设的若干印刷所分别建在西井村、东崖底、石全村、霍家窑、南陌等地，由此组成一条连续生产线，印制冀南银行币。总金库则设在小寨。

1940年8月1日，冀太联办在涉县以东的辽城成立。确定以冀南币为根据地单一本位币，逐步摆脱法币影响。冀太联办成立后即遵照中共中央北方局的指示，在晋冀鲁豫区以冀南币收兑上党票和五专署救国合作社兑换券，允许法币继续行使，取消山西省票和各县土杂钞，禁止银圆流通，打击伪钞，不让其侵入根据地。后来冀西银行并入冀南银行，1945年日本投降后，同年12月冀西钞停发，冀南币成为晋冀鲁豫根据地的单一货币。

西北农民银行

西北农民银行的前身是兴县农民银行。该行于1937年9月由刘少白在兴县开办。初建时，仅有保管、出纳、总务、会计等6人，另有3名警卫负责安全。开办银行的资金由兴县100多家富户捐献，每户至少100元，多者不限。银行成立后，发行了"兴县农民银行币"。从1937年10月至1938年先后发行三批，共计15万元，票面为1角、2角、1元等。由于农民银行票面值小、流通方便、币值稳定，与阎锡山的省银行票形成鲜明对照，因此在以兴县为中心的临县、岚县、保德一带广为流通，八路军、阎军、东北军、工人、农民、商人都愿意

十一 敌后根据地的银行建设和金融发展

使用。

1940年,晋西北抗日民主政权建立后,根据地金融秩序还极其紊乱,市场上同时流通省银行票、法币、白洋、兴县农民银行币、文水县政府及各县官商地方券等杂钞数十种。各种货币流通于市面,没有准备金的晋钞(占绝对优势)又开始跌价,引起了金融动荡、信用恐慌。晋西北行政公署为此曾通令各县维持,结果使根据地商品锐减、物价持续上升,而晋钞却继续猛跌,在晋西北完全失去信用。

晋钞崩溃后,根据地内作为流通、支付手段的货币立刻异常短缺。伪币乘机流入,各种杂钞更大量印发流通,货币投机猖獗,物价涨落不定,金融紊乱使市场陷于停顿,根据地经济面临严重的困难。这种局面不仅给日军扩大伪币流通、盗取根据地物资以便利,而且直接影响到根据地养兵、扩兵、巩固与坚持抗战。1940年2月,晋西北行政公署召开第一次行政会议,决定以原兴县农民银行为基础,建立根据地的西北农民银行。5月10日,西北农民银行正式成立,刘少白为经理,以边区政府"四大动员"(献钱、献粮、献鞋、扩兵)所得献金的40%做基金,发行西北农民银行币(简称"西北农币"),西北农民银行发行的农币以法币为标准币,价格与法币相同,发行后与法币一样流通使用,所发数量以法币基金所有数为限,不过量发行。西北农币发行后,边区政府即下令禁止土钞、杂钞发行,定期禁止法币行使,禁止伪币流通等,以扶持西北农币成为根据地单一本位币。当时,银行设在贸易局内,印刷西北农币的是洪涛印刷厂,西北币有1元、2元、5元、10元等面值。1942年实行精兵简政,西北农民银行和晋西北贸易局合并办公,由晋西北行政公署财政处统一领导,成为财政、银行、贸易三位一体的经济组织。1948年10月,西北农民银行并入中国人民银行。同年12月1日,西北农币停止发行,按2000∶1折合中国人民银行旧币1元收兑。至此,西北农民银行完成了自己的历史使命。

十二、敌后根据地发行抗币和统一货币

在根据地银行发行货币以前,各根据地市场上都流通着各种各样的货币。这些混杂货币的存在和流通,使根据地金融秩序极为紊乱、币值不稳、物价波动、金融投机猖獗、人心不定。敌后抗日根据地的许多地区与沦陷区犬牙交错,且有经济往来,加之日伪汉奸依仗其军事和经济的优势力量,采取一切卑劣手段向根据地推行伪钞,以达到其套购物资"以战养战"的目的。由于根据地内没有统一的货币,伪钞必然在根据地流通,进而操纵物价,破坏我生产、商贸等事业,摧毁根据地经济,使根据地失去生存的基础。所以,将伪币驱逐出根据地,反击日本的经济侵略,必须建立银行,由政府统一币制。

抗日货币进入市场后,首先以行政力量和经济手段扫清土杂钞,将伪钞流通区域压缩到敌占城市和铁路沿线,使抗币流通区逐渐扩大,使伪钞市场变成混合市场,混合市场变成抗币市场,最后形成抗币独占市场的局面。民主政府对法币初期实行保护政策,后来为了统一货币,逐步予以取缔。晋察冀根据地1940年夏已实现边币一元化,晋冀鲁豫根据地也于1941年对法币采取排挤政策,山区于当年后半年即已肃清法币。到1943年,平原地区也把法币排挤出去,抗币遂成为根据地群众所喜爱的唯一货币。

为了建立根据地独立自主的经济体系和统一的货币市场,针对土杂钞、伪钞以及假币盛行的混乱状况,晋察冀根据地分别采取对策,针锋相对地进行斗争,从而稳定了根据地金融,保证了抗币的顺利发行和流通。

十二 敌后根据地发行抗币和统一货币

整顿土杂钞

各种土票杂钞是在抗日战争以前和抗战初期,由各地方政权机关、社会团体、金融机构、大小军阀、地主豪绅、富商发行的纸币。这些纸币种类复杂、名目繁多,有本位币也有辅币,它们在各根据地均有流通。边区政府成立后曾允许这些杂钞暂时继续使用,但杂钞的存在造成金融秩序混乱,不仅使少数奸商发财,多数人遭殃,而且扰乱了根据地金融,破坏了根据地市场,影响了根据地经济贸易。特别是日军占领山西各城市以后,又采取限期停用杂钞的政策,企图将其占领区的大量杂钞推向根据地,使伪钞得以独占市场并借此掠夺根据地物资。为此,各根据地政府先后下令整顿土杂钞。在党和政府的领导下,通过宣传教育和行政命令禁止流通,勒令发行者限期收回,由边区银行收兑等措施将土杂钞逐步肃清。

1938年5月停止河北5元钞(即冀钞,俗称"大红袍")的流通,同时打击铜圆券。1939年1月停用保商银行钞票。1939年3月,根据地行政委员会在得知日伪限期停使杂钞阴谋后,当即发出清除土杂钞出境的命令:"……各行杂钞,本身既无外汇,处敌高压之下,势必依限收回。一经停使,即形同废纸。为巩固边区金融之计,所有在本区内流行之此项杂钞,应速设法打击出去,望即协同群众团体加紧进行宣传鼓动,使民众尽量打向敌区购买货物,务期全数推到敌区,以免损失。"[①]

晋察冀银行对当时影响最大的旧冀钞采取了坡度贬值兑换的办法,以边区政府所在地为中心,向敌占区逐渐坡度贬值。例如,在根据地中心1元旧冀钞值5角,再远值6角,更远值7角、8角,一直推到敌占区。这一政策,于1939年5月初由边区政府密令施行。所有公私机关,特别是合作社、贸易局等,首先奉命贬值冀钞。由于根据

---

① 刘建生、刘鹏生等:《山西近代经济史》,山西经济出版社1997年版,第895页。

地对旧冀钞的兑换始终低于日伪二成，因此商民行旅都不愿带旧冀钞入根据地，而是纷纷携带旧冀钞到敌占区购买货物。不到三四个月，根据地境内几千万元的旧冀钞基本上被打击出去，并从敌区换回大批物资。在晋冀鲁豫抗日根据地，政府于1938年9月做出整顿土票的决定。太行根据地于1940年七八月，先后由太北专区和冀太联办发出命令：收回山西专区合作社流通券和上党银号票，禁止行使法币，市场交易一律以冀南银行发行的冀钞为本位币计算。[①]经过根据地军、政、民、机关、团体的共同努力，抗币逐步独占了根据地市场。

打击伪钞

各抗日根据地与伪钞的斗争，主要是与伪联币（即联银券，俗称"夫子票"）的斗争。伪联币是1938年3月10日，日伪在北京成立伪"中国联合准备银行"时发行的钞票。各根据地银行还未成立时，伪联币已在河北、山西、山东等省境内流通。1941年年底，敌军不仅在太原、临汾、运城、潞城等地大量发行伪联币，而且日伪的冀东银行、满洲银行、朝鲜银行、察南银行、蒙疆银行也发行各种钞票。这些伪币都直接摆出日伪面孔，因此一出现就受到人民抵制。在此情况下，日军变换手法利用占领天津时攫取的原河北省钞票底版，大量印制5元一张的冀钞，以期打入根据地市场进行经济掠夺。抗日政府针对敌人的阴谋，下令禁止"大红袍"流通，指出这些伪钞"都是敌人用以吸收我方物资的魔鬼，它没有一点准备金，更没有一点售用担保，它是一张彩印的废纸，和阴曹地府的冥钞差不多"[②]。对于这种货币，初期抗日政府主要是运用政治力量予以打击。晋冀鲁豫根据地曾制定"打击伪联合准备银行币的具体办法"。1939年晋察冀边区政府在《关

---

① 刘建生、刘鹏生等：《山西近代经济史》，山西经济出版社1997年版，第896页。
② 《边委会关于粉碎敌伪货币阴谋的指示信》（1939年3月），《抗日根据地政策条例汇集》（第2辑），晋察冀之部，河北省档案馆藏件。

十二 敌后根据地发行抗币和统一货币

于粉碎日伪货币阴谋的指示信》中指出：对伪钞"我们应该劝令民众一致拒绝行使。仍有携带入境或私相接受者，一经查出，除全部没收外，并以汉奸论罪，查获人提奖十分之一"①。晋西北根据地还组织稽查队，严行查稽。在对伪币的打击过程中，各根据地相继发行自己的抗币，以统制内部金融秩序。

但情况并非尽如人意，伪钞有日本帝国主义的军事优势和经济力量做后盾，流通区域甚广，币值较高；日军在经济上采取掠夺我国资源"以战养战"的方针，对抗日根据地实行经济封锁；根据地许多土特产品要向敌占区出售，有一部分军用物资和生活必需品也要从敌占区买进；肃清杂钞，宣布停止法币流通，使抗币独占根据地市场，取缔敌我之间贸易的中间货币，尽管可以与敌人断绝贸易，但不能与敌区同胞断绝往来。所以，根据实际情况，根据地采取了严格管理"外汇"的办法，同伪联币往来，在往来中做斗争：运用贸易等手段利用伪币，调节根据地市场，保证根据地军民必需品的供给；根据地银行通过掌握的粮食，利用伪钞，避免粮价高涨，以维持抗币信誉，统制贸易，掌握"外汇"，实行对外贸易以抗币为本位；在游击区、敌占区建立兑换所，把抗币打入敌占区，公开买货、暗地交钱，建立以抗币为主的混合市场，将伪钞流通区域压缩到敌占城市和铁路沿线，使抗币流通区域扩大，最后形成抗币独占市场的局面。

反假币斗争

印发假钞是日军扰乱根据地金融、掠夺根据地物资的另一种毒辣手段，因此反假票斗争也是根据地金融战线上的一项重要任务。

1940年7月，晋察冀根据地建屏、石庄沿平汉线一带发现日军伪

---

① 《边委会关于粉碎敌伪货币阴谋的指示信》(1939年3月)，《抗日根据地政策条例汇集》(第2辑)，晋察冀之部，河北省档案馆藏件。

造的法币、边币后，根据地行政委员会于 1940 年 8 月 3 日发布了《为严防假法、本币流行的通令》，并附发 9 种真假法币和 6 种真假边币鉴别表及说明，以供各机关和税收部门鉴别真假法币和边币。

敌人兜售假票给根据地的货币金融带来了极大的危害。首先，破坏本位币信用，影响本位币的巩固。其次，引起货币金融的混乱，间接影响了工商业的正常发展。第三，日伪通过兜售假票，掠夺我物资，影响根据地的经济实力。为粉碎日伪阴谋，山西各抗日根据地一般采取各项措施，与敌人做斗争。

当发现敌人的假票后，即发动群众，进行广泛深入的宣传工作，教育群众提高警惕，阐释反假票斗争的重要意义。

张贴布告和颁布法令。凡携带假钞者，如系无知受骗，仅予没收；如系有意破坏，则严加论罪。凡故意损毁边钞，一经发现，就追查到底；如确系敌人所为，就及时报告，以坏换好，继续保持抗币信誉。

在各地银行机构或合作社广泛设立真假抗币对照所，广发票样，到处张贴，以便群众辨别。

动员根据地军民共同严缉伪造边币的奸人，一经捕捉就公开进行宣判，给以严厉打击。

通过一系列艰苦细致的工作，日伪破坏边钞的各种阴谋诡计终于失败，根据地金融阵地随之得以巩固。

严格控制金融流通

抗日根据地为平衡物价，保证人民生活不受根据地外金融波动的影响，对金银普遍实行禁止流通和买卖的政策。规定根据地内白银买卖一律由银行经营，所有其他一切公私商店、机关团体不得私自买卖白银。对于白银之出口，必须持边区银行统一签发的白银出口许可证，私自买卖白银者一经查出即予没收。对群众保存的白银或金首饰，迁居携带须持政府证明，如愿出卖，须到抗日银行兑以抗币。当

十二 敌后根据地发行抗币和统一货币

时虽然有严格的规定和禁令,使倒贩金银者受到一定打击,但当根据地外金融波动时,仍有少数奸商暗中作乱。当时,由于各根据地情况各异,控制金银流通的效果也有所不同。

晋察冀边区政府在1942年5月前一直禁用白洋,以后采取了不没收的政策,允许在晋东北、雁北流通。冀北可携带白洋到晋东北、雁北买货。1944年8月又禁止白洋流通。

晋西北农民币发行时,只是一种信用货币。由于没有明确宣布禁用白洋,部队机关解决冬衣时,动用了银行白洋基金,以致金融市场紊乱,白洋排挤农币,成为主要货币。1941年4月,行署下令禁止白洋和现银流通,对暗使、贩运、私自携带到敌区者以扰乱金融论罪。境外带进白洋,必须到银行兑成农币;自愿保存白洋者,必须办理批准手续;携带出境者,必须有贸易局、银行发给的许可证。随着法币贬值及其在抗日根据地的日趋衰颓,只有白洋能从敌占区购回日用品,且为农民所欢迎,以致白洋又一次冲破政府法令,在根据地公开流通。入夏时,根据地又形成白洋占据市场的局面。同年12月,行署下令严禁使用、贩运白洋。除各级银行、金库、军区、军分区司令部、行署、专署外,一律不准保存白洋,并组织军民稽私队予以查禁,对有真凭实据的违法汉奸处以极刑,从而使农币逐渐活跃,重新占领了市场。

根据地货币的统一

抗币发行时,各根据地严格执行毛泽东同志"边区纸币数目,不应超过边区市场上的需要数量,边区的纸币应有准备金"[①]的指示,使抗币与法币保持一定的比价,可自由兑换(法币兑换后可保存,但不可流通),而且还以实物为发行准备。晋察冀根据地发行边币时的准

---

① 财政科学研究所档案1—3号:《毛泽东同志对边区货币政策的指示》,1938年8月17日。

备金分现金（金、银、硬币、法币、外币）、实物（主要是粮食）、保证准备三种。现金准备为发行额的40%，保证准备为发行额的60%。冀南币发行时也规定与法币等值，且以实物为准备。抗币发行时也有充足的准备金，可随时自由兑换。同时，各银行按照经济发展状况、人口比例、市场需要以及对敌经济斗争需要的发行原则，把银行的利益与人民的利益密切结合起来，使抗币信誉不断提高，被人民称之为"抗日票"。抗币不仅在根据地范围内流通，而且在敌占区也能使用，敌占区的商人愿意接受抗币，甚至胜过接受其他杂钞。抗币的发行和货币的统一，刺激并保护了生产，稳定了金融，支持了根据地独立自主的经济秩序，为抗战做出了不可忽视的贡献。

山西抗日根据地产生的新民主主义经济，有着巨大的优越性。在发展过程中，它改变了半殖民地半封建的经济形态，改变了军民缺衣少食的生活状况，激发了人民的生产热情，从而使根据地由小到大、由弱到强，为彻底打败日本侵略者提供了可靠的物质保证，并逐步形成了自己独立的经济体系。

十三、第二战区的"公营企业"

抗战开始后，原本秩序井然的工业体系瞬间崩溃，资金无法回笼，物资大量散失，技术人员逃离。但生产与生活还得继续，尤其是一些抗战急需物品与军民生活用品实现自给自足，是当务之急。山西省公营事业董事会撤到成都后，阎锡山马上成立了两个部门，继续管理公营事业，一是太原绥靖公署第一室机构，主管公营的工商企业；二是第二战区经济建设委员会。

第二战区经济建设委员会是1938年经重庆国民政府经济部正式批准成立的，阎锡山任名誉会长，秘书长徐士珙负实际责任，会址初设于陕西宜川县城内，后迁往西安，在泾阳、克难坡设有办事处。

1939年6月开始，第二战区经济建设委员会以法币60余万元组建了一些小型流动工厂，以供军需民用。当时设厂的标准，一是交通便利，接近原料产地；二是隐蔽性好，可以避开敌机轰炸。因此，在二战区军政人员活动范围的陕西宜川、耀县、泾阳等地和山西吉县设立了16个这样的小厂，主要包括纺织厂、卫生材料厂、农场、铁工厂、钢铁厂、皮革厂、化学厂、造纸厂等。设在吉县的有三个，一是克难毛织厂，生产毛线、毛毯；二是电灯厂，供应克难坡机关、家属及驻军与受训干部窑洞照明之需；三是首善纺织厂，专门纺纱、织布。

抗战时期，西北制造厂在艰难中勉强支撑。1935年冬，阎锡山把一系列军工厂合并改组为西北制造厂，名义上归西北实业公司管理，实际上直接归阎锡山太原绥靖公署军械处指挥。西北制造厂供应军需的任务非常重，日夜赶制械弹。因撤退仓促，西北制造厂迁移时只搬出了约千余吨、五十分之一的机器。万余名职工只有很少一部分流散至二战区。

迁陕之初,因西北实业公司不从事生产业务,西北制造厂改归太原绥靖公署第一室直接领导,从此脱离西北实业公司。1938年,西北实业公司撤至成都后,改名新记西北实业公司,1939年回宜川筹办小型工厂,其所属企业有纺织厂、机械厂、毛织厂、宜川火柴厂、隰县火柴厂、孝义炼铁厂等。

1937年12月31日,西北制造厂在陕西虢镇暂时落脚,开始造手榴弹和修配枪炮,设置了将半成品装配成步枪的机钳工房。在秦岭褒城专造炮弹,也附带修炮。1940年,总厂迁至四川广元直到抗战胜利。抗战期间,西北制造厂职员从万余名缩减至492人,工人2700名。每个分厂的人数为250人至500人之间不等。工人中除约有半数中老年技工是从山西来的外,其余都是在当地招收的。广元总厂生产的是轻机枪,各分厂分别生产步枪、手枪、掷弹筒等武器,均运交阎锡山所统辖的第二战区使用,所需款项由第二战区拨给。厂里生产核算体制是上级拨款,以产品抵销,效益很少,收支大体平衡。

抗战时期,原料供应困难,为此,西北制造厂奖励各厂用替代品做原料,使工厂得以维持。当时的生产情况,陕西城固分厂是除总厂外规模最大的,每月可造步枪1000支、轻机枪50挺、手榴弹5万颗、掷弹筒1000个、掷弹5000颗,还能附带修配一部分枪械。广元分厂主要制造步枪、机枪,每月可造步枪1500支、轻机枪50挺,也附带做些零星修配工作。陕西黄陵的分厂每月除修配工作外,还能造步枪五六百支、手榴弹3万颗,或代各分厂造些半成品。留坝分厂经营炼铁,并铸造成手榴弹壳,运各分厂装配,每月可铸弹壳10万多个。

第二战区长官部移至吉县后,汽车修理厂随行,改组成修械所。抗战末期,在吉县又成立兵工合作社,开始研究轻炮、轻炮弹、黑色炸药等,但未正式生产。

因生产条件有限,制造厂的各分厂分门别类,分散生产。如在城

十三 第二战区的"公营企业"

固造轻机枪,在乡宁造步枪,在孝义造手枪。因原料不足,产量也不稳定。大体可生产步枪800支、轻机枪300挺、手枪数10支、手榴弹万余颗。战时这些厂实行了实物工资,即除工料外,只供口粮,每工平均小麦4升8合,杂粮比价折合,征粮困难时,又减至每工3升7合。普通职工每月的工资仅够吃饭,零用钱很少,待遇较低。因此,职工流失现象严重。后经阎锡山批准,在吉县一带招了200多名青年做学徒工,但真正留厂的不到半数。1945年日本投降后,西北制造厂回迁,残旧机器、剩余材料、杂物采用拍卖方式解决,直到1949年拍卖完毕。

十四、第二战区的"自给自足"政策

抗战开始后，日伪区、二战区、边区之间互相封锁经济，因此战时物资交流成为重要的经济手段。1942年年初在吉县创立的第二战区特别实物购补处，任务是买进卖出。阎锡山自战前放弃国税扣留政策后，军饷一直从中央领取。因为15个师的数字虚报，剩余下来的军饷被用于兵工厂、同志会经费和做买卖。阎锡山对特别实物购补处投入的资本是法币1000万元。当时主要从吉县克难坡购买土布，然后再卖至陕西宜川等地，专做互通有无的物资交换生意。

1942年冬开始的"新经济政策"

1942年下半年，第二战区经济困难，面对120余万军民的生计问题，阎锡山提出要学解放区的"自给自足"，当时克难坡的干部、士兵和干部家属一律参加劳动。蒋介石政府为整治物价，规定各地区的物价一律不得超过1942年11月15日的价格。阎锡山因此得到启发，他认为：战时物资贫乏、物价波动加剧，原因在于私商投机倒把、囤积居奇。因此，他提出要"发展生产，实行自给自足的管理经济"，这个"新经济政策"，途径是取消私商，统一管理市场，实现一个地区、一个商店、一个价格，其实就是全面垄断。

1942年11月，"新经济政策"统制经济的总机构——山西省经济管理局在克难坡成立，把太原绥靖公署和第二战区经济建设委员会一起归并过来，阎锡山自兼局长，赵戴文兼副局长，王谦任秘书长。山西省经济管理局下设六处：工商事业管理处、合作事业管理处、互助事业管理处、粮食调节处、运输合作总社、铁业管理处。

十四 第二战区的"自给自足"政策

按照阎锡山"以互助合作为中心,有计划地组织生产、交换和消费,取消私商,消除中间剥削,统一管理市场,稳定物价,保障人民生活"的指导思想,取消私商后的经济组织采用了合作社方式,因合作社全系公款筹办,因此阎锡山将"供销合作"改称"合作供销"。

1942年冬,吉县、乡宁、大宁、隰县、石楼、永和等10县成立县经济管理局,由阎锡山的亲信赴各县主持,所有私商的固定资产一律归公借用,人员归公选用,货物全部进行登记。愿意作价买的,一月内折价付款,热销品按十成或九成价购买,冷滞的按五至八成计价,残品按残损程度计价。不愿折价的,议价代销,何时销出,何时付款,收2%的供销费。总计接收货物价值约万余元。

1943年春,各县经济管理局一律改组为县合作供销社。这种战时合作供销几乎实现了业务和渠道的全覆盖。当时各地民生日用等行业全部实现购销一条龙垄断,同时,对食堂、旅店、理发馆、澡堂、照相馆等行业,也以"私营公管"的办法统一管理,并按月抽收2%的管理费。除县城外,在较大村镇也设分社,或成立若干专业门市部,或设一个综合门市部,控制乡村的贸易服务。批发价格由平价购销处确定,阎锡山亲自核批。供销社只按照批发价加5%的管理费规定零售价。因为没有竞争,物价基本没有波动。

在购销的同时,合作供销社还控制了当地的手工业生产,成立了手工业生产管理社,成立了各专业生产小组,如棉布生产小组、文具生产小组、铁业生产小组等。合作供销社负责"两包"——包供原料、包销产品,生产管理社负责"三定"——定质、定量、定价。不过,因为当时山区手工业者少,产品质量低、成本高的现象比较突出。加上战时原料供应不继,不到数月,这些生产组相继停产。在一些有特产的县,还成立了手工业工厂,如隰县榨油厂、桦木制碗厂、灵石双池镇酒厂、孝义酒厂、石楼纸厂、蒲县纸厂、洪洞制瓷厂等,这些手工业工厂直接归省合作事业管理工作处领导。

山西省公营消费社是公营事业的重要机构

抗战开始后，土货商场部分物资迁至陕西。1938年在原太原土货商场基础上成立了第二战区司令长官部随部消费社，随二战区司令部行动，专管长官部官兵生活的日用品供应，并设有西安、宜川、秋林镇和桑柏镇几个分社。其中西安分社主要担任采购和运输任务，其他分社则设门市部营业。

1941年春，为满足第二战区军政机关需要，在吉县正式成立了山西全省公营消费社，把之前第二战区长官司令部直接领导的随军消费社、蔚（生生）泰、复兴号等经济机构归并过来。资金除接收随军消费社资产货底外，按营业需要由长官司令部陆续拨给，陆续划拨的资金约100万元，还接收过5000两黄金。

总社之下有吉县、乡宁、汾西、大宁、永和、石楼、隰县、孝义等县分社，在吉县克难坡设售品所，在隰县午城镇设酿酒厂，后来分社改为分处。分社资金由总社专拨，货物由总社供给，分社经销。1942年下半年改称山西省平价购销处，增设了稽核室，并渗透各分处，形成垂直领导的稽核系统，与总处共同牵制分处。盈余除业务、工资、伙食等开支外，其余纯益的5%按工资比例分配给工作人员。

消费社经营的业务范围，主要是布匹、棉花、棉毛织品、颜料、桐油、生漆、药材、文具纸张、日用杂货、副食品等。贸易范围从蒋管区到敌区，甚至到边区延安，一句话，只要有利可图，百无禁忌。与延安的贸易，主要是拿毛边纸交换食盐，名义上是互通有无、以物易物。因为蒋管区使用的是法币，敌区使用的是伪钞，所以算账时也有一定的回旋空间。经营5年后，资产从刚成立时的100万元上升到700万元，盈利状况惊人。1945年阎锡山返太原后平购社结束，财产货底合并到山西贸易公司。

阎锡山军政人员进驻弹丸小城吉县后，物资奇缺。阎锡山在经委

十四 第二战区的"自给自足"政策

会中组建了"食盐采购团",自1944年夏以前开始偷偷到敌占区、边区进行物资交换。1939年"十二月事变"后,阎锡山与日本帝国主义勾结,反共反人民。他同日军签订的协定中,就有关于物资交换的条款。太平洋大战时,日军急需3000斤桐油和生漆做防腐剂,就是通过阎锡山拿270匹白布换到的。为运输物资,1940年夏,阎锡山在陕西宝鸡姜家堡设立了裕兴长途汽车运输公司(简称"裕兴公司")。从香港购进四轮卡车20辆,专跑川陕公路,为第二战区运输军需物资,亦揽运商货,赚取运费。开业后,因汽油缺乏,须自造酒精代用。1941年,由省铁两行号联合办事处和铁路银号各向裕兴公司投资10万元,在甘肃徽县设立酒精厂,日产酒精一吨半,专供裕兴公司汽车燃料。1945年抗战结束时车辆移交第二兵站。

十五、第二战区的金融活动

抗战开始时,四银行号立即撤往后方,先至运城,后到西安。1938年敌机对西安进行轰炸,人心惶惶。

1938年省银行总行撤至成都,在西安、汉中设立分行,省内的各分行、办事处、寄庄一律停业。1939年在成都设立了一个华利银号,专做投机倒把生意,1942年被撤销。迁移时,山西省银行总经理王骧怕麻烦,遗弃了大量物资,遣散了大批人员,现金托付中国银行代运。包括垦业银行交来的资金,除1940年给阎锡山支取过74万元法币外,其余全作为银行人员生活费被花费殆尽。为维持生计,西安分行曾在渭南、宝鸡等地做药材、棉花买卖。汉中分行在代经理白毓震的指挥下,做桐油、水银等投机业务,到1943年赚了黄金近1000两。

铁路银号撤离后,1938年总号先迁西安后迁成都,各分号均撤销。1939年在成都开设裕中商行,经营投机生意。1941年铁路银号把总号又从成都迁回西安,以"第二战区司令长官部西安办事处会计股"的名义向西安军政主管机关进行登记,但内部与各方面的往来,仍以铁路银号的名义办理。抗战期间,第二战区向蒋中央所领军政费用,多由该号出。至1943年合并时,铁路银号所有资产约值法币1700余万元。

1943年7月1日,阎锡山将省银行与晋绥地方铁路银号合并,山西省银行的人员及一切事务,统统由铁路银号接收。因省银行是中央备案的银行,于是对外仍使用山西省银行名义,铁路银号的招牌仍旧保留,1944年又迁回吉县。白毓震因投机生意,受到阎锡山的赏识和信任,担任了总行经理。在他的指挥下,省银行在后方的投机生意又

十五 第二战区的金融活动

赚了黄金 500 余两。

垦业和盐业银号的总号也都迁至西安，各分号和寄庄一律撤销，不久总号亦撤销，人员被遣散。所有资金，垦业移交省银行，盐业移交铁路银号。

省银行、铁路银号撤至成都后，因联系不便，1940 年在西安成立了省铁两行联合办事处，并在克难坡、乡宁、隰县、孝义、兑九峪、陕西宜川等处设立据点，专办第二战区军政费支领业务，也支持和承办经济部门的贷款业务。1943 年两行号合并后，以山西省银行招牌对外，联办处即撤销。

阎锡山把金融当成翘动经济的杠杆，把印钞当成摆脱困境、转嫁危机的好办法。在抗战时期，阎锡山不仅开印了新省币，还印了不少纸币的替代品，如合作券、有债证券等。

1937 年 10 月下旬，忻口战役紧张时，四银行号即停办业务，陆续向后方迁移。1937 年 10 月，四银行号撤退至运城时，携带大量未发行的钞票，计铁路 1000 余万元，省银行一千四五百万元，垦业、盐业共四五百万，共 3000 余万元。当时的公营事业董事长陆近礼认为晋南不保，必将转移西安，3000 余万元钞票转运困难，如果落入日军之手，责任重大。在电话、电报请示阎锡山无果后，就地将 3000 万元钞票全部焚毁。阎锡山听说后，每提到此事，就痛骂陆近礼。

四银行号撤退时，除纸钞外，省银行有现洋 400 多万元，铁路银号 300 多万元，垦业银号 22.7 万元，盐业银号 84 万元，共 800 万元，经阎锡山批准换回法币 800 万元，又被奖励了 200 万元，共计 1000 万元运到西安保存。黄金，省银行有 5000 多两，铁路银号有 5000 多两，包括代县金矿管理所收购的原金沙 2000 多两，共 10000 余两，交存西安农民银行。1938 年春，省、铁两行号计划将寄存的金沙炼成金条，等到西安农民银行提取时，不料所有黄金已被上交蒋介石政府。几经交涉，以每两 113 元的价格兑换成 130 多万元的法币。至此，阎锡山政府的现金被一扫而空。

1937年12月,为收支款项方便,阎锡山曾专门从省银行和铁路银号各抽了6名青年职员,成立了随营办事处,接管了1000万元法币,随长官部工作。1938年2月,随营办事处随长官部退到陕西省宜川县城时,长官部给随营办事处一营陆军,把1000万元法币分装了四五百个小木箱,以便行动时每个士兵都能背一个木箱转移。

1938年5月间,阎锡山带来的法币即将花完,军费无着,于是派人命令西北印刷厂用随军撤退的铅印机2部、石印机5部、石板10余块、各号字铜模1套、号码机四五十个、裁纸机1部开印新省币。1939年1月开始发行,因为印刷质量不高,人们把山西省银行10元票叫作"大花脸",把铁路银号5元票叫作"二花脸"。另外还印有1元票。

当时新省币共印制了约8000万元。除支军政费外,新省币还被拿来在日伪交界区套购小麦,最初15元可买小麦1石(每石150斤),以后贬值到300元也买不了1石。至"晋西事变"后,前后共套购了两万石小麦。因老百姓不肯使用,阎锡山拿"本省金融被敌伪破坏,以致省币价值低落"为借口,进行回收。在请求蒋介石政府拨款回收省币交涉无效后,阎锡山先是用田赋折收的办法回收省币,并规定抗战前的省币和铁路号纸币不管大小,一律抵70元,垦业、盐业两银号所发行的纸币抵200元,随1939年、1940年田赋进行折征,共征回约1500万元省币。1940年秋,甘肃土商因蒋介石政府禁售大烟,想把所存20万两烟土运往山西日伪占领区销售。阎锡山的垦业商行驻西安负责人王天培原来在禁烟考核处当过股长,对接之后以每两12元法币接手。1941年烟土运到克难坡后,阎锡山马上以每两300元的价格撤收省币。最后,这笔价值180万元法币的烟土,收回了省币4500万元。当时流向晋东南、晋西北决死队范围内的省币约1000万元则严格阻止回流。1944年随部办事处向吉县转移时,这批回收的省

十五 第二战区的金融活动

钞付之一炬。

阎锡山为实施所谓的"新经济政策",成立了一个山西省经济管理局,下设办公室、合作事业管理处、互助事业管理处、工商管理处、粮食调节处、产业管理处和运销合作总社。消费合作总社下,晋西23县均成立分社,6800余名私商除一小部分委办各县合作社工作外,大部分被编入各类生产小组。

为腾出法币向日占区和后方购买更多物资,阎锡山在管控区实行了合作券的方式以抵纸币的功效。在宣传中称"开付合作券,一则可以鼓励生产;二则可以便利消费;三则可以补救货币上筹码的不足"。最初交产品、买货时,都记在随部经济管理社的折子里。后因存账麻烦,直接发行合作券,并逐步扩大使用范围。

因为合作券没有类似纸币的准备金,在折兑标准上,阎锡山发明了一种"粮本位"的结算方式,即以粮作比价,内部使用合作券结算,名为物产收条,实则发挥着货币的功能。同时,为避免蒋介石政府的责难,阎锡山在合作券上使了花招,每县发行的合作券数量完全根据销售总额定,只在本县境通行,出县即需承兑。当时合作券由晋兴出版社印制,合作事业管理处承办、发行,各县粮食调节处收购人民粮食所使用的合作券。

实行过程中,因粮食储备不足,粮价季节性变化大,合作券的折兑又改为"工本位"计算。不过,在外来货物结算上并未通行,因而引起了物价的混乱。在县境之间的结算上,本来希望两县以往来货款对抵,无法对抵时,以货或法币折付。但有时因两县之间需要的实物不同,折算困难。最后只得由省经济管理局规定和掌握各县券、币的统一比率。他们选择了20种日用必需品,分月按其销售量和价格计算券、币比率,手续相当烦琐。再加上各生产小组的产品粗糙、数量无计划,不是买不到,就是不需要,因此百姓们也有很多怨言。因此,法币虽一再贬值,但人们宁愿使用一再贬值的法币,也不愿使用合作券。阎锡山所谓"合作券辟开造产途径"的梦想，化为泡影。

在二战区的23个县中，合作券使用最多的是吉县、乡宁、大宁、隰县、孝义、蒲县等，每县都在50万元左右。最少的是石楼、襄陵、洪洞等县，在二三十万元左右，共计发行额700余万元。这些合作券绝大部分都买了"民调粮"，总数在3万石左右。购买时，每石小麦市价为法币500元，规定折合作券250元。以后小麦涨至4000元时，仍按250元合作券折算，一来一去，农民吃亏很大，老百姓称其为"口吹大洋""跛脚合作券"。当时18个县总计发行合作券15万元左右。日本投降后，阎锡山返回太原，合作券没有全部收回，留在晋西农民手中的成了废纸。

十六、日伪掠夺山西经济资源的统治机关

日本在 1937 年到 1945 年的侵华战争中,以武力占领了山西的广大地区,并疯狂地掠夺山西丰富的煤、铁、盐、棉花、粮食、人力等资源。日伪军和日伪政权的警察、特务以及日本的财阀等通力合作,互相配合,将山西作为日本实行"以战养战"战略的主要资源供给地,为日本侵略中国的罪恶战争服务。

1937 年 9 月,日军扶持汉奸成立了伪察南自治政府,接着又在绥远及内蒙古的五盟二市推出了伪蒙古联盟自治政府。日本占领大同后,纠集了一帮汉奸,组织成立了"大同地方治安维持会"。同年 10 月 15 日,在汉奸们"大同要自治"的鼓噪声中,日军在大同召开大会,将大同、浑源、朔县、阳高、天镇、灵丘、左云、右玉、怀仁、山阴、广灵、应县、平鲁共 13 个县划出来,成立了日伪"晋北自治政府"。"晋北自治政府"成为日军殖民统治晋北的行政机关。1945 年,日军投降,晋北的日伪政权才和蒙疆日伪政权一起彻底垮台。

太原失陷后,在日军特务机关的策划下,经过一番筹备,日伪山西省公署于 1938 年 6 月 27 日在太原正式成立。伪山西省公署是日本帝国主义在山西推行侵略政令的行政机关,办公地址设在原太原绥靖公署院内。该署直接隶属于日伪华北政务委员会通过操纵伪政权对山西人民进行殖民统治。

日军虽在山西建立了伪政权,但军政大权都操控在"顾问室"手里。顾问室是日本在山西的陆军特务机关派出的直接负责操纵伪山西省公署的殖民统治机构,全称是"山西省公署顾问室",实际上它不仅不受省公署领导,反而统治省公署。日军山西派遣军的一切

旨意都是通过山西陆军特务机关转达顾问室，再由顾问室转达省公署并监督省公署实施的。它的任务是巩固日军占领区的殖民统治，利用伪政权贯彻执行日本帝国主义的各项侵略政策，使之得以实现。顾问室的领导一般由太原陆军特务机关长兼任，第一任是谷荻。1942年后改由山西省陆军特务机关的文职担任，但职能不变。

日军的经济统治机构

日本掠夺山西资源的主力军是日军华北方面军的第1军，司令部驻扎在太原。

山西派遣军参谋部二课是山西省日伪统治的核心，占领区的殖民统治政策，包括经济政策，都由其制定和指导执行。山西物价对策委员会和经济统制委员会都受山西派遣军参谋部的直接统辖，是进行决策咨询活动的合议机关。山西省陆军特务机关经济班是参谋部二课下属的经济政策执行机关。1941年一度分为物价、物动、经济三个班。1942年合并升格为经济课。1943年改组为太原陆军联络部经济班，主要负责制订贯彻经济政策的实施方案和具体办法，并组织指导和控制汉奸傀儡机关的经济行政工作。财政金融委员会是日军侵入大同后成立的经济统治组织，其任务是对大同地区的财政与金融进行"整顿"，使其为日本帝国主义在晋北13县的经济掠夺服务。①

伪政权经济统治机构

1938年6月，伪山西省公署成立建设厅，下设民政、财政、教育、建设、警务五厅，并由太原陆军特务机关派官崎善信为顾问辅佐官。建设厅下设二室四科，即秘书室、技术室、总务科、工商科、河路科、农矿

---

① 刘建生、刘鹏生等：《山西近代经济史》，山西经济出版社1997年版，第706页。

科。1943年6月，特务机关派成田彦控制建设厅，派田中忠三郎任顾问辅佐官，并委派十余人深入各科、股及下属单位工作。所有公文政令均由日军特务机关或军部以通牒形式送达省厅，由日本人与军方及顾问联合办理，伪厅长只能唯命是从。

财政厅由日本太原陆军特务机关派小西康孝进行控制，厅内一切政务事项，不经过小西康孝的同意不能执行。厅长由中国人担任，下设专员、秘书、视察三室和制用、征榷、总务、出纳四科。财政厅编制最多时110余人。这些人员一部分是战前阎锡山财政厅的旧公务人员，一部分是日军带来的汉奸，还有少数蒋特分子。

日伪税收机关包括统税局、盐务管理局、营业税局和县政府二课。太原统税局成立于1939年，是伪华北政务委员会财政总署的派出机关，专管山西全境六项统税的征收上解工作，下有分支机构。山西省盐务管理局也于1939年成立，是伪华北政务委员会直属机构，负责山西"潞盐"的产销管理和盐税征收上解工作。伪山西省财政厅于1939年3月在各地成立了七个营业税局。1940年2月后，又将这些机构改组，陆续成立了分驻各地的14个营业税征收局，征课对象不限于营业税，许多苛捐杂税也在征收之列。各县政府二课也是征税机构，负责田赋征收，最后由伪省财政厅征榷科汇总。

日军所到之处，将原属中国的公产和高级军政人员的财产一律收归军管，叫"领置财产"。伪省公署设立的领置财产委员会，实际上由山西派遣军司令部经理部建筑班控制，负责管理所谓的"领置财产"。警务厅经济科前身为警务厅经济股，1943年扩充为科，接管了宪兵队经济警察班的权力。以后又设经济巡回班，专门调查和审理经济违法案件，权势颇大。

山西省合作社联合会是侵华日军在占领区全面铺开的一个进行经济统制的机构。1942年，华北各省及特别市合作社联合会先后成立，在伪华北政务委员会农业总署领导下于北京设立伪华北合作事业总会。除省以外，各县甚至区、镇也设联合会。合作社的实权掌握在日本人手中。1945年日军投降后，该组织由阎锡山的"山西省实物十足准备库"接收。

综上所述，日本帝国主义对山西的战略资源，可以说是集政治、经济等力量进行掠夺的。财阀、军阀、政府三者在掠夺山西资源的方向上是一致的，但由于各自所处地位不同而采取的手段稍有不同，如果说日本军部手持的是屠刀，那么日本政府拿着的则是带电的警棍，日本财阀垄断资本则是实行资源掠夺的鹰犬，而山西各级伪政府则是帮凶，这表明了日本帝国主义对山西资源的贪婪和疯狂掠夺。日本在山西撒下的这个庞大的经济掠夺网，把山西的巨大资源变成发动、扩大、维持侵略战争的经济动力，给山西民众造成了深重的灾难。①

---

① 李春风：《抗战时期日本掠夺山西资源的主要机构》，《晋中师范高等专科学校学报》2001年第1期。

十七、日军"以战养战"掠夺农产品

日本帝国主义所谓"中日经济提携"的主要内容之一就是让"中国生产大宗农产物，供日本工业之用"，形成工业日本、农业中国的"合作"分工。对以粮食为首的农产品的掠夺，最符合日军的"现地自活"和"以战养战"政策，因而山西省的农产品自然成了日本帝国主义掠夺的主要对象。

日军侵入山西后，为了解决军需及维持殖民统治，首先在占领区推行了"粮食派购"政策。所谓派购，就是用军事或行政手段，廉价强制掠夺粮食。日伪的派购办法是按粮食的播种面积估计产量以确定收购总数，然后逐级派购到户。购回的粮食逐级严格控制，按"中央优先于地方"的原则，由日伪华北政务委员长决定中央粮（即上调中央之粮食）的分配数，划入华北平衡仓库，交中央粮食公社负责管理。省需粮则由伪省长决定，并由地方粮食公社负责管理。县区粮，由日伪县知事落实。为了迫使农民按期交纳粮食，日伪山西省公署软硬兼施，规定了所谓的"赏罚条例"：凡是隐藏粮食不按期交售的，予以刑事处罚，并将所有粮食全部没收；对按期按量交售的农民，发给"粮食供出证明书"，由日伪合作社配给日用品。

日伪用派购办法掠夺粮食，并不能完全满足其需要，于是在1942年又开始实行"以粮代赋"的办法。所谓"以粮代赋"，也称"田赋征实"，就是迫使农民以粮食取代货币来交纳田赋，以此扩大掠夺数量。日伪政府在实行此项反动政策时，明知山西产麦较少，却把征收的标准定为小麦。规定每亩地应交小麦15公斤，不产小麦的地区，按粮种折合。农民必须按规定期限交纳,逾期课以5%—20%的滞纳罚金。①

1941年12月8日,太平洋战争爆发。日军物资更加匮乏,军需供给日渐紧张。日军遂变本加厉地实行其"现地自活"政策,军需民食及一切战略物资,均依靠占领区,妄图达到"以战养战"的目的。1942年夏收以后,日军军部为了确保军用,在阳曲、忻县、平遥、临汾、新绛、曲沃等数十县试行征集民间粮食,还美其名曰"替农民保管粮食"。日伪制定了各县收集粮食办法,同时成立了一个负责粮食收购和储运的机构——杂谷组合(1944年改为山西粮食公社)。日本山西派遣军司令部最初计划这一年征收粮食24万吨,下半年又追增为35万吨。由伪省公署命令各伪道公署转令各县公署负责完成所分摊的征集任务,由日伪杂谷组合预付收购金,交由伪山西省合作社转发各市、县伪合作社备用。各市、县伪合作社按农民所交之粮,照规定的价格发给价款。这些价款由伪县合作社按规定的比例一部分以伪币支付,一部分以日用必需品即所谓"见返物资"支付。这些实物,大多是布匹、棉花、火柴、烟、糖、煤油等。交来的粮食暂由各县伪合作社就地入库保管,再由杂谷组合分批运输。

1937年日本军侵占应县之后,城关的伪军和居民用粮,仍由13家私人粮行进行经营、加工,购进原粮,出售成品,每年购销量约为240万斤。随着日本侵略军在太平洋战争的扩大,军需物资更加缺乏,日伪政府为了支持军用物资的供应,加紧了在其占领区的掠夺。粮食收购的价格,由伪政府规定,一般都低于当时市场价50%左右,如1943年的荬、谷市场价每市斤为一角二到一角四,而收购价定为七分到八分。黍子市价一角六,收购价只有九分。为引诱农民售粮,伪政府还以低价的形式,售给卖粮农民一些棉布、纸烟、火柴等日用品,称为"见返物"。1943年夏,应县伪县公署设置了实业科之后,立即找了几家旧商人为粮店经理头目,日伪公署关系中人员顶名入股组

---

① 刘建生、刘鹏生等:《山西近代经济史》,山西经济出版社1997年版,第713页。

十七 日军"以战养战"掠夺农产品

成五家粮店，委托其收购全县粮食。这些粮，并非自由购销，而是由伪政府层层下达任务，由各村一直摊派到户，强制出售，由于任务大、价格低，农民叫苦不迭，不少农户无粮可售，但伪警察和伪村公所的人员，日夜登门催逼，给钱也不能代粮，所以有的农户只好卖房卖地，买粮出售，贵买贱卖，自家却流落街头；有的无路可走，被逼上绝路。①

棉花是重要的纺织工业原料，也是重要的军需资源。日本纺织业发展较早并且很发达，但是，日本国内的原料供应却很少。因此，棉花作为"二白"（盐、棉花）之一，是日本在山西经济掠夺的重中之重。

七七事变后，由日军及军管理纺织工厂组成山西同业棉花组合，组合设在太原，在榆次、新绛及其他必要的县设支部，亲自收购棉花，而不是靠花行、花店及洋行等，棉花经纪人也改换了形式。1939 年棉花上市后，日军停止了收购，由三大军管理工厂太原纺织厂（钟纺受托经营）、榆次纺织厂（东洋纺受托经营）、新绛纺织厂（上海纺受托经营）进行垄断性收购。划定的收购范围是，侯马以南的同蒲路沿线地区归太原纺织厂；安邑、猗氏、万泉、临晋、荣河方面及曲沃归榆次纺织厂；河津、稷山、新绛、临汾方面归新绛纺织厂；北部的文水、汾阳、平遥方面归榆次及太原纺织厂。棉花买卖按日军规定的公定价格，对货品的查验也由买方单独进行。棉农或捎客没有任何发言权，一切任凭军管纺织厂收购人决定。1939 年，日军规定的山西省公定棉价有五个等级，相邻的等级之间都相差 2 元钱，这样，五级棉就要比一级棉便宜 8 元钱。收购方极力压低等级，棉农利益大受损失自不待言。②

1939 年 8 月，日军在万泉县掠夺棉花 40 余万斤，每担价在 32 元左右。10 月间日伪在新绛抢收棉花 20 余万斤。山西花行（棉商）纷纷破产倒闭。

---

① 山西文史资料编辑部编：《山西文史资料全编》（第9卷第97—108辑），1998年，第157页。
② 王士花：《华北沦陷区棉花的生产与流通》，《清华大学学报》（哲学社会科学版）2008年第5期。

十八、日伪为掠夺粮食实行"粮食配给"

在山西沦陷区,由于物资极度匮乏,日伪实行了严格的配给制度。在各种物资的配给中,最主要的是粮食配给。伪山西省公署起草了粮食配给方案,以伪建设厅的名义提交伪省政会议通过,开始在城镇实行粮食配给。

配给对象

1942年11月,伪山西省公署命令太原市公署首先对山西产业株式会社、华北交通株式会社、华北窒素株式会社、华北运输株式会社、省会警察署、阳曲县警察所等单位实行配给。1943年2月以前,太原市的日伪公务人员就开始了不定期的配给,但数量极少。1943年,正式配给开始,其主要对象为常驻太原市的日伪机关和一般市民。6月以后,对县城所在地的日伪公务人员陆续开始配给,但数量很不稳定,要视粮食来源的多寡临时决定。1943年7月,日伪当局修正了3月份的配给办法,对军警、公务人员重点配给。日本投降前夕的1945年7月,日伪龟缩城内,粮食日益枯竭。日军命令伪太原市政府停止市民配给,实行"勤劳配给",公务员配给则继续执行,并鼓励粮食"搬入",设立市场,恢复磨坊,要求外来人员携带粮食。

配给标准

日伪山西省公署在1944年1月21日上报伪华北政务委员会的呈文中记载,山西省对公务员及其家属的粮食配给于1943年6月开始,其配给标准大致为13岁以下儿童每日0.5斤,13岁以上的人员每日

十八 日伪为掠夺粮食实行"粮食配给"

1斤。日伪太原市公署于1943年7月26日报伪山西省公署附送的配给暂行办法中,给一般市民每日的配给量是12岁以下儿童0.5斤、13岁以上女性和60岁以上男性0.7斤、13—59岁男性0.8斤、各机关团体人员及劳工的粮食配给量是1.2斤、囚犯的配给量是0.6斤、重劳工的配给量是1.5斤。

配给办法

日伪时期,对居民的配给分为常住人口配给、流动人口配给、特别配给、勤劳配给、公务员配给以及所谓的赈济活动等。在其统治区内,仅有太原和大同地区实行了配给。

常住人口配给 太原市的粮食配给是从1943年3月份开始的。每次配给的时间和数量均不固定,但每次配售都要张贴布告,规定太原市内居民不分大小,一律发给面票,到指定粮食配售所购买,价款交给伪市合作社。除了日配给量高于市民外,其每月是按照20—30天的定量配给,全月可得31.6斤。后来警察的日配给量增至1.5斤,月配给量为42斤,是普通市民的6倍。根据伪太原市公署向伪山西省公署呈报的1943年3月的配售结果统计,共配售粮食813029斤,人均配给量7.25斤。1943年配给数量最多的月份也仅供应了半月口粮。

太原市的日伪粮食配售所,在1943年3月配售开始时只有15个,后增加为20个,业务上由伪市合作社领导。每逢配给时,配给所拥挤不堪,有不少市民等待数小时未能领到粮食。而且填发配给票证的手续繁多,每次配给种类又过杂,老百姓为此苦不堪言。

流动人口配给 流动人口指外来行商旅客。他们申请粮食配给时,须先向配给机关呈阅旅行证明书,无旅行证明书者,可领取滞留许可证,经警察署证明后,给予配给,每月最多配给三天定量的粮食。此项配给仅限于太原市。

特别配给　1944年后，日军后勤补给更加困难，强调所谓"现地自活"体制，因此在变本加厉进行掠夺的同时，进一步缩小了粮食配给范围。1944年8月后，日军开始实行粮食特别配给制度。每人每月以面粉1袋为原则。绥靖总署直辖各军队每人每月配给粮食30公斤，面粉杂粮各若干。警察以每人每月配给面粉1袋为原则。领有配给的各机关之工役以每人每月杂粮面粉1袋为原则。

勤劳配给和公务员配给　日军在"关于太原地区食粮配给要纲"中规定："民需粮食之配给，以勤劳重点主义为目的……""一般市民之配给停止，官需粮食之配给（公务员配给）继续实行。"勤劳配给是指日军和伪政府指定的重要生产建设事业团体常用劳动者，但在土建运输等事业团体，作业在1个月以上的劳务者才能得到配给。配给食粮为杂谷、谷粉及盐。至于公务员配给则是以省长指定的公共机关、团体的职员以成人1名，小口2名为限。配给的食粮为粮谷及盐。

除上述几种形式的配给外，日伪在太原地区还搞过所谓的赈济活动。1938年4月，日伪山西省筹赈会成立。日伪山西省筹赈会的活动仅限于太原城内，每年发放棉衣两次，每次只发400余套。农历七月十五发放赈济粮食一次，大口每人10斤，小口5斤。领米人数每次三四百人，其中大部分系无业游民和一些吸毒者。每次放赈后，日伪报纸总要吹嘘一番所谓"天皇恩典，中日提携"。1942年，日伪山西省筹赈会被裁撤。

十九、日军对山西煤炭资源的垄断和掠夺

日本侵略者无耻地宣称"华北正是大东亚共荣圈内战争资源之中核地带",毫不掩饰地把大同煤矿称为"东亚热源"。日本对华经济侵略机构——南满洲铁道株式会社(简称"满铁")将掠夺大同煤炭看作是"华北产业开发"的中心目标。在"华北产业开发计划"中,日本侵略者提出大同煤矿要在当时产量的基础上增加4.5倍。"华北产业开发第一个五年计划"将大同煤矿列为6个重点掠夺的矿山之一。计划1938年到1942年对大同煤矿的投资占6大矿山总投资的44%。1938年,日本政府在"大同煤田开发计划"中,要求"大同煤田于昭和十七年(1942)向日本输出1000万吨煤炭,于昭和二十二年(1947)输出3000万吨"。

满铁曾和兴中公司、华北调查局等机关对阳泉煤矿进行炭质适应、运输问题和矿山权利等许多方面详细的联合调查后认为:阳泉的优质无烟煤是化工生产的极好原料,若用它代替越南的进口煤,则每年可节省外汇2090万日元。他们的计划是,到1943年,阳泉煤矿的产量要达到120万吨,比1938年提高3.3倍。另外,日军对沦陷区的其他煤矿也制订了野心勃勃的掠夺计划。例如,计划西山煤矿的产量到1943年要达到70万吨,比1938年提高5.5倍。

日军占领后的各煤矿主要由随军而来的日本财阀经营。1937年10月,满铁受日本军部的委托,以战胜者的姿态接收了大同煤矿。伪蒙疆联合委员会成立后,于1938年2月11日和满铁签订协议,正式委托满铁临时经营大同煤矿。同时,伪蒙联与兴中公司缔结煤炭委托销售合同,由兴中公司负责大同煤炭的销售。

1938年，满铁从抚顺调入317名日本人充当大同煤矿的管理人员，以后逐渐增多。煤矿的主要管理人员都是日本人，工人则都是华人。各矿均设大把头一名，其主要任务是招募工人，按出煤量从会社领取所属工人的工资，并经营把头商店。大把头之下有小把头若干，是由会社从工人中选出的，他们的任务是从大把头处领取属下工人工资，并在采煤现场监督工人。

日本侵略军为了维持其在大同煤矿的黑暗统治，在这一套层层负责的管理办法之外，还设有宪兵队、矿警队和督察队等反动暴力统治工具。宪兵队对中国工人的迫害非常残酷，死在宪兵队手中的工人不计其数。矿警队归宪兵队管辖，每矿有矿警30多人，其头目是日本人，其余则是一帮汉奸。督察队分两种：一种是非武装人员，归各矿"劳工协会"管理，任务是监视工人、看大房子、向把头汇报情况等；另一种归宪兵队管，是带短枪的密探，主要任务是对付抗日力量。

在大同煤矿被劫夺一个月后，即1937年11月10日，日军正式霸占了阳泉煤矿。大同煤矿在被日军占领时，其设施遭到中国工人一定程度的破坏，而阳泉矿则被保晋公司的领导人几乎完好无损地拱手让于侵略者。占领阳泉的日军深知中国人民对他们的侵略怀有强烈的不满，于是策划拼凑了一个"阳泉保晋公司管理委员会"，由原保晋铁厂厂长赵铮任委员长，然后仅留一个日本人做联络员，其余都离开了阳泉。1938年3月15日，日军终因汉奸们不能满足其掠夺欲望，而将保晋公司和建昌公司改为军管理工厂。工厂下设采煤、工务、计划和总务四系，其中采煤系下辖五个分所，第一、二、三、四分所就是原保晋公司的第一、二、三、四矿厂，第五分所就是原建昌公司。

日军对阳泉煤矿的法西斯管理和大同煤矿无甚差别，也实行把头制，也有镇压工人的宪兵队、矿警队。至于鸦片、赌场和妓院等阴险的手段也同样被用来腐蚀毒害矿工。除了大同煤矿和阳泉煤矿外，山西还有许多较大的煤矿，如太原西山的西北煤矿第一厂，轩岗的西北

十九　日军对山西煤炭资源的垄断和掠夺

煤矿第二厂，太原东山的西北煤矿第四厂，孝义、介休、洪洞等地的煤矿也被日军霸占。这些煤矿归山西产业株式会社管理。其余寿阳、富家滩（西北煤矿第四厂）、潞安的各矿划归山西炭矿株式会社。

日本侵略者为了满足其不断增长的战争需要，除了垄断山西的主要煤矿，在那里胡采乱掘以外，还把罪恶的魔爪伸向众多经营惨淡的中小煤窑，实行野蛮的控制和扼杀。在大同，日本殖民主义者除了将庄瓦沟、大青窑、马脊梁等17处小煤窑以无主为由收归兴亚公司掌管外，对其余偏远地区的小煤窑一律下令禁止开采。无煤可烧的农民，到禁开的小煤窑挖点煤一旦被日本人发现，不仅车辆和牲畜要被没收，而且难逃活命。阳泉地区的民营小煤矿数量较多。1939年，日本殖民主义者打着"建设新秩序共存共荣"的幌子，成立了"阳泉民有煤矿业联合事务所"，并用刺刀逼迫这一地区26个民营煤矿参加，让其在日本顾问"指导"和"主持"下工作。日本殖民主义者对小煤窑煤炭销售的控制极其严格。小煤窑的煤炭或被指定售给军管理工厂，或由兴中公司统销，基本不准自销。

1940年，为了保证煤源，日本矿业经营资本家集股2000万日元，成立华北石炭贩卖公司，取代了兴中公司，对煤炭销售实行控制。各中小煤窑的煤炭销售也在其掌握之中。华北石炭贩卖公司在各矿的路口要道设立了很多煤栈，各地小煤窑的煤炭，除部分直接运到军管理工厂出售外，其余则由煤栈强行收购。当时在太原地区一马车炭大约可卖10元钱，而贩卖公司的收购价却只有5元左右。许多小煤窑的窑主无利可图，且整日战战兢兢，遂悄悄封窑，另谋出路。

日本帝国主义掠夺山西煤炭资源，生产上表现出强盗式的乱挖滥采，为了减少坑木支护，少投资，他们采用残柱式采煤法。这种方法不仅危险，而且回采率低。在采掘中如果遇到断层冲刷带和无炭柱等情况，或者煤层地质条件发生变化，煤层变薄不易开采时，便弃之不采，再找厚处，重开坑口，造成了煤炭资源的严重浪费和破坏。据兴中公司资料记载,当时阳泉煤矿的回采率仅达17%,八年间损失的资源达2300万吨以上,相当于同期产出量的4.8倍。滥采致使许多矿井寿命极短,过早报废。如富家滩煤矿,由于日本殖民主义者叫喊"见煤就挖,广收炭柱",导致11个尚在幼年时期的坑口,不到一年就坍塌了一半。类似情况在其他矿区亦屡见不鲜。阎锡山的西北煤矿第一厂(西山煤矿)在日本投降的"复兴"报告中称:"日人占领山西时期,专顾出煤,井下工程多有未尽合理者,如主要巷道的煤柱,有的破坏,有的竟薄到三米以下。许多巷道中未见水沟,积水漫漫,低洼处工作面多被水淹,严重损坏了地下资源效能。""井下遭受非法采掘,不唯巷道难保安全,且多数塌陷无法进展,以致大好宝藏委弃于地,不能进行采取,诚最堪痛惜者也。"

二十、日军以军管名义掠夺工业产品

七七事变后,山西工业经济遭到毁灭性打击。太原和一些城镇以及主要交通线都被日军占领。山西原有的一些工业企业,绝大多数沦于敌手。日军还成立了山西产业株式公社、华北棉产改进会山西分会等机构,对山西工矿企业采取掠夺性的生产方式,完全服从其侵略战争的需要。他们不仅对工矿企业的产品进行疯狂掠夺,而且还将大批设备拆卸掠夺到他们早已侵占的东北及日本本土。

1938年8月,日军在山西管理的工矿已达44座,其厂名均用"军管理山西第×(第1至第44号)工厂"名称排列。1942年4月1日,山西派遣军批准将各军管理工厂的现有资产抵作投资,吸收华北开发株式会社统一管理所有军管理工厂,并将军管理工厂全部改用中国名称。虽然形式上不再称"军管理",但实际上军管理的性质并没有改变,这些厂矿仍然在军队、刀枪、皮鞭、棍棒下维持生产。从总体来看,日军占领期间山西沦陷区的40多个厂矿企业有一半分布在太原。日本帝国主义霸占了山西的企业后,将许多比较先进的机器设备拆迁掠走。当时太原兵工系统各厂,共有工作母机4000余部。阎锡山退却时,搬走约六七百部,其余3000多部绝大部分被运往日本和伪满洲。太原的工矿企业中,由于机械被拆走而毁灭者达八九家。在能够维持生产的企业中,日军只顾使用机器设备,极少维修,许多设备在日军投降时都已报废。从1937年到40年代初,日军对各工矿企业采取军管理的办法,并委托三井、三菱等日本财阀负责经营,迫使各企业以侵略战争为中心进行生产。1942年春,日军将各军管理工厂的现有资产抵作投资,并吸收北支那开发株式会社的投资,组成山西产业株式会社，统一管理所有工厂。在日军的殖民统治下，山西的工业奄奄一息，仅有产业工人7万左右。各种工业产品的最高年产为：高炉生铁43303吨，钢16184吨，煤620万吨，水泥56572吨，电力5208万度，棉纱57000件，棉布3576万米。①

冶金工业

抗日战争爆发伊始，日军进犯山西，形势十分严峻，但保晋铁厂厂长兼总工程师赵铮却未做任何停产撤离准备，结果该厂被日军完整接收。大仓矿业株式会社随即取得了保晋铁厂的经营权，并将库存的4000余吨生铁和其他物资运走。接着将财务账簿、生产记录和文书档案或盗或烧，企图重新建立企业管理机构。1938年1月，保晋铁厂被指定为"军管理山西第3工厂"。两个月后，由于原料、燃料用完，高炉停产。接着日本侵略者制订了"1939—1942年企业计划"，强制当地农民供应矿石，恢复生产，并计划新建第二座高炉、自烧焦炭、新建一座1吨电炉、扩建耐火材料窑等24项建设工程。日本侵略者企图通过这些措施，将生产能力提高200%，在1942年提供军用生铁1.53万吨，并把该厂办成掠夺华北钢铁资源的重要基地。1941年4月，在日军监督下，第一号高炉开始建设，同年12月1日竣工。由于不久即爆发了太平洋战争，日军物资消耗猛增，于1943年年初提出急建第三号高炉，要求在3个月内投产。但在共产党的领导下，工人进行了抵制和斗争，第三号高炉直到10月份仍无法出铁。日本殖民主义者虽千方百计增加生产，但3座高炉最高年产只达到1.25万吨，还不及原来保晋铁厂时期的生产能力。②

---

① 刘建生、刘鹏生等：《山西近代经济史》，山西经济出版社1997年版，第727页。
② 同上书，第753页。

二十 日军以军管名义掠夺工业产品

机械工业

为了实现其法西斯殖民统治,日军对山西的机械工业进行了毁灭性的破坏。经过这场浩劫,山西的机械工业仅存少数设备简陋的修理厂。1938年1月,日军将掠夺的育才厂交由兴中公司经营管理。1940年12月,又由兴中公司交给山西制铁矿业所。1942年4月,山西产业株式会社成立后又改为中央制作所。这时,该厂的工人由原来的1400余人减为642人。① 生产的产品有:迫击炮弹之弹体、信管、撞针、步枪、铁路铺轨所用的道钉、铁夹板等,根本无法生产大型机器。此外,日本殖民主义者还将西北铸造厂、西北农工器具厂、西北铁工厂合并为1808部队兵器厂,利用该三厂仅有的几十部机器,专门修理兵器,原厂址则作为军械库。西北机车厂、西北水压机厂、西北熔化厂被日本殖民主义者合并为太原铁道工厂,归华北交通株式会社管辖,但只能修理汽车。日军侵入临汾后,利用基督教会善胜女医院的旧址,设立了一个小型兵工修械所。该所以修理武器为主,以制造军火及酒精为辅。

电力工业

在日军的统治下,山西的工业生产长期处于停滞状况,电力工业与其他工业一样遭到了严重摧残。但太原、阳泉、大同等地服务于日本经济侵略的电厂,却有畸形发展。1938年1月,日军将太原新记电灯公司改为军管理山西第2工厂,西北电气厂改为军管理山西第15工厂,兰村纸厂发电分厂改为军管理山西第25工厂,古城钢铁厂发电分厂划归钢厂领导。服务于军火工业的西北电气厂,于1942年增装4000千瓦发电机一部,1945年又增装5000千瓦发电机一部(汽机未装好日军即投降)。服务于民用工业的新记电灯公司的3000千瓦发电

---

① 刘建生、刘鹏生等:《山西近代经济史》,山西经济出版社1997年版,第754页。

机于1943年遭到破坏。

大同、阳泉等地的电厂虽有发展，但完全是服务于日军对煤炭资源的掠夺。日军在占领区建立大小十余个发电厂（所）的同时，把新绛纺织厂自备电厂、五台西汇电厂、榆次魏榆电气厂、阳泉保晋铁厂附设电灯处、大同义记电灯公司、大同面粉公司电灯厂、大同西北实业公司酒精厂自备电厂、汾阳发电厂等先后拆迁。如果加上战前原有而抗战期间未被彻底破坏的其他发电厂（所），到1945年日军投降时，全省发电设备总容量为53729千瓦，较1937年增加了1.2倍。

建材工业

山西建材工业中最主要的是水泥生产。1936年，山西第一座水泥厂——西北洋灰厂建成投产。同年又增设新窑一座，并定于1937年10月建成，但安装未完工，即落于日军之手。日军侵占西北洋灰厂后，马上将其军管，更名为军管理山西第35工厂，后又改为西山洋灰厂，由浅野水泥株式会社经营。经过初步修理，旧窑于1939年2月14日投产，新窑于同年7月投产。按照设计能力，旧窑日产120吨，新窑日产150吨，两窑合计年生产能力为9万吨，但日军占领下最好的年份也仅能达到设计能力的71.3%，平常年份只有50%多，可见其生产效率十分低下。

砖瓦业方面，据《中国实业志》记载，抗战前山西共有制砖瓦的土窑361座，分布于89个县，其中以潞城、大同、太原最多。日军侵占太原后，西北窑厂改名为军管理山西第8工厂。为了配合太原钢铁厂炼钢的需要，不久转产耐火砖，兼制青砖和陶瓷器。1939年共生产普通砖284万块，瓷砖23650块，以后产量虽有增减，但变化幅度不大。1939年以后，日本殖民主义者加紧了经济掠夺，又在太原、大同等地兴建和扩建了一些工厂。据统计，当时太原市共有砖瓦窑16家，另外日本殖民主义者在彭村新设了一个大砖厂，招雇工人300多名，年产普通砖 700 余万块，但仍为手工生产。

化学工业

战前，山西的化学工业已经有了一定的规模。日军占领期间，毁灭了许多较大的工厂，但为了维持其军需生产，也增添了一些小工厂，其中属于化学工业的有氧气厂、电冰厂和芒硝厂等。当时的大同是伪蒙疆联合自治政府的工业基地。日军在那里新建了几个规模不大的工厂，其中一个为火药厂。为了掠夺运城的硝板，日军还成立了芒硝公司，并设置了一个芒硝厂。

西北化学厂 1938 年，西北化学厂被日军改为军管理山西第 19 工厂，并委托日本火药制造株式会社经营。山西产业株式会社成立后，改为太原火药第一厂，只生产炸药及烟火。酒精制造部分改做清酒和威士忌酒。1945 年，该厂遭美军飞机轰炸，成为一堆瓦砾。

原西北化学厂的新厂，在抗战开始时尚未竣工。日军占领太原后，将该厂改名为军管理山西第 20 工厂，主要的新式设备则运往东北。1938 年，该厂同老厂一起委托日本火药制造株式会社经营。山西产业株式会社成立后，改为太原火药第二厂，主要制造炸药和填充炮弹。1940 年，新旧两厂共生产硝铵炸药 6809 箱，清酒 20000 升，威士忌烧酒 720 箱，信管 16700 个，精制黑色炸药 4277 箱，迫击炮弹 10000 发，黑色火药 3000 箱。[①]

西北电化厂 日军占领期间，先将西北电化厂改为军管理山西第 18 工厂，委托钟渊纺织株式会社经营。1939 年开始恢复生产。1942 年改为太原电化厂，归山西产业株式会社管辖。1940 年的生产情况是，烧碱、漂粉、盐酸实际产量大大低于设计能力。烧碱实际产量仅为设计能力的 46.74%，漂粉实际产量仅为设计能力的 75.49%，盐酸实际

---

① 刘建生、刘鹏生等：《山西近代经济史》，山西经济出版社1997年版，第758页。

产量仅为设计能力的 23.08%，产量低的主要原因是日军的破坏性生产和中国工人的反抗斗争。

华北窒素肥料株式会社 这个厂设在太原汾河西岸，是日军入侵山西后，日本资本家为了掠夺山西资源而筹建的硫铵生产厂。1942年秋，日军为了掠夺山西丰富的煤炭和池盐，创建了该厂以生产氯化铵和纯碱。以后又决定利用山西的石膏和煤炭做原料，生产丽铵。最初资本为 4000 万元，计划年产硫铵 50 万吨。第一期工程计划年产 25 万吨，预定 1946 年开工生产。建设工程于 1943 年 4 月开始，后因日本遭到轰炸于 1944 年秋停建。

太原芒硝公司 山西省运城盐池蕴藏着大量的硝板，其中含有重要的化工原料——芒硝和硫黄。太原芒硝公司就是掠夺这些资源的机构。该公司有两个工厂，一个设在运城盐池内，一个设在榆次城里。按其原定掠夺计划，每年掠夺运城硝板 102600 吨。

二十一、日本为军需服务的军管轻工企业

抗战前，山西的轻工业部门种类繁多，产品数以万计。日军侵入山西后，根本不顾人民的生活，对轻工业也实行军管，为其军需生产服务。山西百业凋敝，人民生活物资极度匮乏。1943年，全省轻工业总产值由1936年的2040万元下降至579万元，下降幅度为71.62%。

面粉工业

山西省的面粉工业战前只有几家较大的企业，当时人称"电磨坊"。全国抗战爆发后，所有的制粉企业都被日军强占变成军管理工厂。

晋丰面粉股份有限公司是山西最早的机器制粉企业，日产面粉3400袋。太原沦陷后，该厂基本完整地留给了侵略者。日军随即将该厂委托日东制粉株式会社经营，定名为军管理山西第7工厂。1942年改称太原面粉第一厂，归山西产业株式会社管理，同年该厂毁于大火。1943年，日军强占民地90亩，投资伪币196万余元扩建该厂。1943年秋该厂恢复生产，日产面粉2600袋，其中大部分用于日军军需供应。新记面粉厂全称为太原电灯新记股份有限公司附设机器面粉厂，系汾城资本家刘笃敬创办。日军占有该厂后，将其改为军管理山西第22厂制粉部。1942年易名为太原面粉第二厂。由于工人的怠工与破坏，该厂产量不断下降。1940年尚能达到设计能力的63.8%，1944年以后则不及30%，最高日产量为1300袋。

魏榆面粉公司被日军占领后改为军管理山西第9工厂，磨制军用粉，其原料皆是抢去的粮食。该厂划归山西产业株式会社后改名为榆次面粉厂，日产面粉888袋。大同面粉公司创办于1915年，由于种

种原因，1936年就已停产。1940年，日军在原有设备的基础上，新增6部电动机以恢复生产，职工110余人，日产面粉六七百袋。

印刷工业

山西印刷业虽历史悠久，但有动力设备的现代印刷则为时不长。日军占领太原后，将西北印刷厂编为军管理山西第14工厂，并委托日本火药制造株式会社经营。同时盗走胶印机4部，1942年改名为太原印刷厂。1939年和1940年该厂从业人员分别达到134人和119人，其中日本人分别为10人和12人。

晋新书社系私人创办，抗战前是山西私营印刷业中首屈一指的企业。太原陷落后，日军将其财产全部没收，并把战前出刊的《太原日报》《晋阳日报》《山西日报》等报社的印刷设备集中在一起，划归伪山西省公署宣传处领导，于1937年11月开始出版进行殖民奴化宣传的《新民报》，同时又增加小轮转机等设备数台。当时职工人数达160余人，资金39.4万余元。1942年，日伪又在潞安、临汾、太原等地设立了分厂，出版《新民报》上党版、晋南版和《亚新报》。

火柴工业

火柴工业是山西现代工业中最早建立的一个行业。抗战前，全省已有火柴厂数家，以西北火柴厂实力最为雄厚。日军侵入山西后，将各火柴厂悉数占领。西北火柴厂先是被改为野战衣粮厂，次年2月又改为军管理山西第21工厂。新绛燮和火柴厂和汾阳昆仑火柴厂分别改为第37工厂和第32工厂。三个厂全部委托中华磷寸株式会社经营。1942年，军管理各厂分别改名为太原火柴厂、新绛火柴厂和汾阳火柴厂，归山西产业株式会社管理。1943年6月，日军又令汾阳、新绛两厂停产、工人解散，机器、原料、工具全部运往太原火柴厂。由于日军对机器只使用不维修，因而火柴产量极低。太原火柴厂

1943年的产量只有1936年产量116616件的24.7%，产值是1936年1151000元的24.7%。[①]

造纸工业

抗战前山西仅有机器造纸厂三家。1938年1月，日军将西北造纸厂编为军管理山西第24工厂，委托王子制纸株式会社经营。1942年改为兰村造纸厂。1940年该厂生产各种纸541.88吨，仅为设计能力2213吨的24.4%。1943年，日本人将太原晋恒造纸厂拆迁归并。

皮革、皮毛工业

山西的广大山区盛产各种皮毛。抗战期间，日军不仅通过抢劫、贸易等方式掠夺山西的皮毛，而且霸占山西的皮毛皮革工业，进行军需生产。1938年，日军将原西北皮革厂改为军管理山西第17工厂，委托钟渊纺织株式会社经营。后来又改为太原皮革厂，归山西产业株式会社领导。该厂在日军进攻太原时，部分厂房与机器设备被炸毁，所以在1939年以前，产量很低。1940年，该厂设备能力虽有所增强，但由于原料极缺，实际产量再度下降。日军为了增加产量，各种原料无所不用，有牛皮、马皮、猪皮、绵羊皮、山羊皮、狗皮、猫皮和其他杂皮。

盐 业

日军于1938年侵占河东盐场，并成立河东盐务局对盐池实施"管理"。在日军侵害下，河东盐场44家盐商到1939年仅剩30家，当年产盐5416吨，不及正常年景的10%，而到1941年盐产量虽有增加，亦不过2万余吨。日军还巧立名目向盐商征收军用盐，仅1943年就

---

① 刘建生、刘鹏生等：《山西近代经济史》，山西经济出版社1997年版，第765页。

达 2000 吨。另在庆祝所谓日本帝国建立 2600 周年时,向盐商摊派"飞机献金",各盐商被迫上缴 400 吨盐。

上述是抗战期间日军掠夺山西沦陷区轻工业的主要企业。另外还有一些虽然仍维持生产,但在日伪的统治下,只能苟延残喘,规模极小,产量甚低。如食品酿造的作坊,大多数改行或倒闭。大多数的酒厂也停产关闭。著名的汾阳杏花村汾酒,1943 年的产量只有 3.5 吨。晋城的玻璃业全遭日军摧残。油脂业方面,日伪统治时期,为供应军需油,在侵吞私营油商"元丰涌"等商号的基础上,于 1941 年在太原西米市街建立了山西省合作社油脂化学公司。1944 年 4 月改名为山西产业株式会社油脂厂。日军占领灵石后即在县城西岸开采石膏,通过高空索道运至西门,然后由人力或畜力拉到水头车站运往日本。石墨是日军资源掠夺链条上一个不可或缺的环节,1941 年,日本侵略者在大同堡子湾投资兴建石墨矿,计划生产军事装备的重要产品石墨电极。该厂于 1943 年投产,至日本投降共生产石墨 70 吨,全部运往日本。[①]

[①] 岳谦厚、田明:《抗战时期日本对山西工矿业的掠夺与破坏》,《抗日战争研究》2010 年第 4 期。

二十二、日军在太原、大同等地进行商业垄断

日本侵略者在沦陷区竭力推行殖民主义经济政策，实行贸易统制，不仅打击了沦陷区的民族资本主义商业，而且利用超经济力量控制了对外贸易，从山西掠夺了无数战略物资。随着山西伪政权的强化，日本侨民成群结伙，携带家眷，纷至沓来。在日侨急剧增多的形势下，太原、大同等城市的日本商店急剧增多。

太原失陷前，各大商号及富有之家大都逃走，小商小贩亦纷纷躲避。日军进城后，各商店货物被洗劫一空，市面冷清至极。日军随军"宣抚班"一面号召小商小贩开市营业，一面将掠夺的财物招雇人员在海子边设市交易。到1938年春节后，太原市才有商店陆续开始营业。日军"宣抚班"也通过奸商在桥头街开设"公益市场"，销售各种日用品。到1939年年底，太原市已有商号26000余家。1941年春，"公益市场"改为伪山西省合作社联合会。

随着日军对山西军事占领的深入，大批日本侨民涌入山西，其中相当一部分是商人。当时太原、大同、阳泉等城市，都是日店林立、日商云集。1939年，共有300家日本商店与850家中国商店并立于大同，日商的流动资本，据估计有300万元。同年，太原的日本商人就有一千多人，在开化市、泰山庙、北司门街还专辟了3个日货商场。到日本投降前夕，太原的日本商店已有261家。

日商的经营范围从煤炭、铁器、五金、电器，到粮食、棉花、药材及啤酒、玻璃制品、日杂百货甚至金融保险，无所不包。这些日商凭借战争的暂时顺利带来的种种特权，个个暴发。在日商的商品倾销下，山西各地日货充斥，如精工手表、僧帽牌自行车、糖果糕点，如"明治羊羹""森永奶糖"等。1940年，排斥英货以后，英美烟草公司

的"哈德门""大婴孩"等名牌香烟被"金枪""新中国"等日货取代，战前排斥日货的现象已无影无踪了。

除了利用市场机制击垮中国工商业以外，日本侵略者为了垄断市场、独擅其利，还不择手段地排斥中国商业的存在与发展。在大同，太平洋战争爆发后，原来各大商店都从京、津、沪等地自办货物，而这时，日本人成立了一个"晋北输入组合"，由该组合从外埠购进商品，统一分配，按营业种类、规模大小配给货物，并规定所有销售部门，必须10天一报告，把库存和销出的商品种类、数量，核实填报，稍有不实，即受惩处。到1942年，大同华商的货架上已经没有什么可出售的商品了。大同原有8家殷实粮店，常年供应全市8万人的粮食。日军把他们的资金全部提出，加上晋北自治政府的100万元，组成一个"大同食料品公司"，掌管粮食和主要食品的购销。在太原，日伪山西省警务厅经济班经常以违反物价政策为名，把服装店的经理扣押起来，最后处以大笔罚款，从而使这些服装店处于停业、半停业状态，有的甚至关门散伙。

据统计，在日伪的打击下，1939年，太原有1626家中国商店倒闭，1941年又倒闭了679家。那些勉强维持的商号，虽改卖日货，仍然处于风雨飘摇、朝不保夕的困苦境地。在物价方面，日本殖民主义者制造了不可遏制的通货膨胀，表面上还装模作样，采取严厉措施，控制物价。1940年，日军参谋部直接出面组成"物价控制委员会"，宣布冻结一批主要商品的价格，叫"停止价格"。在日伪的统制下，许多商行遭受惨重的损失。太原市颜料商由于对库存商品申报不实，有20多家商号的硫化青被全部没收，每家罚款300元。新绛县棉织业商人匿报库存，除罚款外，还没收针织品30吨。曲沃烟商私运旱烟，株连平遥、祁县、榆次、崞县等县货栈达七八十家。各烟商被命令将大宗旱烟全部上缴，还被处以巨额罚金。[1]

---

[1] 刘建生、刘鹏生等：《山西近代经济史》，山西经济出版社1997年版，第787页。

二十三、日伪政权聚敛财政的政策

日伪时期的伪财政是在日本殖民主义者控制下为其侵略活动服务的重要部门。伪财政的殖民地性质,决定了它的任务只是疯狂地搜刮民脂民膏、聚敛财富。伪山西省公署成立以前,伪财政厅就计划开征烟酒、屠宰、营业等税。

伪山西省公署成立后,日本殖民主义者逐渐控制了沦陷区,伪财政开始发挥作用。日军占领区的财政税收制度,基本上沿袭了国民党政府以至北洋军阀政府的一套做法。伪山西省财政厅和伪华北政府所属税务机关的税赋征收主要有捐税、田赋等几个方面。

沦陷区的捐税有统税和地方税两大类。统税由华北政务委员会统一征收,税款全部上解。它包括卷烟税、棉纱税、麦粉税、火柴税、水泥税、汽水税、啤酒税、火酒税、熏烟税、烟费、烟税、酒费、酒税、洋酒税、普通印花税、马票印花税、煤税和其他非金属税等名目繁多的税费。1942年共勒征伪币达788.94万元。山西盐务管理局负责勒征潞盐、精盐、土盐、工业盐、芒硝等正副税、督销费、牌照费。1942年共征伪币20.06余万元。太原禁烟分局征收土店月费附加、膏店月费附加、土药省县市附加、收买生鸦片人执照费附加等。1942年征收伪币105.58余万元。

地方税是指那些税款充作地方收入的税费,包括由省财政征收的税费和各县地方政府所勒索的各种摊派。凡过去有过的各种捐税,几乎都承袭下来,甚至"推陈出新"。1942年太原市开征水费时,有两句民谣讽刺道:"自古未闻水有税,而今只剩屁无捐。"

日伪在占领区划分了征税区,每区设一个营业税局,征收所在各县的苛捐杂税。在日伪统治下，沦陷区生产得不到发展，但苛捐杂税的征收额却是与日俱增。仅营业税一项，1938年勒征180万元，1942年增至318.41余万元，1943年为360万元。

田赋也是一项很大的财政收入。1939年，全省的田赋征收额为150万元。到1942年，阳曲等68县即被掠夺伪币405.48余万元。其中平遥最多，一县即征收伪币25.58万元，占征收总金额的5%。1939年和1940年，晋东南各县大旱成灾，赤地千里，高平县已发生人吃人的现象，而伪财政厅仍严令催纳，稍有违抗，即拘禁毒打。田赋后来改征粮食，成为粮食掠夺的重要内容。

1945年3月，日军总崩溃前夕，为苟延残喘，遂强迫各市县人民输纳所谓"战时协力费"，并由日军陆军联络部命令财政厅即日开征。棉布、粮食、食盐等生活必需品，必须按20%—50%的比例征收"战时协力费"。这种穷凶极恶的勒索加速了日伪政权的崩溃。在日伪的残酷搜刮下，沦陷区人民的负担越来越重。1940年，每人平均负担1.8元，1941年上升到3.8元。日伪将搜刮到的绝大部分赋税用于行政经费和治安费（伪军警费用和战斗开支）。1940年伪山西省财政支出总额为850万元，治安费列支为120万元。1941年总支出为972万元，治安费列支为339万元。1942年支出总额为1786万元，治安费列支为475万元。1944年支出总额为2500万元，治安费列支为1450万元。①

财政收支的不平衡成为日伪政府无法调和的矛盾，一方面，战局朝着有利于中国的方向发展，各地的抗日力量纷起云涌，日伪政府不得不将大部分力量及财政收入用于维持"治安"；另一方面，所谓的"治安区"不断萎缩，征税难度愈来愈大。两方面的冲突使得日伪政府的财政收支不平衡越发明显，不得不靠恶性通货膨胀来维持，加快了日伪政府的败亡速度。②

---

① 刘建生、刘鹏生等：《山西近代经济史》，山西经济出版社1997年版，第770页。
② 田明：《抗战期间山西的金融财政损失》，《山西高等学校社会科学学报》2006年第5期。

二十四、日伪政权在山西强化金融侵略

金融侵略是日本帝国主义经济侵略的重要组成部分。日本帝国主义通过日伪金融机构，控制了占领区的金融，进而控制了占领区的国民经济，使其一步步殖民地化。日本侵略者不仅用大量伪联币和伪蒙疆币抢夺沦陷区人民的财产，而且还通过各种渠道向中共的晋冀鲁豫、晋察冀和晋绥三大抗日根据地推行伪币，抢购抗日根据地物资。为配合日军的经济侵略，伪山西省公署于1941年设置了经济封锁督察专员，对抗日根据地实行经济封锁。

日伪银行的活动

日伪在华北凭借政权和军事力量设立、改组了20余家银行。较大的有蒙疆银行、中国联合准备银行等。这些银行发行了大量的几乎没有准备的伪钞，以掠夺物资，榨取中国人民的血汗脂膏。

伪中国联合准备银行（简称"伪联银"）是"华北发行钞票之银行"，并"推行一切临时政府之财政事务"。1941年，在太原、临汾、运城、潞安4处设立分行，大量发行伪币"联银券"，掠夺中国人民的财富。1941年7月，伪山西省实业银行成立。这是山西省的地方银行，无货币发行权。该行除总行设在太原外，还在汾阳、运城等地设有10个办事处。另外，太原还有一个伪朝鲜银行太原出张所。掌握晋北金融的是伪蒙疆银行，总行设于张家口，大同、呼和浩特设有分行。该行由伪蒙疆联合委员会和伪满洲银行合伙投资1000万元开设，办理存放款和汇兑业务并发行货币。[1]

---

[1] 刘建生、刘鹏生等：《山西近代经济史》，山西经济出版社1997年版，第710页。

在伪山西省方面发挥作用的主要是伪联银。伪联银发行的"联银券",第一版发行 2 亿元,约在一年内发出,与日元和伪满中央银行券等价。伪联银开始以 1:1 的比例限期收兑法币,并规定从 1938 年 6 月起,禁止印有南方地名的法币流通。收兑的法币,大部分由横滨正金银行运到上海套购外汇,一部分由日本军部领去,在尚未通行"联银券"的国统区抢购物资。①

山西省的日伪金融机构共有 23 处之多,而山西省原有的各金融机构,除部分转移到后方外,多数倒闭,只有少数在极其苛刻的条件下被迫重新组合开业。太原当时被批准开业的仅有慎茂钱庄、万源汇银号、聚元商业银号、华昌银号、晋丰银号、新生银号 6 家,且均被置于日伪金融机构的严格控制之下,成为日伪银行的附庸。

大同原有钱商十几家,由于日军的入侵都处于停业状态。"为了达到强化统制庶民金融机关的目的",日本殖民主义者将其资金全部强行提出,于 1938 年 3 月 1 日,在大同成立了伪晋北实业银行,资金总额为 100 万元。1940 年,该行在阳高、天镇、左云、岱岳等地共设 4 个支行,并与伪蒙疆银行一起控制了雁北的金融活动。该行同伪山西省实业银行一样,没有货币发行权,是专门在晋北自治政府管辖范围内的中小工商业及农村庶民方面发挥其金融作用。

日伪不顾一切地滥发纸币,贪婪地掠夺,以应付战争需要,以致沦陷区通货膨胀十分惊人。特别是 1943 年以后,市场物价一日数涨,扶摇直上。在太原地区,市场零售物价指数,如以 1937 年为 100,则 1940 年为 226.48,1944 年为 1478.66,1945 年猛增到 37603.71。从 1937 年 7 月到 1945 年 8 月,粮价价格上涨 354 倍,衣服价格上涨 549 倍,日用品价格上涨 438 倍,烟土价格上涨 251 倍,医药品价格上涨 367 倍。1945 年春,500 元面额大钞出笼时,有民谣曰:"孔子拜天坛

---

① 刘建生、刘鹏生等:《山西近代经济史》,山西经济出版社1997年版,第771页。

二十四 日伪政权在山西强化金融侵略

（券面图案），五百顶一元。"尽管伪联银和伪蒙疆银行拼命实行金融统制，但仍无法挽救金融危机。

日本殖民主义者除了通过伪联银和伪蒙疆银行在沦陷区排挤法币与晋钞，严禁银圆流通，推行伪币，进行殖民掠夺外，还用各种金融手段扰乱根据地的金融秩序，破坏根据地的经济。

日伪统治下的保险业与典当业

山西的保险业是随着帝国主义的经济入侵而产生和发展起来的。七七事变后，日本人与朝鲜人在太原合办了"中华人寿保险公司"。1942年至日本投降以前，日伪山西邮政管理局设有保险科，专营人寿保险业务。太原市主要工商企业主与一部分从业人员投了保，但数额不大。为了扩大业务，该局还动员邮政员工集体参加简易人寿保险，保险费按月从工资中扣除，实际上是强制保险。1942年伪华北邮政《人寿保险统计年报》记载，包括南、北同蒲铁路沿线20余县邮政局的全部业务在内，山西省当时的投保数为3061件，其中有471件为日本人所投。

至于曾经盛极一时的山西典当业，在全国抗战爆发后，由于战争影响，也日渐衰败。虽然日伪出于殖民统治的目的进行了扶持，但起色不大。例如大同的官营当铺"晋益当"，在日军入城时遭到掠夺，损失很大，但由于"蒙疆银行大同分行很好地体察了政府的用意，担当了整顿的责任，于12月15日使其迅速地实现了复业"。其结果是"晋益当"成了日伪金融机构的附庸。另外其他大户当铺，虽然也相继复业，但规模不大。他们的放款额，1937年年末是5690余元，到1939年8月末达到28800余元。

日伪的金融侵略破坏了中国的金融体系，加剧了山西金融市场的混乱。当时在山西流通的纸币分为三个系统：一为日方的伪联券、伪蒙疆币以及伪造的法币和边币；二为国民党的法币以及阎锡山在晋西发行的"晋钞";三为本已被禁止的"私票"。这三种不同类型的纸币,给当地人民的生活带来诸多不便,极大地扰乱了当地的金融市场。

日伪的金融侵略使人民陷入水深火热之中。山西的老百姓不但受到战争威胁,同时,还因日伪的金融侵略遭受了巨大损失。

二十五、日军在山西实施对外贸易管制

日本侵略者对他们所能攫取的一切利益和特权都不会放过,在沦陷区对外贸易上,日本殖民主义者也同样为所欲为,极尽搜刮掠夺之能事。沦陷区的对外贸易,主要表现为两个特点:一是走私活动猖獗。当时山西向日本输出的有煤、铁矿石、棉花、羊毛、羊皮、植物油、大豆以及其他工业原料。这些物资大多被日军采用军事运输的办法走私运往日本,而不经过海关。1938年,在日本侵略者的操纵下,伪华北当局改订关税,把日本货物的进口税率减到最低,这才有一部分日货通过海关进口到山西来,但大部分仍然采用走私的办法。二是实行严格的外贸管制。日军的外贸管制以太平洋战争爆发为界大致分为两个阶段。

七七事变至1941年12月8日太平洋战争爆发为第一阶段。日军为了控制沦陷区的资金外流并保证物资的输入,于1939年年初公布了外汇管理办法。对蛋及蛋制品、桃仁、花生等12种出口商品实行外汇管制。出口商人须把外汇售给伪联银。对进口物资也限定范围,商人如进口,必须向伪联银申请外汇。当时只有日本的正金银行是经营外汇业务的银行。1939年7月,出口外汇管制扩大到所有商品。商人根据结售的出口外汇获得进口外汇。实际上在山西经营贸易的都是日本人,华商最多不过是为日本洋行推销日货或代日本军队在乡村收购农副产品。

1940年以后,沦陷区物价飞涨,日本国内物价较低,然而日元与伪联币等值,所以出现日本国内物资大量向华北地区流动的情况。为了遏制这种动摇其统治基础的物资倒流,日本政府加强了"日元集团"①的出口管制。在日军的管制下，这一时期山西的进口商品中，虽然食品、棉纱、棉布等产品的比重有所增加，但整个进口量呈缩减趋势，且皆由日商操控。

第二阶段是太平洋战争爆发至日本投降前夕。太平洋战争爆发后，华北几乎断绝了同"日元集团"外所有国家和地区的贸易往来。山西的出口物资，除日本外已失去国外市场，只能与日本进行不等价交换。1943年5月，日本在名义上为便利华北物资输出，实际上是为解救本国因战争出现的农产品极度短缺，而对华北输入品给予"特惠关税"。其内容是对豆类、花生、猪牛肉、鸡蛋、植物油、生药类等24种产品完全免税，以前征收100%从价税的粟类，也减为从价3%。这样一来，日本军方和商人通过在山西的肆意搜刮，获得了巨额利润。在进口方面，日本侵略者于1941年年底在太原设立山西省物资移入配给组合，并在榆次、临汾、运城、潞安、阳泉设支部。各种日货的输入及分配均须经过该组合的批准，实际上只有日商有进口生意可做，华商只不过是设店销货而已。

在当时划归伪蒙疆政府的晋北，日军严格实行贸易统制法，对进出口货物实行严格统制。晋北输往日本的有煤、铁、铁矿石、土产等。从日本输入的是纺织品、钢材、杂货等。当时输出入贸易额很高，而且晋北方面长期处于巨额出超地位。

1943年，伪蒙疆政府经济部奉日本侵略者的旨意，让"晋北政厅"所属大同等地尽量减少输入、增加输出，将大量出超所得用于购买日伪政府所发行的公债。可以看出，晋北的巨额出超并不是什么好事，使日伪当局有了一笔稳定财源的同时，还助长了日军的侵略实力。

---

① "日元集团"包括日本、朝鲜、台湾、伪满、伪华北、伪蒙疆。

参考文献：

（1）郑伯彬：《敌人在我沦陷区的经济掠夺》，国民图书出版社1941年版。

（2）王庆保等：《太行银行工商工作参考资料》，1945年版。

（3）史敬堂等编：《中国农业合作化运动史料》，生活·读书·新知三联书店1957年版。

（4）齐武：《一个革命根据地的成长》，人民出版社1958年版。

（5）中国社会科学院近代史研究所《近代史资料》编译室主编：《陕甘宁边区参议会文献汇编》，科学出版社1958年版。

（6）毛泽东：《毛泽东选集》（合订本），人民出版社1964年版。

（7）中共中央党校党史教研室选编：《中共党史参考资料》，人民出版社1979年版。

（8）山西省基本建设委员会编：《山西工业建设志》（初稿，内部印刷），1982年。

（9）晋察冀边区财政经济史编写组：《晋察冀边区财政史资料选编》，南开大学出版社1984年版。

（10）穆欣：《晋绥解放区鸟瞰》，山西人民出版社1984年版。

（11）山西省地方志编委会：《山西外贸志》（初稿，内部印刷），1984年。

（12）晋绥边区财政经济史编写组：《晋绥边区财政经济史资料汇编·农业编》，山西人民出版社1986年版。

（13）侯振彤译编：《山西历史辑览》，山西省地方志编撰委员会办公室1987年版。

（14）戎子和：《晋冀鲁豫边区财政简史》，中国财政经济出版社1987年版。

（15）太行革命根据地史总编委会：《太行革命根据地史稿》，山西人民出版社1987年版。

（16）中央档案馆编：《中共中央文件选集》，中共中央党校出版社1989年版。

（17）山西省地方志编纂委员会编：《山西金融志》（初稿，内部印刷），1991年。

（18）太行革命根据地史总编委会：《太行革命根据地大事记述》，山西人民出版社1991年版。

（19）徐文月主编：《山西经济开发史》，山西经济出版社1992年版。

（20）张全盛、魏卞梅编著：《日军侵晋纪实》，山西人民出版社1992年版。

（21）军事科学院军事历史研究部编著：《中国抗日战争史》，解放军出版社1994年版。

（22）马森等：《第一二〇师陕甘宁晋绥联防军抗日战争史》，军事科学出版社1994年版。

（23）中共中央党史研究室科研管理部编：《日军侵华罪行纪实（1931—1945）》，中共党史出版社1995年版。

（24）居之芬、张利民主编：《日本在华北经济统治掠夺史》，天津古籍出版社1997年版。

（25）刘建生、刘鹏生等：《山西近代经济史》，山西经济出版社1997年版。

（26）山西文史资料编辑部编：《山西文史资料全编》，山西文史资料编辑部2002年编印。

（27）李茂盛、杨建中：《华北抗战史》，山西人民出版社2013年版。

第五篇

在聚人心鼓士气中奋起
抗战文艺挺起了民族脊梁

抗战文艺与文化斗争贯穿了山西抗战的全过程，在促使社会进一步认清日本侵略本质、激发抗战热情、坚定必胜信心方面发挥了巨大作用。

山西抗战文艺是在共产党领导下开展起来的。朱德、彭德怀等八路军领导十分重视抗战文艺工作，都对抗战文艺的方向、方针及相关理论有过重要论述。

在中国共产党的领导下，活跃在山西的文艺工作者主要分为三大主力，分别是来自延安的八路军政治部领导的文艺队伍，从全国各地汇聚到这里参加抗战的文艺队伍，以及山西本地的文艺队伍。他们紧扣救国救亡的时代主题，以不同形式开展创作宣传活动。临时驻扎山西的文化单位也对山西抗战文艺发展做出了贡献。

多数文艺工作者和文艺队伍都从实际出发，将自身优势与山西本地的传统戏曲、民歌、秧歌等艺术形式相结合，采用"旧瓶子装新酒"的形式，创作了大量反映抗战的新文艺作品，满足了人民群众的审美需求，起到了不可忽视的历史作用。与此同时，为揭露日本帝国主义的侵略行径，宣传党的抗战方针和八路军的斗争实际，宣传与鼓舞群众的抗战热情，各根据地十分重视新闻出版工作，创办了大量报刊，有力地发挥了新闻出版的武器作用。

党和边区政府积极引导根据地群众参加文艺活动，鼓励群众用当地传统的民歌调即兴编写抗日民歌、旧艺人参加新剧团、盲人组建抗日宣传队。此外，根据地人民探索性地引进的新节日成了宣传教育的好途径、好平台。当时在山西工作过的文艺骨干多数成为新中国成立后国家的杰出文艺人才。山西抗战文艺的一些做法也继续沿用，为新中国文化事业奠定了坚实的基础。

一、日本侵略者在山西的文化侵略活动

日本侵略者对中国的侵略是全方位的。除了在政治、经济、军事方面侵略以外,他们更懂得如果没有在文化方面彻底同化中国人,使中国人在文化方面真正地"亡国灭种",那么他们的侵略就不是彻底的和成功的。因此日本人为了摧毁中国人的精神,毁灭中国固有的文化传统,一开始就制定了全方位侵略中国的总方略。他们在文化侵略方面的所作所为于中国来说是一场空前浩劫。[①]

为了推行他们"以华制华"的政策,日伪通过种种措施来摧毁中国人的抗日意志,在整个社会上进行各种奴化的教育和宣传。他们的宣传方针包括消除民族意识、制造奴隶"文化"、提倡复古、挑拨国共合作等。除了在学校推行他们的奴化教育之外,还利用各种场合、多种手法来进行他们的奴化宣传。这些手法包括召开有社会声望的人士参加的座谈会、针对青少年进行的奴化训练和组织妇女参加具有奴化意味的活动等,还给予百姓一些小恩小惠。他们利用自己控制的新闻媒体发布他们的反动宣传,通过民间宗教、帮会组织和各种纪念日活动等来推行他们的奴化政策。

在晋西北,日伪在各个县城发放一些小东西,给百姓一些小恩小惠,以此来笼络人心,消除百姓对他们的反感和反抗。发放和提供的主要是衣服、粮食、食盐以及一些现金资助和医疗服务等。1938年,日伪政权成立了"晋北兴亚协进会"。为了拉近和老百姓的距离,他们曾经去乡下发放救济物资,妄图以此来收买人心。另一个组织"世

---

① 文物、教育、语言文化和文学等方面见本书其他相关部分。

界红十字会大同分会"则到处宣传消灾化难、劝善救人、普度众生的观念，同时还进行了一些简单的医疗救治。日伪政权在朔县成立了"育婴抚孤院"，在浑源县成立了"抚孤院"和"瞽目学校"，给农民免费提供耕牛、农业贷款，帮助农民改良土壤和种子。他们还发展水利，植树造林，饲养牲畜。通过奖励发展农业、开展农产品展评会等方式来拉拢老百姓，企图以此潜移默化地消除百姓对日本的仇视与对抗。

日军特别注重利用电台和报纸等舆论工具来展开宣传。他们在山西主办了《山西新民报》《晋南晨报》和《东亚新报》，其中前两种为中文报纸，后一种为日文报纸。《山西新民报》早在1938年年初就在太原创办，当时和《太原新闻》共同办公，到1942年《晋南晨报》合并进来以后壮大了力量，在太原设置了独立的总社，并且健全了组织机构。他们在省内的许多地方都有发行点和采访机构，在临汾设有印刷厂承接一些简单的业务，而报纸则是在太原印刷。《山西新民报》和合并前的《晋南晨报》作为日军在山西最重要的宣传工具，主要刊登的内容无非就是宣扬侵略政策和奴化教育的，也刊登一些日伪要人的活动以及封建文化糟粕等。还有另外一份《晋北日报》，是由"蒙疆"兵团下属的"蒙疆新闻株式会社大同支社"主办的，1938年2月开始出版，大概到1942年停刊。另外，他们还设置了太原放送局（广播电台）和"大同广播剧"，通过广播节目来宣传日军的侵略方针。

日军侵占了山西以后，就开始利用山西的一些社会渣滓来开展各种工作，这些人原来是帮会、宗教或者封建礼教的维护者，这时却甘愿作为汉奸与日本侵略者同流合污。安清同义委员会原来是青帮在山西设立的分会，曾经在太原开过夜校，讲过四书五经等古籍，宣扬的是三纲五常的观念。日本人侵略中国以后，这个组织摇身一变，成了日军山西陆军特务机关下属的反动组织，而且还是安清帮组织"三

一 日本侵略者在山西的文化侵略活动

义堂"在日伪时期的公开名称。安清同义委员会的两个日本顾问,实际操纵着这个组织。该组织在晋中、晋南、晋东南一带的沦陷区都有分会,信徒总数为一万多人。分会的任务是发展新会员、搜集情报,为山西日军陆军特务机关服务。在抗战时期不积极参与到抗日救亡的行动中,反而是通过封建迷信活动来蛊惑老百姓,麻痹人们的斗志,造谣惑众。日本侵略者看到了这帮人的用处,拼命拉拢,让这些人为他们的侵略战争服务。同一时期的大同道教会、晋北佛教会等伪宗教组织也大同小异,在社会上影响很差。

二、荡气回肠的《在太行山上》

在抗日战争期间,诞生了一首至今仍在广为传唱的歌曲《在太行山上》。这首歌大气磅礴、豪迈奔放,唱出了太行儿女抵御日寇侵略的决心,唱出了三晋军民同仇敌忾、众志成城的信念。在抗日战争期间这首歌从山西走出去,传唱到大江南北,唤起了千千万万人民群众,激励他们投身到抗日的洪流中去,在抗战文化中书写出了浓墨重彩的一笔。这首歌的歌词如下:

红日照遍了东方,
自由之神在纵情歌唱!
看吧!
千山万壑,铁壁铜墙!
抗日的烽火,燃烧在太行山上!
气焰千万丈!
听吧!
母亲叫儿打东洋,妻子送郎上战场。
我们在太行山上,我们在太行山上;
山高林又密,兵强马又壮!
敌人从哪里进攻,我们就要它在哪里灭亡!
敌人从哪里进攻,我们就要它在哪里灭亡!

这首歌的词作者是桂涛声,由著名的作曲家冼星海谱曲,第一次正式演出是在1938年7月武汉的抗战一周年歌咏大会上。第一次

二 荡气回肠的《在太行山上》

演出就受到了观众的热烈欢迎并且迅速广为传唱。虽然这首歌首次正式演出是在武汉,但是歌词的创作是在山西完成的,而且多位革命家、艺术家都与这首歌曲结缘,为这首歌曲增添了传奇的色彩。

在陵川创作歌词

《在太行山上》的词作者桂涛声(1906—1982),回族,云南曲靖人。早年毕业于曲靖市第三师范学校,1928年秘密加入中国共产党。1937年,在著名爱国民主人士李公朴先生的带领下,桂涛声与周巍峙、柳堤等一起奔赴山西进行抗日宣传。《在太行山上》就是在这一时期创作的。除了《在太行山上》之外,桂涛声还创作了《歌八百壮士》《送棉衣》等优秀的抗战歌曲。

桂涛声到山西之后,以战动总会工作人员的名义进入了山西省陵川县牺盟会民众干部训练班。桂涛声走上陵川街头到处演说宣传抗战,受到了当地人民群众的欢迎和仿效。许多人纷纷参与到控诉日本帝国主义罪行的队伍当中来,不少青年人踊跃参军上前线打仗,出现了"母亲叫儿打东洋,妻子送郎上战场"的动人场面。后来桂涛声随着游击队的脚步辗转多地,又目睹了太行山王莽岭独特的千山万壑、群峰壁立的壮观景象,到山西之后人们的抗战热情与震撼的自然环境在他眼前久久不能平复,创作一首描写太行山区军民积极参军、全力抗日的诗篇的念头一直在脑海中盘旋。经过半年多的苦苦酝酿,《在太行山上》这首气势磅礴的诗歌逐步成形。由于当时条件所限,桂涛声把自己苦心思索而得的诗句写在了香烟的包装纸上。不久,桂涛声离开山西奔赴武汉从事其他工作,这次他见到了著名的音乐家冼星海。

冼星海早年毕业于北京大学音乐传习所,后赴法国留学专攻作曲。1935年回国后积极参与抗日救亡运动,1938年赴延安任鲁迅艺术学院音乐系主任。在抗战中他创作了《黄河大合唱》《生产大合唱》

等，在敌后抗日文艺界具有很高的地位。为了以文艺鼓舞推动抗战，冼星海联合其他文艺界人士在武汉成立了全国歌咏协会，组织了星海歌咏队等100多个歌咏队伍。他还积极推动"抗战扩大宣传周"和7月的"抗战一周年纪念"活动，并于7月7日这天在活动中举办了声势浩大的长江水上歌咏大会。桂涛声与冼星海的会面大约在1938年的6月。当冼星海看到了桂涛声记录在烟盒纸上的歌词时，仿佛看到了太行军民在抗日前线浴血奋战的动人场景。他情不自禁地坐到钢琴前认真创作、反复构思，最终谱写出了《在太行山上》的曲子。这首歌曲最终成为耳熟能详的抗战歌曲，也成了我国音乐史上的经典作品。

《在太行山上》这首歌的成功并不是偶然的。词、曲作者都是当时的名家，他们对抗日战争有着很深的了解，都积极支持并投身于抗战事业，都对日本侵略者有着刻骨的痛恨。正因为有这样的专业水平和感情基础，才创作出这首经典的歌曲。有专家从艺术性的角度对《在太行山上》做出了很高的评价，而这种评价是非常中肯的：[1]

> 《在太行山上》在专业上叫复二部曲式，一个部分是慢板，一个是快板。前面它有号召性，感觉是太阳冉冉升起，它就是号角性的铺垫。第二段就进入快板，词曲结合得比较完美。人们的情绪在这个歌里得到了释放，唱完以后觉得很振奋，再唱几遍也可以，这就是它词曲上的成功。这首歌词不多，但句句都精彩。最令人感动的，就是慢板的后半部分，它的旋律很美，每次唱到这里，心里会涌出一

---

[1] 2009年10月3日，中国国际广播电台华语环球广播的《中国之窗》节目制作了名为《跨越历史的音符》的一期节目，专门介绍了桂涛声作词、冼星海作曲的《在太行山上》。节目中播出了曲靖市麒麟区歌舞团国家二级作曲王学军对《在太行山上》的评价。这些文字就是王学军先生录音的文字转写。详见《〈在太行山上〉：飘过72载的不朽战歌——对一首著名抗战歌曲的历史追溯》，《解放军日报》2010年9月3日。

二 荡气回肠的《在太行山上》

阵热浪来。

军民间传唱

当时冼星海的工作是在国民政府军事委员会政治部第三厅的领导下进行的。国民政府军事委员会政治部成立于1938年年初,除了国民党人以外,还有周恩来和共产党领导下的进步人士参加。其中周恩来任政治部副主任,郭沫若领导的第三厅又下设多个机构。冼星海积极推动的"抗战扩大宣传周"和"抗战一周年纪念"两项活动就是由国民政府军事委员会政治部第三厅具体领导实施的。在歌咏大会前夕,周恩来和郭沫若听说《在太行山上》已经创作完成,就到冼星海的住所去"先听为快"。当他们二人走进冼星海的居所时,音乐家正在全神贯注地为《在太行山上》做最后的修改,并没有察觉到有人进来。冼星海拿着新修改的曲谱在钢琴上演奏了一遍,二人并未打断。演奏结束之后郭沫若用手指捅了捅冼星海,冼星海才发现两位客人到了。郭沫若让冼星海先试唱一次。冼星海说:"这个是二声部歌曲,需要有人配合。"周恩来兴致勃勃地说:"你唱主旋律,我唱二声部,如何?"冼星海高兴地答应着,再一次演奏并与周恩来一起分声部演唱了这首歌。因此,可以说周恩来、郭沫若是这首歌的第一批听众。

《在太行山上》在武汉纪念抗战一周年的歌咏大会上正式演出之后,好评如潮。歌曲迅速传遍了敌后根据地和大后方,成为鼓舞人心、振奋士气的优秀作品,激励着千千万万的中华好儿女迈向了抗日战场。这首歌自然也传回到了它的歌词诞生地晋东南。当时朱德任八路军总司令,随八路军总部驻扎在山西省武乡县王家峪村。朱德对《在太行山上》这首歌特别喜欢,他不仅亲自学唱,还要求八路军总部机关人人都学唱这首歌。朱德还把这首歌的歌词抄录下来,随身携带便于记诵。在朱德同志的倡导下,加上这首歌独特的艺术魅力,整个敌后根据地不断地传唱这首歌,并把它作为抗战时期的精神食粮,激励着人们积极投身抗战。

1945年9月，抗日战争取得了最终的胜利。但是《在太行山上》这首经典的抗战歌曲，并没有因抗战的结束而消失在历史的长河中，而是历久弥新，不断地绽放着它的艺术光彩。歌曲创作70多年来，它不断在神州大地唱响，不断在人民群众中传播，已经成为弘扬民族精神、进行爱国教育的常选歌曲。尤其是在抗战纪念日前后，人们总是唱起这首歌，来怀念那段艰苦卓绝的岁月，来缅怀抗战烈士的丰功伟绩。2009年10月3日，中国国际广播电台华语环球广播的《中国之窗》以《跨越历史的音符》为题，通过现代传媒的形式在全世界范围内介绍了《在太行山上》的创作历程和艺术魅力。

三、《游击队之歌》在临汾诞生记

《游击队之歌》是我国历久不衰的一首经典歌曲作品。它的词作者是我国著名的词作家贺绿汀。贺绿汀1903年出生于湖南邵阳，从小就痴迷于音乐艺术，后来在上海国立音乐专科学校受到了系统的音乐教育。他早年创作的《牧童短笛》《摇篮曲》等钢琴曲分别在国内和国际获奖，深受国内外朋友的欢迎，使其在乐坛崭露头角。1937年淞沪抗战爆发以后，贺绿汀随上海的抗日救亡演剧队到达江苏、河南、陕西、湖北等地，同年冬天进入山西。人们都知道《游击队之歌》是贺绿汀创作的，而这首歌曲创作的灵感来自于山西的抗日斗争，产生的地点也是在山西，就鲜为人知了。

战斗中获取灵感

1937年淞沪会战爆发以后，在共产党的领导下，上海民众的抗日救国运动风起云涌。上海文化界组织了救亡演剧队，奔赴各地宣传抗日救国。贺绿汀作为一名年轻的音乐家，也随救亡演剧队离开了上海，辗转各地进行流动演出，宣传抗日。这年冬天，他随演剧队到达山西临汾。这时八路军办事处驻扎在临汾西郊的刘庄，队员们一直要求到八路军办事处为八路军战士们演出。

八路军办事处主任彭雪枫亲切接待了演剧队一行，给他们介绍了许多八路军在抗战期间的情况，而且在刘庄期间还组织队员听报告、参加政治学习，阅读有关文件。这一切都让队员们感到特别新鲜。演剧队成员在刘庄期间，与战士们同甘共苦，一方面饱含深情地为战士们演出，另一方面还积极从战士们的生活中吸收创作的素材。贺绿汀对这一切都比较陌生，但是又特别想了解，于是经常到处走一走、看一看，游击队员们的精神深深打动了他，八路军炮兵的神勇也让他感到非常惊讶。当他到八路军总部新成立的炮兵团访问时，听说这支队伍连武器都没有，只是依靠阎锡山部队丢弃的武器才成立的。这时他更是心潮澎湃，思如泉涌，战士们在炮火中不怕流血牺牲、顽强拼搏的精神激发了他的创作热情。虽然当时是隆冬时节，八路军战士仍穿着单衣和草鞋，在冰天雪地中行进。这样的场景也让贺绿汀感动不已。

当他参观完毕回到刘庄的住处时，灵感一下子喷涌而出，连词带曲一气呵成地创作出了脍炙人口的《游击队之歌》：

> 我们都是神枪手，每一颗子弹消灭一个仇敌；
> 我们都是飞行军，哪怕那山高水又深。
> 在那密密的树林里，到处都安排着同志们的宿营地；
> 在那高高的山冈上，有我们无数的好兄弟。
> 没有吃，没有穿，自有那敌人送上前；
> 没有枪，没有炮，敌人给我们造。
> 我们生长在这里，每一寸土地都是我们自己的，
> 无论谁要强占去，我们就和他拼到底！

这首歌反映了抗日游击队员的战斗生活和日常生活，风格清新明快，语言通俗易懂，节奏铿锵有力，表达了革命乐观主义精神，体现了作者对抗日将士的真挚感情。不论是作为独唱曲目还是合唱曲目，这首歌都非常合适。观众很容易在这种掷地有声的唱腔中受到感染，从而增添力量。

三 《游击队之歌》在临汾诞生记

军民之间传唱

《游击队之歌》创作出来之后的第一次演出就在刘庄，是在一次高级干部会议上由上海文化界救亡演剧队第一队演出的。当时的演出条件非常简陋，欧阳山尊用口哨当伴奏，贺绿汀有力地指挥，全体队员激情饱满地演唱。当演出完毕后，全场掌声雷动，坐在前排观众席上的朱德、任弼时、刘伯承、徐向前、贺龙和卫立煌等都在用力地鼓掌，脸上都流露着满意的笑容。演出结束后，朱德总司令带头上台和演职人员握手，祝贺演出成功，并称赞这首歌写得好。贺绿汀知道他的这次创作成功了！

领导同志们都认为这首歌写得好，应该在部队中广为流传。事实上，因为旋律优美、节奏有力、唱词通俗，歌曲在首演之后就马上传开了。甚至有的部队还派人骑马跑几十里路到刘庄找贺绿汀抄谱子。当时，第685团在平型关打了胜仗正在刘庄修整，杨得志团长便邀请贺绿汀到他的部队里头去，一个连一个连地教唱。后来战士们都学会了这首歌，他们在一个雪花飞舞的日子里，高唱着《游击队之歌》再次出征。

《游击队之歌》迅速在全国传唱开来，贺绿汀对这首歌曲也非常满意，他把创作时的原稿小心翼翼地珍藏起来，后来又随救亡演剧队去了武汉。在武汉，各个群众歌咏大会都把这首歌作为保留节目。期间还有人找到贺绿汀，要他把歌词改一下，把蒋委员长领导抗战的内容加到歌词里。贺绿汀认为这是对共产党领导之下的八路军和游击队的赞歌，不是说随便就能更改歌词的。于是以歌曲传唱开不好变动了为由拒绝了这个提议。

1943年，贺绿汀一行到了抗战圣地延安。在王家坪八路军总部礼堂举行的文艺晚会上，毛泽东亲切接见了他，并赞扬这首歌写得好，说贺绿汀为老百姓办了一件大好事。

四、抗大总校、前方鲁艺合演《黄河大合唱》

《黄河大合唱》是备受炎黄子孙喜爱的一部大型音乐作品，是高度概括抗日战争年代中国人民反帝斗争里程碑式的代表作。1937年卢沟桥事变后，全国性抗战开始了。光未然和冼星海都参加了战地服务团，后来他们又双双奔赴延安。1938年秋天，光未然在黄河壶口看到了奔腾不息、一泻千里的黄河，顿时被黄河的气魄震惊了。1939年他渡过黄河时再一次被汹涌澎湃的黄河水激荡起来。在母亲河的奔流不息中，他看到了黄河的力量，更看到了人民的力量、中华民族的力量，于是就创作出了气势磅礴的《黄河大合唱》。当他把唱词交给冼星海时，冼星海激动不已，只用了六天时间，就创作了传世名作《黄河大合唱》的所有曲子。当年《黄河大合唱》首演是在延安，但鲜为人知的是，在山西，众多艺术家也曾经排练过《黄河大合唱》，是由抗大、前方鲁迅艺术学校（简称"鲁艺"）合演的。他们的演出在当地引起了极大的轰动，感染和教育了广大抗日民众，振奋了大家的抗日精神，至今仍然为人们所津津乐道。

倡议及准备

自《黄河大合唱》首演之后，就备受抗日军民的喜爱和欢迎。从此以后，《黄河大合唱》成为保留节目，唱遍了我国的大江南北。《黄河大合唱》也传到了华北抗日根据地，包括当时的抗战圣地延安。1940年春天，抗大总校从延安经过晋察冀边区来到了山西武乡，在武乡招收了第六期学员。随后抗大总校文工团也来到武乡进行抗战宣传。抗大总

四 抗大总校、前方鲁艺合演《黄河大合唱》

校、鲁艺两校合演《黄河大合唱》就发生在1940年的前半年。①

1940年4月初,抗大总校政治部领导按照副校长罗瑞卿的指示,部署抗大总校文工团举办一台大型晚会纪念五四青年节。文工团团长杨恬、指导员孙明远与指挥吴因商议之后,决定排演《黄河大合唱》。在此之前吴因在延安已经认真研究过这一组歌曲并做了大量笔记,可以说对于排练这一节目做了充分的准备。但是在当时非常简陋的条件下,也面临着许多困难,所幸的是文工团团员们都对排演《黄河大合唱》充满期待。在大家群策群力下,这些困难最后都迎刃而解。

首先面临的问题是抗大总校文工团人员不足,恐怕唱不出《黄河大合唱》那种磅礴的气势来。当吴因提出这个问题时,团长张际春提出,让鲁艺实验剧团演员们参与到合唱中来。于是这次演出就成了两所学校所属演出团体的合作演出了。但是抗大文工团驻地在牛家岭村,鲁艺实验剧团的驻地在下北漳村,相距大约30里。如果每天一起排练不太现实。吴因请示了前方鲁艺的校长李伯钊后,决定先分头练习,最后合排。吴因指挥则在两个村庄之间来回跑。分头练习了大约半个月之后,抗大总校文工团的团员们步行到上北漳村合练。此时正是早春时节,合唱团在浊漳河边鲜花盛开的果园中合排了一个星期。

在排练中,又陆续发现了在乐器编配中的一些问题。吴因发现缺少低音乐器,导致乐队的伴奏不够丰富和浑厚。抗大文工团负责舞台工作的温礼源就找来两块旧橱窗的木头,动手制作了一把大提琴,而且音色还不错,丰富了乐队的低声部。乐队成员朱杰民又发现打击乐不够导致有的地方强度和力度体现不出《黄河大合唱》的气势来,"鲁艺的音乐教师李季达同志发挥了创造性,制作了一套大小不一、高低

---

① 郝雪廷:《武乡:敌后文化的中心》,山西人民出版社2010年版,第167~173页。陆其国:《在晋东南排练〈黄河〉》,《文汇报》2010年8月1日。

音不同的鼓和一套由梆子、木鱼、响板、锣、堂锣、小锣等组成的组合式打击乐器"①。在演奏中还遇到过一些其他的问题，都是两校文艺团体的演奏员、演员们同心协力开动脑筋一一解决的。在当时的艰苦条件下，就是依靠这套土洋结合的乐队来伴奏的，但是因为艺术家们精益求精的态度，乐队的编排取得了很好的效果。

在舞台布置方面，李伯钊提出了自己的看法。她认为演出时让乐队在侧幕条伴奏，可以保持舞台的干净和统一。舞台上应该布置一条大船船舷的布景，船头上放置指挥台供吴因指挥用。从台下看，就像是合唱团成员都站在行驶于黄河的大船的船头之上。李伯钊校长还询问这样的安排是否会影响到演出的声音效果以及乐队与合唱的配合，是否会影响到乐队的指挥。最后她的建议全部被采纳，也就是说李伯钊是这次演出事实上的舞台设计者。

振奋人心的演出

演出所遇到的困难都一一得到解决后，距离正式演出也只有两三天的时间了。参加演出的合唱团和乐队成员又在舞台上进行了几次现场彩排。

1940年5月4日（一说3日）傍晚，抗大文工团和鲁艺实验剧团联合参演的纪念五四青年节活动在蟠龙镇南山坡上的抗大总校校部如期举行。开场前会场已是一片欢腾，人们围着篝火跳集体舞、扭大秧歌，尽情地狂欢。简短的五四青年节纪念大会领导致辞以后，演出开始了。据李蒙等人回忆，当时的演出阵容是：指挥吴因，解说李蒙，《黄河之水天上来》朗诵者、《黄河颂》演唱者吕班，《黄河怨》演唱者段方，《河边对口曲》演唱者史若虚、李佑民。② 演出开始后，整个会

---

① 郝雪廷：《武乡：敌后文化的中心》，山西人民出版社2010年版，第167~173页。
② 集体讨论、李蒙执笔：《太行山上的戏剧劲旅——忆抗日军政大学总校文艺工作团》，《戏曲艺术》1982年第3期。

四 抗大总校、前方鲁艺合演《黄河大合唱》

场一片肃静,观众都聚精会神地欣赏着这场高水平的演出。在演奏过程当中,逼真的布景仿佛把观众带到了黄河岸边,整个演出气势恢弘、一气呵成。演出结束后,全场依然鸦雀无声,然后观众突然爆发出了持久的、热烈的掌声。

李蒙等人回忆的这些演员,除李佑民于1942年在邢台不幸牺牲外,都成了新中国成立以后文艺战线上的骨干。吕班成为我国文艺界的代表人物、领导人和杰出的艺术家,为新中国的电影、戏剧事业做出了卓越的贡献。史若虚成为杰出的戏曲教育家,曾任中国戏曲学院院长等职。李蒙一直在部队从事文艺工作,是新中国部队文工团事业的开拓者之一。李伯钊即杨尚昆的夫人,著名的戏剧家,新中国成立后曾任中央戏剧学院副院长、顾问等职。

《黄河大合唱》的影响

两校合演《黄河大合唱》,仅仅是当时排演这组歌曲的一次生动的例子。《黄河大合唱》在神州大地一次一次回响,激励着无数中华儿女的抗战热情。在当时的国统区,报纸上不仅对《黄河大合唱》进行了介绍,而且还大加赞赏。1944年,昆明学生在爱国运动高潮中演出了这部大合唱。1946年,北平进步青年组织的冼星海合唱团为纪念冼星海举行了《黄河大合唱》演唱会,两次演出光未然都参加了。美国、苏联、加拿大、菲律宾、新加坡等国家都演出过这部作品,足见它已不仅仅属于中国人民,而是属于全世界一切热爱和平的人们了。正如著名音乐家马思聪所说:"他讴歌人民的苦痛、希望与光荣。在中国乐坛上,没有比他表现得更淋漓尽致的了。"这是对创作者的肯定,也是对作品的肯定。为此,毛泽东主席在1945年冼星海逝世后亲笔题词"为人民的音乐家冼星海同志致哀"。在毛泽东一生中,明确题为"人民的音乐家"的,恐怕只有冼星海一人了。

五、抗战戏剧积极服务对敌斗争

全国抗战爆发初期，戏剧多是活报剧、街头剧、独幕话剧。抗战进入到战略相持阶段，则出现了多幕话剧，这也是与形势紧密联系的。多幕话剧能够更深入地反映现实，反映群众生活，促进抗战事业。

八路军野战政治部发出的《关于部队戏剧运动》，为剧作家们指明了前进的方向。战事当前，配合作战是压倒一切的事儿，一度出现的"演大戏""演名剧"有些不合时宜。

有影响的剧作家和有分量的剧作出现了。李伯钊、洪荒（阮章竞）、成荫乃至赵树理，名噪一时。各自都拿出了拿手的经得起考验的代表作，如《母亲》《村长》《未熟的庄稼》《糠菜夫妻》乃至《万象楼》等等。反映现实的广度拓展了，深度加重了，减租减息、村镇建设、反对迷信、军民合作，大凡跟抗日相关的事儿，剧作里也都有所反映了。

投降与反投降是抗日军民同妥协分子之间的较量，那是真格的，真刀真枪的，容不得半点儿马虎。说得深些，那是抗日民族统一战线内部抗战与妥协的斗争。国民党顽固派在1939年至1943年，先后发动过三次反共高潮，在山西则有"晋西事变"的发生。李伯钊敏锐地把握到了斗争的严峻性、复杂性，从而创作出两幕话剧《母亲》。

以母亲为代表的抗日军民，同以马团长为代表的顽固分子针锋相对，构成了剧作的主线。马团长是嚣张的，他敢于查抄抗日学堂，禁止工会农会的正常活动，学生们唱抗日歌曲也被横加指责，甚至还暗杀八路军战士。母亲勤劳、朴素、倔强而又慈祥、善良，她不懂多少抗日大道理，却有丰富的社会阅历。她的长子加入了工人抗日游击

五 抗战戏剧积极服务对敌斗争

队,幼子觉悟也高,八路军通讯员被害后,敢于冒险送信。这是一个革命家庭,母亲自己面对强敌一样大义凛然。可贵的是,她背后有千千万万群众的支持,正义最终战胜了邪恶。

李伯钊另一部剧作《村长》真实地反映了根据地建设的尖锐矛盾与复杂情形,狡猾而阴险的地主史三爷,贪婪的高利贷者牛剥皮,落后的农民张木良。乡村社会人事复杂,矛盾犬牙交错,党的政策要深入贯彻下去,群众民主意识要培养起来,都不会是一帆风顺的。

改造农村的懒汉二流子一样不容易。他们不仅好吃懒做,还容易被黑暗势力所利用,成为破坏革命工作的帮凶。剧作《老三》写的就是一个叫老三的二流子堕落成汉奸的故事。老三的堕落固然可悲可叹,但他同时又跟地主顽固势力不同,他也是普通群众的一员,他是可以教育感化的。

成荫的《洪流》写的是沦陷区一家叫玉记的印刷所,在日寇铁蹄践踏下的悲惨命运。软弱的柳经理心存侥幸,满以为日本兵会手下留情。可事与愿违,日寇占领县城后,很快没收了印刷所,还霸占了屈掌柜的妻子水仙花和工人家属冯二嫂。一个好端端的印刷所,就此陷入风雨飘摇之中。柳经理穷困潦倒,屈掌柜苟且偷生,有的员工无法生存,竟然靠偷窃度日。游击队的到来,挽救了大家。柳经理尽管身患重病,将离开人世,但他是大彻大悟了:在日寇淫威下,是没有生存余地的,怀抱"和气生财"的信条,一意孤行,只会碰得头破血流。他的儿子带领水仙花等一帮印刷所工人,参加游击队,昭示出普遍的觉醒和反抗意识,那也可以说是柳经理想尽而又未尽的愿望。

洪荒的短剧《糠菜夫妻》写的是生产救荒,剧本出炉时,太行抗日根据地正处于极端困难之时。"抗旱剿蝗,生产自救"的口号深入人心,家庭和睦,共渡难关,也是根据地群众共同关心的大事儿。剧本一发表,就颇受欢迎,还被改编成戏曲、秧歌等形式演出,产生了不小的影响。

农村戏剧运动也开展得有声有色。这一方面配合了抗战,同时,也提高了群众的觉悟。晋察冀、太行山区,农村业余剧团可谓蓬勃发展。张秀中在《一年来本地区文艺运动的回顾与前瞻》一文里写道:"(在太行)农村剧运是在普遍蓬勃向前发展着,配合了救灾、年关娱乐等工作,起了很大的宣传教育大众的作用。农村剧团普遍建立并欣欣向荣,创作了很多新内容的地方剧本,改造了地方戏,提高了旧剧人的文化水平与政治水平,仅就手下不完全数字的统计,脱离生产的与半脱离生产的农村剧团就有一百七十多个,剧本的创作在一千个以上。"[1]可见当时群众性戏剧运动的繁盛景况。

在晋察冀抗日根据地,全区性的艺术节也引人关注。从1940年开始,每年的11月7日都要举行一次。对此,沙可夫有详尽的描述:"这些剧团在年节,在'三八''四四''五四''七一''七七'等节日,在秋后农闲时,都必然要活跃一阵子;在每个中心工作布置下去以后,又必然要为中心工作的完成演出,就是在战斗中,也不断有小型演出,配合八路军上前线的游击区村庄在地道里拍戏演戏的,在炮楼跟前做政治攻势演出的,有的村庄每月开一次、两次'村民同乐会'。他们直接服务于当前的斗争,起了很大的鼓舞与教育作用。"[2]

此外,山西的抗战话剧创作在这一时期也有了新的发展,相继出现了一批歌颂英雄模范人物、反映根据地战斗生活的大型多幕剧和独幕剧,如胡奇的《模范农家》、严寄洲的《甄家庄战斗》、成荫的《打得好》、贾克的《保卫合作社》《突围》,都是其中的优秀剧目。这一时期,山西的传统戏曲也迈出了改革的步伐,新编历史剧受到普遍欢迎,借助历史故事讽喻当时时政,如周文和王修编写的七月剧社排演的新编历史剧《千古恨》;亚马和晋绥二中师生也以岳飞故事为题材,

---

[1] 屈毓秀、石绍勋、尤敏、郑波光、郭文瑞:《山西抗战文学史》,北岳文艺出版社1988年版,第295页。
[2] 同上。

五 抗战戏剧积极服务对敌斗争

编写了《千古恨》和《十二金牌》，以岳飞抗金被奸臣杀害于风波亭的故事，讽喻人们不要忘了前车之鉴，同国民党的投降卖国行为和内战阴谋做斗争。与此同时，他们还积极尝试利用戏曲形式创作演出现代戏，歌颂人民群众的抗日斗争。

六、新秧歌剧和新歌剧的兴起

中国共产党历来非常重视利用民间文化形式宣传革命。早在抗战初期，就发动群众，组建革命剧团，将戏剧作为宣传抗战的最有力武器，团结教育民间艺人对戏剧进行改造，以大众喜闻乐见的形式宣传抗战。1942年《在延安文艺座谈会上的讲话》发表之后，许多文艺工作者纷纷下基层深入群众、深入工农兵，开始贴近生活的大众化创作，掀起了群众性文艺创作的高潮。而最能体现这个高潮的，无异于戏剧界的新秧歌运动。1943年春节，延安鲁艺新型秧歌剧《兄妹开荒》首演成功，广受群众欢迎，直接带动了新秧歌运动的蓬勃发展。

秧歌原本就是陕晋民间的一种地方小戏，群众中有许许多多的秧歌爱好者。在新秧歌运动中，随着下乡的文艺工作者对乡下秧歌的改造，有力地推动了农村戏剧运动的发展，出现了村村闹秧歌的盛况。赵树理、靳典谟在晋冀鲁豫边区1945年《秧歌剧评选小结》中说："历来工农群众蕴藏着无限的智慧，由于长期受封建黑暗统治蒙蔽，使得聪明才智不得发挥。"而如今"人民走上了自己的时代，为讴歌自己时代，而充分发挥着创作天才，现在正是一个开始"。

太行、太岳根据地的新秧歌运动

在太行和太岳，学习《讲话》精神之后，广大的戏剧工作者进一步明确了方向，努力反映"新的人物、新的世界"。到1944年、1945年前后，迎来了太行、太岳剧运史上的黄金时代。

襄垣农村剧团李鸣洪、李森秀等集体创作的《李来成家庭》，是太行、太岳出现较早、影响最大的秧歌剧。这是一个以真人真事为依据

六 新秧歌剧和新歌剧的兴起

编写的四幕秧歌剧，最初由第129师先锋剧团编写、襄垣剧团演出，演出后根据观众的意见，编导人员亲自到襄垣李来成家中体验，重新进行了改写。李来成家有八口人，由于李来成有封建家长思想，缺乏民主作风，各家庭成员互不团结，整天闹矛盾，生产搞不好，吵着要分家。后在县长的耐心劝导下，全家人各自检讨了缺点，制订了生产计划，团结和睦，积极生产，成为边区新型模范家庭。剧本出现后，各地竞相上演，有力地推动了太行区无数模范家庭的诞生。

武乡光明剧团集体创作、张万一执笔的三场秧歌剧《义务看护队》，曾获得晋冀鲁豫边区文教作品乙等奖。反映的是根据地妇女在抗战中自动组织起来，义务护理八路军伤病员的故事。不久，张万一又与该剧团的高介云、梁栋云等集体创作了五场大型秧歌剧《改变旧作风》。这是一个描述农村干群关系的戏。村长陈茂林过去是个各项工作都走在前头、受到群众拥护的好干部，但后来私心膨胀，逐渐腐化起来，好吃懒做，不参加劳动，对群众态度生硬，工作上不讲民主，不关心群众疾苦，生活上腐化，乱搞男女关系，贪污救济粮，分配贷款也不公平，严重挫伤了群众的生产积极性，干群关系产生隔阂。在民主运动中，经过上级同志的热心帮助，他终于醒悟过来，检讨改正了自己的错误，重新取得群众的信任。这是描写根据地农村内部矛盾题材的作品中较早的一个，从一个侧面较为真实地反映了根据地人民当家做主后的历史性变化，对根据地广大基层干部放下包袱自觉投入整风运动，有着普遍的、现实的教育意义。1945年夏，该剧在武乡和太行三专署竞赛大会上演出，博得观众的喝彩，并荣获文联和专署的奖旗、奖金。1949年收入《中国人民文艺丛书》。同时，张万一根据赵树理的同名小说改编的秧歌剧《小二黑结婚》，突出了小二黑和小芹的先进性、斗争性，使他们成为根据地青年理直气壮争取婚姻自主的榜样。

在当时的太行区，还有左权剧团皇甫束玉等集体创作的《周喜生作风转变》，剧情与《改变旧作风》有些相似，也是反映根据地民主生活的一部较好的作品。

在农村戏剧运动高潮中，平顺县南庄沟村农民王元创作的小秧歌剧《秦富宝放牛》和左权县下庄村李世昌、靳小三等创作的秧歌剧《神虫》，也是群众剧作中的优秀代表。这两个剧本后来均被收入《中国人民文艺丛书》。

在太岳，绿茵剧团是沁源围困战中成立的一个以演出秧歌剧为主的戏剧团体。该团关守耀、胡玉亭、李铁峰、李天祥合写的七场沁源秧歌剧《挖穷根》在当时很有影响。作品以根据地边沿区的农村为背景，讲述农民和地主围绕减租减息和反霸展开的矛盾斗争，比较充分地揭示了解放初期农村阶级斗争的尖锐性和复杂性，展现了贫苦农民在中国共产党的领导下逐步觉醒的艰苦历程。地主杨银光的凶险毒辣，杨银光弟弟杨有光的老谋深算，地主婆王氏的贪婪吝啬，都刻画得生动细致、入木三分。该剧曾获晋冀鲁豫边区文艺奖金甲等奖。另外，还有关守耀创作的《回头看》、胡玉亭创作的《山沟生活》和关守耀、胡玉亭集体创作的秧歌组剧《狗小翻身》等等，都是演出效果较好的剧目。

这一时期，除群众剧团外，部队的秧歌剧运动也开展得很好。主要有太行军区警卫一连集体创作、赵子岳协助整理的秧歌剧《我们的胜利军》，太岳军区宣传队集体创作的秧歌剧《虎孩翻身》，晋冀鲁豫军区文工团集体创作、江涛与史超执笔的《两种作风》《王克勤班》等，都是当时有影响的作品。

晋绥根据地的新秧歌运动

《讲话》精神传达到晋绥边区不久，战斗剧社就奉调赴延安汇报演出，并进行集中学习。1943年，战斗剧社带着延安新秧歌运动的新鲜经验和新创作的秧歌剧目返回晋西北，直接推动了晋绥的群众性戏剧运动。华纯、刘伍、郭瑞、韩国等集体创作,华纯执笔的新秧歌剧《大家好》是晋绥边区最早出现的一个优秀剧目。它描述的是根据地人民拥护子弟兵,子弟兵热爱老百姓的故事。作品对根据地军队、民兵、老百姓之间军爱民、民拥军的鱼水情谊做了自然细致的描绘,充满了浓郁的晋西北乡土气息。

西戎、孙谦、常功、卢梦集体创作的七场眉户剧《王德锁减租》,是当时很受群众欢迎的作品。在根据地减租运动中,贫苦农民王德锁害怕被地主夺回土地,不敢减租,后来在农会干部张保元的启发教育下,提高了觉悟,起来同地主赵剥皮进行了斗争。该剧是晋绥观众百看不厌的好剧,"演出一万多次,观众达二十多万"。它和《大家好》两剧,在晋绥边区1944年"七七七"文艺奖金评选活动中荣获戏剧类甲等奖。

孙谦的秧歌剧《闹对了》也是这一时期较有影响的作品。剧本以根据地民兵生活为题材,通过一个民兵中队由不好好参加劳动、对群众野蛮粗暴到劳武结合、爱护群众的转变过程,生动地反映了根据地民兵在抗战和生产中的重要作用,形象地宣传了民兵建设中劳武结合、兵民团结的正确思想。

马烽的快板秧歌剧《婚姻要自由》批判了包办婚姻,宣传了婚姻自主,赞扬了根据地青年一代全新的思想观念。常功、胡正、孙谦、张朋明集体创作的四场道情剧《大家办合作》,表现根据地群众帮助合作社端正经营方向,坚持为群众的生产和生活服务,从经济领域体现了人民当家做主的深刻变化。

此外,忻县蒲阁寨民兵演剧队把战斗生产和戏剧活动结合起来,根据自己的战斗生活自编自演的七幕剧《围困蒲阁寨》,被誉为是"一种可贵的创造","是在游击区开展戏剧运动的方向"[①]。

[①] 亚马:《关于戏剧运动的三题》,《山西文艺史料》(第2辑),山西人民出版社1959年版。

第二战区的戏剧宣传

在国统区,也有一支宣传队伍演出抗战剧目。1938年,吉县抗日县长、地下党员王耀辰到任后不久,就配合县牺盟会组织了"抗日救亡流动工作团",团长是王耀辰的妻子张瑞祥,指导员梁维凯,宣传员大多由吉县第一高小学生组成,有刘维茂、吕鲁人、谭克智、谭克厚、张本生、张俊、张广文、葛秀国、王保全、陈金荣、张国华、杨生森、李克忠等三十余人。主要任务是通过演出抗日节目,宣传抗日道理,动员群众全力支援抗战。《守土抗战》《义勇军进行曲》《热血歌》《牺牲已到最后关头》是当时的主要剧目。1943年夏天,阎锡山和日军谈判时翻了脸,在华灵庙打了一仗,阎锡山军队取得了胜利。第二战区的歌剧队将此事排了一出戏,取名为《华灵庙》。第二战区的军队连长和士兵穿着盔甲武服参加了演出,扮演日本兵的则穿着打手的戏衣,脸颊画着日本旗的图案。当时,也有向陕甘宁边区大生产运动学习的剧目,在洪炉台前的戏场里进行演出。《山西文史资料全编》里载有歌颂劳动模范吕存恭的眉户剧《吕存恭》。吕存恭是吉县五龙宫村的一个农民,在自家门口一块地里种了二分山药蛋,取得了丰收。秋收时刨出来的山药蛋有坟头那么大一堆。正巧被阎锡山的一位专员路过时发现,看到其中的大山药蛋,非拿走不可。于是问了吕存恭姓名,向阎锡山做了汇报。阎锡山因此将吕存恭树为劳动模范,并由政宣会刘杰编写了一个剧本,交由歌剧队排演。

当时傅作义部队也有一支随军剧团。《山西文史资料全编》记载,1944年四五月间,蛰居西安虞风社的部分蒲剧演员,如演青衣和小旦的石小宝,武旦张引成,小丑吴永胜,老旦张金忠,武生郁小楼,青衣胡玉芳,小生舒明贵、程玉虎,二净任序、王永娃,以及鼓师西连,板胡张合甲,三股弦(笛)王小旺等足以凑齐一个戏班的人马,听说傅作义先生喜爱戏剧,故相约到绥远拜见傅作义。傅作义亲切接见后,喜不自胜,答应他们一行人成立随军剧团,将剧团命名为唐声歌剧

六
新秧歌剧和新歌剧的兴起

社,傅作义和董其武兼任名誉正、副社长,并责成傅随从秘书、宣导处处长阎有文(中共地下党)具体领导歌剧社工作。

唐声歌剧社平日以给军队和重要活动演出为主。抗日战争后期,上演了反映抗日战争内容的现代戏《卢沟桥》《百灵庙》。这两个剧目,直接讲述了傅作义先生的抗日行动。

新歌剧的诞生

新秧歌运动初期,基本上是以旧秧歌的曲调演唱新内容,随着秧歌运动的深入发展,广大戏剧工作者在向各种民间艺术形式学习的同时,开始对旧秧歌、旧的地方戏曲进行试验性的改造利用,在此基础上创造出一种具有民族特色的新的革命戏剧形式——新歌剧。1945年延安文艺工作者创作了新歌剧《白毛女》,自此新歌剧创作异彩纷呈,迅速发展起来。1947年长期生活在太行山区的阮章竞以诗人的战斗激情写出了新歌剧《赤叶河》,以30年代的太行山区为背景,描写贫苦农民在地主阶级残酷剥削下的悲惨命运。农民王禾子一家,终年劳苦,受尽地主吕承书的剥削,不得温饱。吕承书不仅对王禾子一家巧取豪夺,还对王禾子妻子燕燕百般调戏,致使王禾子愤而出走,燕燕投河自尽。十多年后,这里解放了,贫苦农民盼到了出头之日,王禾子重返家园。但是因为干部脱离群众,被地主钻了空子,后来经过纠正,王禾子才得以翻身。剧本一发表,立即引起人们的重视,被许多剧团搬上舞台,成为土改中对农民进行阶级教育的形象化教材。

1948年,战斗剧社魏风、刘莲池等以女英雄刘胡兰事迹为题材,写出了歌剧《刘胡兰》,真实地表现了女英雄刘胡兰"生的伟大,死的光荣"的战斗的一生。它的曲调较好地吸收了晋中一带民歌的成分,流传华夏大地,对我国新歌剧的成熟和发展做出了积极的贡献。

七、活跃在敌后的太行山剧团

太行山剧团是活跃在华北太行根据地的著名文艺团体。这个剧团先后隶属于八路军、中共晋冀豫区委、晋冀鲁豫边区政府和太行文联。从1938年5月成立到抗战胜利为止，这个剧团一共创作演出节目148个，用艺术形式生动反映和展示了太行山地区人民抗击日本侵略者的伟大斗争，集中体现了群众革命文艺的新特点，对团结、教育人民群众，打击、消灭敌人起到了重要的作用，也在我国文艺运动史上留下了光辉的一页。

为抗战宣传服务

抗日战争中，国民党顽固派对我根据地的破坏、进攻一直没有停止。1939年，国民党第97军朱怀冰、新5军孙殿英等部在磁县、武安、涉县、林县等地区大修工事碉堡，逮捕杀害抗日干部，抢劫八路军军粮，不断制造破坏统一战线的事件。为了维护统一战线，但又不能允许敌人肆意妄为，在八路军朱德总司令、彭德怀副总司令的指挥下，以第129师为主力，调来冀中警备旅和晋察冀挺进支队，在1940年3月发起了对磁、武、涉、林国民党顽固派的反击战役。

太行山剧团接到命令之后，火速开赴前线，先到黎城县的南委泉村进行了慰问演出，欢迎吕正操率领的冀中部队参加战斗，接着又转战河北省的部分地区，为广大军民带去了优秀的戏剧作品。太行山剧团的任务很艰巨。他们既是反摩擦斗争的宣传者，也是战地的后勤服务员。在长途跋涉、艰难行军的同时，他们还要做群众工作来动员群众积极支持抗战。而且他们在演出之余还要参加担架队护送伤员的

七 活跃在敌后的太行山剧团

工作。虽然特别辛苦，但是剧团人员从没有一句怨言。有时候剧团离敌人很近，处境十分危险，但他们机智灵活地应对险情，克服重重困难，都胜利地完成了组织交给的任务。刘伯承、邓小平等中央首长对太行山剧团的工作给予了充分肯定，对他们进行了鼓励和表扬。

1940年，八路军在华北发动了著名的百团大战。太行山剧团在涉县西边的辽城，以文艺节目为武器，迅速掀起了支援前方的运动。他们编排了庆祝百团大战胜利的活报剧，而且很快谱写了《庆祝百团大战胜利》《要胜利靠自己》两首歌曲，并立即投入到排练之中。在辽城村西北角，他们就地搭起台子、挂起幕布，召开祝捷大会。区党委机关的干部、党校的学员和附近村镇的老百姓都来观看演出，场面热闹壮观。

百团大战胜利后的庆祝大会锣鼓喧天、群情沸腾。会后，太行山剧团还组织了精干演出团，奔赴前线慰问演出，并参加了黄崖洞保卫战和关家垴战斗，更加丰富了实践经验。1941年1月，国民党顽固派发动的第二次反共高潮达到了顶点，皖南事变爆发。各根据地以各种形式声讨这种破坏统一战线的行径。太行山剧团在涉县曲里村立即组织排演了活报剧《皖南事变》，演唱了歌曲《十唱"皖南事变"》，及时配合当时的政治形势，深刻揭露了国民党反动派的丑恶嘴脸。这种活报剧的形式简单，无须复杂的布景、道具和服装，在舞台上、街头、村口等开阔场地都能随时演出，灵活多样、不拘一格，受到群众的热烈欢迎。

建立分团扩大影响

太行山剧团实行太行区党委和冀太联办双重领导，并建立了各个专区的分团。1940年5月，太行山剧团改称总团，各区专团作为分团，各分团的行政领导归专署，党的领导归当地地委。总团与分团主要是业务指导关系，艺术类干部由总团选派，个别分团的指导员、团长也有总团直接任命的。由于当时太行区七个专区中有两个没有建立剧团,所以只有五个分团。总团与分团之间联系紧密,经常互派人员接受培训学习或者进行艺术指导,对整体艺术水平的提高起到了促进作用。

比如太行一分团,它的前身是平汉线剧团,它创建初期的骨干力量大都是太行山剧团培训出来的。第一分团主要活动在河北沙河、临城、赞皇、元氏等地区,足迹遍布上百个村庄。而第三分团的前身则是海燕剧团,下设戏剧、舞蹈组,活跃在武乡、榆社地区,也经常到辽县、黎城、涉县等地演出。主要演出以当时的重大政治事件为背景的剧目或者新编的具有时代特色的戏剧,比如《皖南事变》《小二黑结婚》《送郎上战场》《兄妹开荒》等。他们在演出之前往往要进行一段演讲或说一段快板,对抗日宣传起到了很好的作用。1940年7月,太行山剧团又成立了第五分队,主要是平剧、晋剧组,总共有十几个人,排练演出传统剧目,如晋剧《打渔杀家》《韩玉娘》,京剧《武家坡》《探母盗令》《别窑》等,让根据地老百姓在欣赏新编剧目的同时也能欣赏到传统剧目。

太行山剧团不仅和各分团关系密切,而且和各县、村的其他剧团也保持着紧密联系,演出内容相互呼应,又各有特色,彼此互相促进、互相影响,形成了人民文艺团体的演出网络,各种形式的节目争相斗妍、百花齐放,充分显现了人民艺术的魅力和影响。

在庆祝冀太联办正式成立的大会上,太行山剧团演唱了《庆祝联合办事处成立》的歌曲,上演了反映妇女参与政治的话剧《金花》。一些经过太行山剧团辅导和培训的县、乡剧团也在大会上进行演出。其中太行一分团演出了话剧《劳动英雄李大娘》和表现农村政治斗争的话剧《和尚岭》,剧中声韵悠扬、十分动听的民歌《牧羊儿》,在太行、太岳、晋绥根据地被广为传唱。

遭遇战火的洗礼与考验

1942年5月,日军以"铁壁合围,梳箆清剿"战术对太行根据地

七 活跃在敌后的太行山剧团

进行疯狂大"扫荡",太行山剧团也经历了一场血与火的洗礼。

当时剧团在悬钟村,他们"坚壁清野",把演出服装、道具等所有物品埋藏了起来,之后路遇敌机轰炸,又向南转移到平顺县。由于敌情紧急,剧团决定将老弱病残人员隐蔽到附近村庄,其余人员随第129师参训队行动。6月26日,剧团与日军在井底村相遇,经过激烈战斗,指导员章杰儒在领导大家突围转移的过程中不幸中弹,为了不被敌人俘获,毅然跳入瀑布,英勇牺牲,同时牺牲的还有陈九金、郝玉玺、王艺人等人,袁秀峰、夏洪飞等身负重伤,剧团伤亡约四分之一,损失惨重。

1943年初夏,日军又进行大"扫荡"。这次剧团吸取了以前的教训,化整为零,把人员变成小组,分散行动,到各村配合民兵,以敌后游击战的方式打击敌人,一些团员还学会了制造石头雷、埋地雷等,日军在"扫荡"过程中也吃了大亏。由于这次准备充分,又分散了人员,而且在战斗中兵民结合,利用有利地形灵活作战,所以剧团无一人伤亡。经过两次战火的洗礼,剧团比以前更加富有战斗性,演出也更有经验了。

1942年到1943年,太行区遭遇了严重的旱灾,加上敌人的"扫荡"和经济封锁,根据地军民生产、生活十分困难。全区在中共中央的领导下开展了大生产运动,以渡过难关。

太行山剧团一面进行大生产运动的宣传,演出《生产大合唱》《全家忙》《组织起来》《比赛》《春耕曲》等,一方面也开展生产自救运动。为了帮助群众渡过难关,剧团人员节衣缩食,拿野菜、树叶充饥,用每天节约下来的粮食救济难民。剧团找到无主土地加以开垦,种山药蛋、萝卜等;还在河滩开地,种豆子、谷物;而且还开设了车马店,增加一些经费收入。在此期间,他们还组织了多次赈灾义演,动员群众募捐粮食、衣物,对解决困难起到了一定的促进作用。

紧贴时代创作新剧目

1942年春，第129师政治部和晋冀豫区党委，在涉县王堡村召开全区文化工作座谈会。邓小平指出："文艺要服从政治斗争的需要，要服务于完成政治任务。文艺工作者要深入了解群众，进行农村社会情况调查。"与会代表进行了认真讨论和发言，太行山剧团也派代表参加了大会。

1943年，太行山剧团在太行文联提出的"在大众化方针指导下，搞好文艺创作活动"方针指引下，掀起了新的创作高潮。其中，话剧创作了多幕剧《未成熟的庄稼》、独幕剧《糠菜夫妻》、小歌剧《比赛》等；歌曲创作了《春耕曲》《月儿蒙蒙》等；秧歌剧创作了《一把斧头》《笑了的人》，修改了《打春桃》的部分曲调。剧团还排演了从延安传来的最受欢迎的《兄妹开荒》，演出节目新颖、丰富多彩，呈现出了推陈出新、生机勃勃的浓厚氛围。

为了响应中共中央的号召，太行文联、太行山剧社也举办了文艺工作者座谈会，并传达了毛泽东《在延安文艺座谈会上的讲话》的具体内容和精神。剧社成员联系自身实际，各抒己见，肯定了建团以来他们走的道路是正确的，是与《讲话》精神基本一致的，剧团也一直活跃在人民群众之中，活跃在血与火的现实斗争之中，无论创作内容还是演出形式，都坚持了文艺为工农兵服务的方向，都是为了完成政治任务服务，所以太行山剧团是人民的剧团、革命的剧团。大家也根据《讲话》精神找到自身的不足，探讨了改进办法，为今后的发展方向指明了道路。

1945年4月，太行剧团参加了太行区文教群英大会，并演出了新创作的剧目《沙柳泉》，这个剧目反映的是"十二月事变"以后太南农民的生活，主题鲜明、表演生动，受到了大会领导和观众的热烈欢迎，并获得了鲁迅文艺奖金。同年8月，抗日战争取得了伟大的胜利，太行山剧团在欢呼雀跃的同时，也同来自全国各地的革命艺术团体一起，开始了新的征程，登上他们新的舞台，为迎接全中国的解放而继续奋斗。

八、贺龙与战斗剧社

战斗剧社是一个部队文艺团体，全称是八路军第120师战斗剧社，是人民军队中成立历史早、活动范围广的一个剧团。这个剧社从1926年诞生以来，一直跟随中国革命的脚步，直到解放战争。他们创作和排演了一大批剧目，还培养了许多优秀的演员，在各个历史时期都把革命宣传做得有声有色。

在1926年第一次国内革命战争时期，时任黄埔军校政治部主任的周恩来同志，委托周逸群到国民革命军第9军第1师组建一支宣传队。当时第1师的领导就是贺龙，这个宣传队后来逐步发展为战斗剧社，而战斗剧社也因此与贺龙有了渊源。

参加战斗的战斗剧社

战斗剧社不仅仅是一个以演剧为任务的普通文艺团体，它是在战火中产生的，也在战火中不断成长。社员们不但要演好戏，还要亲自参加战斗。这里只讲其中的一个小故事。

1939年中秋前夕的一天，战斗剧社的社员们都在一个村庄集体训练，大家因为中秋的临近而格外高兴。忽然，他们发现一小股日军从山上下来了，而且是经过院子外面的大路向附近的陈庄偷袭。剧社的同志顾不得吃饭，立即集合起来，跑步到北山准备战斗。只听得远处枪炮声不绝于耳，剧社成员万分焦急，此时消息传来，原来贺龙率领主力部队在距离北山一里路的地方，把偷袭陈庄的1500多名日军团团围住，来了个瓮中捉鳖，而且贺龙派人告诉剧团"搭起台子，放开胆子演戏"。随后，贺龙同志下了命令，剧社要把最好的戏拿出来，部队人员轮换着下来看戏。这边唱戏那边打仗的阵势，恐怕是很少见的。这场战争持续了五天六夜，歼敌千余人，打死了敌人的一个团长。

以优秀的文艺作品感染战士

战斗剧社奋斗和坚持的目标是"面向部队，为战士服务"，这是贺龙师长对剧社的嘱托。虽然贺龙没有对文化艺术工作的专门论述，但是在对剧社的发展方向和服务对象上，他的指导是经常的和具体的，而且很有指导意义。

贺龙指示剧社"把戏剧送到连队，送到前线去"。剧团积极响应这个号召，把剧团的人员灵活安排，也许十个人或八个人就能承接一个地方的演出任务。这种灵活多样的演出形式和方法，特别适合战争年代及山西特殊的地貌。他们就是以这种灵活多变的形式，在为中国革命服务。战斗剧社的成员都很优秀，再加上这么多年对生活的体验，他们的演出水平是非常高的。贺龙也特别强调，演每出戏都要取得一定的社会效果。有一次，剧社编排了一个战士开小差的戏。贺龙看完之后，趁热打铁地进行教育，鼓励大家演好戏，能打仗，为我国的民族解放事业贡献力量。战斗剧团的演出受到了人们的热烈欢迎，他们走大街串小巷宣传抗日救国的道理。

同样，剧社演出的剧目效果不好或有纰漏的时候，贺龙也会提出尖锐的批评并总结教训，为剧社发展指明方向。比如1940年前后，剧社从其他剧种那里学回一出戏，这出戏就是话剧《中秋》。虽然这个戏也属于抗战题材，但是内容过于悲惨而且缺乏正面的能量。贺龙在演出的刚开始还尽量聚精会神地看，但是到后来看到满满的负能量，就很生气。他说，在特殊的抗战时期，就是要唤醒老百姓的，应该以正面的事情为主要内容，不要在演完之后让人觉得没有希望。

八 贺龙与战斗剧社

贺龙与剧社的深厚感情

贺龙虽然没有受过很多的学校教育,但他对知识分子特别尊重。他特别重视发挥知识分子的作用,给他们提供发展的空间和机会。贺龙也特别重视文艺作品的作用,认为文艺作品可以传递一种"正能量",是军队政治工作中不可缺少的部分,这为后来基层文化工作打下了基础。贺龙同志对一些奔赴根据地的青年学生非常重视,把他们和剧社的演出,剧本的创编、修改结合起来,对剧社的女同志、小同志都非常照顾和关怀,人们常说"贺老总就是战斗剧社的后台老板"。

1938年冬天,全民族抗战已经展开,为了配合抗战需要,第120师由晋西北开赴冀中地区。行进过程中,除了隆冬时节带来的不便之外,还要经过敌人封锁或沦陷的区域,随军行动的战斗剧社由于知识分子,特别是新同志、女同志较多,又没有接受过正规训练和战争实践,对此贺龙非常担心,并且出发前专门检查有关情况。贺龙强调说,任何时候都不能够让一个人掉队。他们还给生病和行动困难的女同志准备了马。

战斗剧社随部队穿越同蒲铁路的时候,贺龙亲自站在枕木上指挥部队。后来穿越平汉铁路时,恰好战斗剧社通过的时候来了一列火车。大家缺乏战斗的经验,眼看着火车走了过来,大家变得惊慌失措,好多东西都乱扔、乱丢了。这时贺龙师长大喊一声:"慌什么?机关枪能打准你?"这一声犹如黑夜里的明灯,大家才知道原来师长贺龙、政委关向应等首长就在铁路边指挥。有了贺龙师长坐镇,大家就镇定了下来,边走边集合队伍,寻找丢失的东西,重新整装出发,向前走去。经过这一阵忙乱,战斗剧社已经掉在了部队后面,他们不敢停留,一直走了一天一夜,走了70多公里,又累又饿之际,恰巧和贺龙派来迎接的人员相遇,大家兴奋地欢呼:"贺老总接我们来啦,接我们来啦!"高兴之余,一扫刚才的疲乏,大家说说笑笑就向村子走去,刚到了村口就看到了笑眯眯的贺龙同志:

"是不是战斗剧社呀?"

"是!"

"怎么成了后卫啦?"

"我们掉队啦!"

"累不累呀?"

"不累。"

"不累是假的。"贺龙师长笑着问:"蛮子怎么样了?"蛮子回答只擦破了一点皮,剧社同志都很诧异,贺师长连"蛮子"撞火车这事儿都知道。

后来部队到了冀中,他们经常是天天打仗,几乎是连轴转,贺龙同志指挥战斗尤其辛苦。但是,他只要一有空就到剧社走走,为了防止上次没有经验的事情再发生,他决定加强剧社成员军事技能训练,并为大家配发了步枪和手榴弹。剧社的演员们也都特别积极地响应贺龙的指示,他们按照作战需要把人员分成了几个班,每到一个地方就和其他战士一样,积极准备参加到战斗中去。

第120师的生活和根据地其他部队一样都很艰苦,有一个时期只有黑豆吃。有一次在行军途中,贺龙遇到了剧社的几个小演员。小演员见到贺龙师长特别亲切,就对贺龙说他们感到特别饿。贺龙立即批了80斤白面。当时正是敌人封锁的困难时期,根据地物资匮乏,80斤白面可不是一个小数目,但是贺龙看到小演员们饥饿的样子,忍不住想要为他们做点什么。贺龙和其他首长对战斗剧社的关怀是无微不至的,同样对剧社的要求也是严格的。

贺龙是一个传奇式的将领。他从两把菜刀开始参加革命,后来成为我党我军的高级领导人。在人民群众心目中他就是一个屡建奇功的英雄人物。1941年八一节,剧社的赵戈写了一首诗在庆祝会上朗诵:

我要讲一个英雄的故事。

这一个故事,

八 贺龙与战斗剧社

这就是南昌起义。

这一个英雄,

就是您呀

我们的贺老总!……

这时,台下突然有个声音打断了表演:"小鬼!你这句诗不对头,南昌起义怎么只有一个英雄?"赵戈装着没听见,还想继续往下朗诵,这时贺龙站起来,向赵戈招手,叫他下来,并亲切地对他说:"我告诉你,南昌起义是我遵照党的指示参加的。许多领导同志都参加了。南昌起义时,我还不是共产党员,你说能有多少功劳?不过你不要着急,你去好好改改,改好了再朗诵,我保证来听。"

几十年过去了,战斗剧社的辉煌已经成为历史,但是人们在阅读或寻找有关资料时,总会由衷地佩服战斗剧社的坚持与坚守,当年战斗剧社的"社歌",人们依然记忆犹新:

我们是战斗剧社,

每个演员都是战士。

我们在战斗中锻炼,

还要在战斗中成长。

……

为驱逐日寇出中国,

为保卫祖国山河,

哪管它枪林弹雨,

哪管它雪地冰天,

我们一样地歌唱,

一样地排演。

……

九、融入抗战精神的襄武秧歌

"在抗日战争中,边区根据地的广大群众渴求文化生活,广泛吸收民间艺术的营养,利用民间形式为抗战服务的观念愈来愈被广大文化工作者所接受。作家、艺术家为使文艺创作为群众所喜闻乐见,从内容到形式都做了积极尝试。学习民间艺术,利用民间形式进行创作的风气在当时十分盛行。"① 共产党内及被共产党团结的进步人士,这一时期看到了山西地方文化的重要作用,他们因势利导,和一些旧艺人一起改造传统的旧文艺形式,使这些传统的文艺形式在形式上和内容上符合抗战文化的要求,使这些地方文艺形式成为抗战文化的重要组成部分。从事这些地方文艺工作的艺人,也纷纷参与到抗日文化的建设中来。他们利用已有传统技艺,注入新的思想内容和文化精神,用地方文艺的新形式作为武器参与到抗战的洪流中。襄武秧歌、左权花戏和各种民歌就是如此。

襄垣农村剧团对旧艺人的改造

在抗战中,有一部分剧团是由原来的旧戏班子改造过来的。出于种种原因,他们由过去轮流在各地演出传统戏曲的戏班子逐步改造为宣传抗日救亡运动的新剧团。在这一过程中,戏班子成员由过去的传统艺人成长为抗日文艺战线的演员,而且传统艺术也在他们手中成为与国内抗战形势紧密结合、凝聚人心、鼓舞士气的生机勃勃的艺术形

---

① 晋冀鲁豫边区革命文化史料征集协作组编:《闪光的文化历程——晋冀鲁豫边区文艺史》,山东文化音像出版社,1998年版。

九 融入抗战精神的襄武秧歌

式。襄垣四区抗日农村剧团就是这样的一个戏剧表演团体。

襄垣四区抗日农村剧团，俗称襄垣农村剧团，是以抗战前演出襄垣秧歌的旧戏班子"富乐意"班社成员为主改造过来的。在九一八事变前，这个剧团长期在长治、壶关一带流动演出。1938年日本军队"九路围攻"，晋东南地区兵荒马乱，剧团难以正常演出，于是艺人们陆续返回到农村老家。但是由于长期脱离农业生产，加上旧戏班的不良嗜好，这些艺人在农村的生活难以为继。后来牺盟会抗日四区公所成立剧团招聘演员，"富乐意"的大部分艺人都申请加入，成立后取名为襄垣四区抗日农村剧团。

旧艺人虽然在组织领导方面加入了抗日新剧团，但是多年来养成的思想观念、行为习惯等一度还停留在旧戏班的层次和水平。在表演剧目方面，形成于明末清初的襄垣秧歌剧有传统剧目130多个，这些旧艺人对这些传统剧目非常熟悉，新剧团成立初期演出的也多数是这些剧目，而且以抗日宣传的名义向老百姓摊派。当时曾有老乡问一个演员准备去哪里唱戏，这个演员上前就打了群众一个耳光，说："我们是演戏，不是唱戏！"他认为唱戏是看不起他们。这种动辄就与群众起争执和冲突的行为，明显是旧戏班的恶习。在生活方面，许多艺人都有抽大烟的不良嗜好，因此弄得典房卖屋、妻离子散。1940年，抗日县政府提出旧艺人要戒烟，要求每个人定出详细的计划并相互监督。刚开始，大家都碍于面子不敢公开再吸大烟，但是在私底下有人还偷偷吸。后来，艺人们都改喝"土水"，喝罂粟壳，其实这也是吸毒的行为。经过抗日县政府反复耐心地做工作，大部分艺人都戒除了烟瘾，生活方式开始文明健康起来。

过去的戏曲班社一般都采取口传心授的传承方式，徒弟写卖身契给师傅，标明"投河下井，打死勿论"，徒弟在学徒期内给师傅背行李、倒夜壶，伺候师傅一家人的生活，忙碌之余才能学点儿戏，而且师傅稍不如意就要打骂。1943年进入新剧团之后，师傅撕毁了徒弟的卖身契，开始实行新剧团的民主管理。但是新的问题又出现了，师傅开始不愿意真正教学，徒弟也学不到师傅的本事，于是开始不尊敬师傅。农村剧团为此成立了青年部，专门加强对青年演员的教育帮扶工作。后来制订出详细的学习计划，五天一检查，十天一小结。新的制度建立之后，师傅爱教，学生爱学，彻底抛弃了旧戏班摧残身心的"打戏"那一套，同时也解决了民主管理之后出现的新问题。

旧戏班还有一些恶习，就是手头有了钱胡吃海塞，欠账不还，甚至偷偷溜走；演出过程中不注意公共卫生，在演出地点随便拿群众的东西……种种恶习严重影响了剧团在群众心目中的形象。农村剧团成立之后，看到八路军执行三大纪律八项注意，不拿群众一针一线，受到了所在地老百姓的热烈欢迎和衷心拥护，自己也深受触动，后来演戏时就刻意向八路军学习。剧团还选出了生活队长专门负责生活方面的问题。一次，剧团到河北涉县某地演出，希望把住宿安排在一个老太太家里。结果老太太说："唱戏的人住下，总是乱屙乱尿乱糟蹋家，不愿意让住。"后来经过反复动员，老太太才同意。结果最后剧团走的时候，认真打扫卫生，还问借老太太的东西是否都归还了。老太太逢人就说襄垣农村剧团和其他旧剧团不一样。

相对于思想认识、生活习惯方面的改变，艺术创作方面的变化和突破更加困难。襄垣秧歌这一地方剧种从明末清初诞生，到抗战时期已经形成了一批优秀的传统剧目和固有的戏曲表演程式。既然剧团命名为"抗日农村剧团"，就势必要排演大量宣传抗日救亡运动的新剧目。但是艺人们长期学习和演出的都是传统剧目，在表现社会现实、宣传抗日运动方面缺乏经验，在新剧目和新的表现形式方面只能逐步摸索。剧团首先改编了一批能够反映热爱祖国、抗击外辱等内容的传统剧目和新编古装剧《邺宫图》《韩玉娘》《王佐断臂》《报父仇》《逼上梁山》，同时也积极创作了一些新剧目，比如《换脑筋》《送夫上前线》《打蟠龙》《三更放哨》《天灾人祸》《糠菜夫妻》《李有才板话》《打春桃》《李来成家庭》《万象楼》等。①

武乡县抗日光明剧团的新剧创作

武乡县光明剧团成立于1939年9月。根据当时对敌斗争的需要，武乡县委、县政府把因战乱停演、生计困难的旧艺人重新聚集到一起，成立了武乡县抗日光明剧团。成立剧团主要出于三方面的考虑：一是为了满足时局暂时安定的武乡东部人民娱乐生活的需要，二是宣传抗日救亡的主张、发动群众进行抗日斗争的需要，三是解决离散老艺人的生计问题。于是原鸣凤班、庆阳班和涌乐意班社的部分老艺人成为光明剧团的第一批演员。

剧团前期的活动情况 1939年9月，八路军柳沟兵工厂召开庆祝大会，光明剧团正式亮相，演出了古装戏《对绣鞋》，又加演了《坡前会》。在正式演出前，当时的一区区长王宣恒代表剧团讲话，宣告光明剧团是县政府领导之下的抗日救亡团体，目的是为抗战服务，为大众服务。王宣恒还即兴做了一番抗战宣传，其中有"不论汉满蒙回藏，不论工农兵学商，要想不做亡国奴，一起奋起打东洋。青年参军上前线，中年种地出公粮，老年喂鸡勤拾粪，儿童放哨捉汉奸，军民动员齐奋战，抗战胜利有保障"等内容。剧团在柳沟演出三天，后来又到武乡东部及襄垣的部分地区巡回演出。稍后，他们又自编自演了反映抗日战争题材的剧目《换脑筋》《上前线》。在正式演出之前，还采用快板和小戏的形式来宣传政策和时事。在剧团成立之初，还保留着一些老戏班的规矩，到后来逐步取消。

在日寇占领武乡的时期，光明剧团的演职人员也经常面临着各种危险。如1942年2月演出档期内遭遇敌人的突然袭击，转移途中鼓

---

① 襄垣四区抗日农村剧团后来与其他演出机构合并，之后名称也有所变更。这里列举的演出剧目不仅包括作为独立的"抗日农村剧团"时期的剧目，也包括后来与其他团体合并、更名之后的演出剧目。因资料所限，无法确切获知哪些剧目是"抗日农村剧团"时期编演的。

板师温和尚与敌人遭遇壮烈牺牲。5月，在辽县演出时遭遇了敌人的大"扫荡"，剧团的演职人员经过重重困难脱离了敌人的包围圈，才顺利转移。就在同一天八路军副参谋长左权光荣牺牲，可见当天局势的危急。1943年6月至1944年2月，敌人在武乡、沁县、榆社、辽县等地密密麻麻地驻扎了许多据点，日军占领了当时光明剧团所在地武乡县蟠龙镇。1943年腊月，几名演员外出遭遇敌军。名演员梁旭昌奋起抵抗，身上多处被敌人刺刀刺中后跳崖逃脱，韩三山、梁全银、韩江河随后也跳了崖。韩福堂被捕受刑后敌人没有得到半点情报，便把他送入炮楼当苦力，一个多月后他趁敌人不注意侥幸逃脱跑回剧团。

除了日常生活方面的困顿之外，演职人员演出的地点往往都是距离敌人据点只有二十几公里的地方，经常受到日军的侵袭，生命安全也难以保证。但就是在这种艰苦的条件下，光明剧团的演职人员个个表现得非常英勇顽强，他们把自己对艺术的追求和对日寇的愤恨全部倾注于每一次演出、每一台剧目中，在武乡、榆社、襄垣、沁县和辽县等地的演出非常受欢迎。

新剧目的编排与演出　在成立之初，光明剧团演出的古装戏较多，时装剧较少。这与剧团的实际情况也是相符合的。参加剧团的老艺人都有深厚的旧剧功底，人民群众的欣赏习惯也倾向于旧剧。随着自编剧目的逐步增加，反映抗日战争的新剧目越来越多。日军占领期间，演出古装旧剧遇到了不少困难。当时剧团所需要的服装、道具等都是依据旧剧团的惯例从箱东家那里租赁，在日军占领时期显然有太多的危险。另一方面，由于日本人的烧杀掳掠，人们对于日军的愤恨非常强烈，演出抗日时装剧更能引起人们的共鸣。面对现实情况，光明剧团基本停演古装剧，而以道具、服装相对简单的时装剧为主。

光明剧团的时装剧演出，是在建团初期就开始的。后来他们又陆续创作了大量的新剧目。日寇进犯，"扫荡"频繁，多年来他们走村串乡，居无定所。在奶奶凹村的三眼旧窑洞里，才搭建起开拓事业

九 融入抗战精神的襄武秧歌

的平台。战争仍在进行,生活十分困难。大部分人患上疟疾、疥疮等疾病,无医无药,只能硬扛。即使如此,仍然坚持深入实际、深入生活:他们住进泉河村,调查访问拥军模范胡春华的事迹,创作出大型秧歌剧《义务看护队》;到李峪等地了解杀敌英雄王来法的事迹,创作了《地雷大王王来法》。两剧排练演出后,对推动拥军工作、掀起杀敌立功高潮起了很大作用。《地雷大王王来法》一剧在 1945 年黎城召开的太行区群英会上获得了好评。期间还排练了十多部小剧,移植改编了《劳动模范李马保》,吸收了学校和农村里多名有文化知识的文艺骨干,增强了艺术表演和创作力量,向正规化剧团迈进了一大步。此外,他们还成功创作了大型秧歌剧《改变旧作风》,改编了《小二黑结婚》,引起很大反响。

十、左权小花戏、左权民歌成了对敌斗争的有力武器

左权县原名辽县,因左权将军在此殉国而易名。这个位于太行山中段的县域内,孕育了淳朴、直率、真切、感人的民歌,也诞生了一种载歌载舞的艺术形式——左权小花戏。抗日战争中,左权民歌和左权小花戏成为宣传抗日救国思想的有力武器,这两朵开在山乡的野花散发出了抗战的芬芳。

小花戏和民歌的改造

左权小花戏和左权民歌,都是左权人抒发思想感情、表达爱憎分明的艺术形式。小花戏来源于古代的文社火,并受到了晋剧、武乡秧歌和祁太秧歌的影响,最终成为了辽县境内的一种独特的小歌舞剧。但是由于当地经济落后、位置偏僻,这种表演形式主要是在辽县西部一带流行,流传的范围相对小一些。抗战时期,随着八路军总部进驻辽县麻田镇,一大批新文艺工作者进入了辽县境内。他们充分利用左权小花戏贴近生活、紧跟形势、出台快、短小精悍、易于流传的特点,将其改造发展,为抗日战争宣传服务。这种地方表演形式正是在抗战文化的发展中逐步成长、完善起来的。左权民歌产生于左权县的沟沟岭岭、村村寨寨,原来是当地人民田间地头抒发感情的艺术形式。在乡间田野,人们在春华秋实的自然中劳动,灵感所至,便放声而歌。左权小花戏所演唱的曲调,就来自于左权民歌。左权民歌和左权小花戏其实是相互交融、合二为一的。

抗日战争时期,为了配合抗战宣传的需要,对歌曲创作速度也有很高的要求。许多文艺工作者都在积极思考和探索如何快速创作出

十 左权小花戏、左权民歌成了对敌斗争的有力武器

人民群众普遍接受的歌词和曲调。而在辽县，这是一个可以迎刃而解的问题。辽县的小花戏和民歌被称为"流转千年的歌舞"，有着深厚的群众基础。辽县民歌中的"小调"题材形式多种多样，有抒情，有叙事，有轻松欢快的，有凝重典雅的，有诙谐幽默的，有讽刺尖刻的，曲调富于表现力，它有包罗万象的音乐情调和多姿多彩的词曲变化特点，可随心所欲填词改词，为辽县抗战民歌的创新和发展提供了广阔的天地。选用群众最为熟悉的民歌小调歌唱抗日内容，有许多方便之处。如不必教群众新谱子，只要注明该曲用什么小调，如《绣荷包》《卖扁食》《走西口》等就可以了。而在普及时，只需要开会时一唱，小报上一登，就传唱开了。另外，还可以把要宣传的内容编成歌，往往会收到事半功倍的效果。左权抗战民歌中的《送哥哥归队》《联络苦》《送郎抗战》就分别选用了传统民歌《卖扁食》《放风筝》和《苦相思》曲调填了新词，易唱易记，生动感人。随着抗日战争的深入和各项工作的开展，左权民歌的运用更为广泛，成了抗日根据地最活跃、最普及的文艺形式，大量以宣传中共抗日救亡工作为内容的民歌小调传诵四方。1940年，在桐峪镇召开春耕动员大会，工、农、青、妇、儿童团互相挑战，赛唱歌曲，县长王耀灵也唱了一支抗战民歌，群众为他热烈鼓掌，整个歌咏活动波澜壮阔，气势磅礴。据统计，新中国成立以后在左权县收集到的抗日民歌有300多首。《反抢粮》和《拥军》就是其中的两例：

反抢粮

提起小日本，/人民恨在心，/打发上讨吃队，/到处刨窑洞。/汉奸李金才，/没啦长人心，/他把日本当祖宗，/替伢把粮征。/派粮数目大，/叫咱难招架，/一村人受一年，/打下还不够伢。/咱要交不去，/鬼子就出发，/刨地三尺深，/连种子也留不下。/粮食是命根，/没啦活不成，/咱组织暗民兵，/保粮救百姓。

拥 军

坚决抗战的八路军，/ 杀敌真英勇，/ 军民是一体，/ 骨肉不分离。/ 做鞋补袜缝衣裳，/ 件件要耐实，/ 好房军队住，/ 好米给军队吃。/ 军队向咱借东西，/ 借啥就给啥，/ 军队买东西，/ 不高抬市价。/ 有了彩号伤病员，/ 吃喝要照管，/ 帮助荣退军人，/ 生活不困难。/ 军队打仗在前方，/ 咱们送茶饭，/ 军民团结紧，/ 胜利不费难。

皇甫束玉等人的贡献

只要说到左权小花戏和左权民歌，就不能不提皇甫束玉。皇甫束玉（1918— ），辽县东隘口村人，抗战前在太原等地读书，1936年加入牺盟会，1937年正式参加工作。抗战中为了适应抗战宣传的需要，他同王恕先、阎濂甫等人致力于传统的辽县民歌和辽县小花戏的改造工作。他们一共创作了20多首新民歌，还创作、排演了20多部新剧，为抗战文化的建设做出了很大的贡献。小花戏原本表现男女调情的"扭"和"搂"的庸俗动作更多一些，如果用于抗战宣传就必须进行一些必要的改造。他们在改造中经过了多番摸索，最后总结出了一套改造旧小花戏的经验[①]：

必须有新的创造代替旧的一套，不能一味地取消，他亲自在二高创造出三种形式来：一种是："四季生产"，把旧的场面、步法，改成新的花场；一种是"劳动生产"，把儿童舞蹈与花戏歌调结合起来；一种是"住娘家"，是新旧形式的混合场面，唱调中夹上对话和快板，并通过一个故事表现出来。在化装上也有新的创造，如女孩子的剪发头上挽花髻，围领巾，束短裙，男孩用一条毛巾，在头上包裹出各

[①]《改造小花戏》，原载《文教大会纪念特刊》，《山西文艺史料》（第1辑），山西人民出版社1959年版，第212~213页。

十 左权小花戏、左权民歌成了对敌斗争的有力武器

种花样。

经过皇甫束玉等人的努力,左权民歌、左权小花戏成为抗战文化中一道靓丽的风景线。

1942年大批日军包围八路军总部,5月25日八路军副参谋长左权在辽县光荣牺牲。名将阵亡的消息传来,太行山为之低咽,全党为之悲痛。周恩来说:"左权壮烈牺牲,对于抗战事业,真是一个无可补偿的损失。"朱德赋诗悼念:"名将以身殉国家,愿将热血卫吾华,太行浩气传千古,留得清漳吐血花。"为了纪念左权将军,太行人民请求将辽县改名为左权县,晋冀鲁豫边区政府批准了这一请求。在易名前夕,左权县政府领导委托阎濂甫创作一首歌曲纪念英勇殉国的左权将军。阎濂甫找到了皇甫束玉和王束先,他们三人共同创作了《左权将军之歌》的歌词。曲调采用了左权民歌的传统曲调。1942年9月18日,辽县党政军民等5000余人举行了辽县易名典礼。在典礼上,《左权将军之歌》第一次在崇山峻岭之间久久回荡:

> 左权将军家住湖南醴陵县,
> 他是中国共产党的优秀党员。
> 老乡们,他是中国共产党的优秀党员。
>
> 黄埔军校毕业后苏联去留洋,
> 他回国以后由军长升到参谋长。
> 老乡们,他回国以后由军长升到参谋长。
>
> 参加中国革命整整十七年,
> 他为国家他为民族费尽了心血。
> 老乡们,他为国家他为民族费尽了心血。

狼吃的日本五月"扫荡"咱路东，

左权将军麻田附近光荣牺牲。

老乡们，左权将军麻田附近光荣牺牲。

左权将军的牺牲为的是老百姓，

咱们辽县老百姓要为他报仇恨。

老乡们，咱们辽县老百姓要为他报仇恨！

这首歌词明白如话，语气亲切自然又饱含深情，深切地缅怀了左权将军为了民族解放事业而奋斗的壮烈一生，表明了抗日军民决心继承将军遗志同仇敌忾打击日本侵略者的决心。70多年了，这首歌一直作为左权县的县歌传唱不衰，当年英姿勃发的爱国进步青年皇甫束玉走出了太行山，最终成为成就卓著的出版家，被称为"新中国高等教育教材建设的奠基人"。但是在这位即将寿登期颐的老人心目中，《左权将军之歌》是他最满意、最有感情的歌曲作品。

抗战之前，左权民歌和左权小花戏还仅仅停留在乡土文化的层面，而且流传的范围有限，难登大雅之堂。抗日战争的特殊时期，使左权民歌和左权小花戏在抗战文艺中大放异彩。新中国成立以后，文艺工作者深入左权老区采风，把左权民歌带到了北京，带向了全世界。左权民歌、左权小花戏在历届原生态歌舞表演中屡获大奖，在各种大型综艺晚会上绽放出新的光彩。从左权走出的著名原生态歌唱家有刘改鱼、石占明、刘海萍等，经过加工改编后的《太行山好地方》《亲疙瘩下河洗衣裳》《桃花红杏花白》《会哥哥》《开花调》等歌曲在我国家喻户晓。

十一、流传在敌后根据地的抗战歌谣

在《中国民歌集成·山西卷》中（人民音乐出版社，1990年第一版），共收集民歌1374首，直接反映抗日战争的有205首左右，年代与内容不能确定的不计，占总数的15%，超过任何历史时期的数量，并且这些民歌从内容到形式均是以往的民歌难以比拟的。它们采用原有的民歌曲调或对民歌曲调加以适当改变，填上符合当时社会形势的新词，对惨无人道的残暴兽行进行了有力的控诉和揭露，讴歌了共产党领导的八年抗日从战略相持直至夺取胜利的功绩，赞颂了抗战中无数流血牺牲的民族将士和人民。

揭露日军暴行的歌曲

部分歌曲反映了日寇在中国的烧杀抢掠，对日军进行控诉。比如平定民歌《大惨案》：

1. 忘不了六月十五那一天，平定大西庄地道战的大惨案，可恨敌人手段真毒辣，又烧又杀又抢"三光政策"。

2. 忘不了日本强盗五路进攻，包围了大西庄的老百姓，四面八方人喊马叫开枪又开枪，逼得男女老少钻了地道。

3. 忘不了日本强盗万恶滔天，地道口点着草垛架着扇车扇，红火里烟吹进地道内，五十八口男女老少死得真可怜。

4. 忘不了遇难尸体拉下雨庙院，在敌人面前不屈不挠气节轩昂，诸位乡亲们不要悲观，擦干眼泪拿起武器报仇在战场。

5. 忘不了六月十五那一天，血债簿上又把血债添，七年多的仇恨

像海洋深，要把日本侵略者消灭得干干净。（发生于1944年）

晋中民歌中这样唱道：

>鬼子狠心赛钢刀，
>抓丁不知有多少。
>今天亲家去躲藏，
>明天又往外村跑。
>百姓有苦无处表，
>白天黑夜好苦恼。
>村村情报联络好，
>团结起来把家保。

此外，还有《逃难》（原平）、《日本侵略者真可恨》（兴县）、《日本鬼子不是好东西》（黎城）、《来了日本小熬焦》（武乡）、《白家山》（定襄）、《反对西峪事件》（左权）、《日本鬼子的大炮》（离石）等曲目。

反映对敌斗争的歌曲

山西省晋东南的武乡县，抗日战争期间曾是八路军总部所在地。当时在这里流传的许多民歌中，有一首《太行山展开游击战》，其（歌谱略，下同）歌词是：

1. 太行山是英雄的山，抗日的烽火遍地燃，领头人就是咱朱老总，到处展开游击战。

2. 山高林密马又壮，革命的正气冲九天，游击健儿逞英豪，八路成名天下传。

3. 游击战加运动战，打得敌人干瞪眼，夹着尾巴撤出山，根据地

十一 流传在敌后根据地的抗战歌谣

人民好喜欢。

4. 太行山是英雄的山,朱总司令领导咱,毛主席指出光明道,挥戈跃马奔向前。

武乡民歌《粉碎九路围攻》,歌词是:

1. 太行山里驻大军,鬼子眼睛红,四面九路来围攻,真真气势凶。

2. 四月十六天刚明,鬼子出了城,瞎人瞎马摸黑洞,钻进口袋中。

3. 一声打,天地初,八路军真英雄,白刀子进去红刀子出,鬼子乱了营。

4. 肉搏将近一天整,苦米地①败了阵,损兵折将二千五,溃退不消停。

5. 铜墙铁壁太行山,谁来侵略谁完蛋,九路围攻破了产,军民好喜欢。

临县民歌《打石门》,歌词是:

1. 山坡坡高来山路路弯,咱们住了几百年,喝的是山根泉中水,吃的是小米饭山药蛋。

2. 四〇年夏天世道乱,鬼子占了石门,强抓民夫修碉堡,好好的日子过不安然。

3. 百姓的军队是八路军,军队百姓是一家人,今黑夜打开石门,给咱们百姓除害根。

---

① 苦米地:日军第25旅团长。

4. 咱们把百姓组织好，铁锨、锄头、大砍刀，跟上咱队伍抬担架，家家还把开水烧。

左权民歌《华山十二烈士》，歌词是：

1. 百团大战胜利大开展，老百姓多参战，青抗先①起模范，寒王镇打一仗，杀死大汉奸。

2. 九月八日日寇到华山，基干队青抗先对敌大交战，打了多半天，敌人死一半。

3. 这场大战真打得凶，十二烈士为国而牺牲。纪念碑留芳名，烈士真光荣。

4. 十二烈士中国的好子孙，英勇精神我们要继承，宣誓杀敌人，为烈士报仇恨。

歌颂共产党和八路军的歌曲

抗战后期，各抗日根据地开展减租减息的土地改革，农民翻身得解放，他们吟唱民歌控诉地主的压迫和剥削，歌唱共产党，歌唱新社会。如晋城民歌《揭开石板看》：

> 集镇观，好地方，
> 松柏树长在石板上；
> 揭开石板看，
> 长在穷人脊梁上！

再如太行地区的《翻身谣》：

---

① 青抗先：青年抗敌先锋队。

十一 流传在敌后根据地的抗战歌谣

你不凭黄牛耕,

你不凭黑牛种,

手搭心头问一问:

你好吃好穿凭的甚?

肥酒大肉吃的谁?

三堂两屋住的谁?

只因你有些恶势力,

讹诈了多少昧心财!

爱憎分明与善良淳朴的感情,是优秀民歌富有生命力之所在,对敌人的仇恨与对党和人民军队的热爱,特别鲜明地体现在这一时期的抗日民歌中。比如沁源民歌《吃水不忘打井人》,歌词是:

1. 人民的天下人民坐,人民的国家人民管,人民有了权(咳哟哟嗦哎咳咳咳哟呀咳呀),人民有了权(咳哟哎咳)。

2. 水有源来树有根,打江山全靠咱八路军,吃水莫忘打井人,吃水莫忘打井人。

此外,还有《跟着领袖毛泽东》(沁源县)、《跟着共产党不变心》(夏县)、《饮水思源》(沁源县)、《朱总裁下白杨树》(武乡)、《贺司令员到我家》等。同样,对根据地八路军战士的赞颂在民歌中亦极多。正如左权民歌《军民一家》、武乡民歌《一家人》中:"军队打仗在前方,咱们送菜饭,军民团结好,胜利不费难","碾盘碾子一个蕊,军民鱼水不能分,一家人"。另有《拥护八路军》(左权)、《新四军》(左权)、《八路军占了狮脑山》(阳泉)、《盼八路军回家来》(武乡)、《八路军进了村》(武乡)、《军民合作打敌人》(河曲)、《慰劳八路军》(临县)、《劳军》(兴县)、《做军鞋》(襄汾)等。在根据地,八路军成了光荣、爱国、抗日的代名词,最为流行的则是《左权将军》和《槐树开花碎纷纷》。

表现人民保家卫国、参战支前的歌曲

表现人民群众保家卫国、参加八路军的民歌民谣也不少。如代县民歌《关高不遮抗日路》:

不怕山高水又深,
过了滹沱过雁门;
关高不遮抗日路,
水深难掩参军心。

忻县民歌《应征参军保国家》则以儿童的口吻表达了人民对参军者的赞颂。

还有民众心系前线战士、支援抗战的歌谣,如《爱英军鞋纳得好》:"一更里来点明灯,爱英做鞋动了工,窗外刮起西北风,忘不了前线解放军。……"民歌以五更调的形式递进地叙述事件,描绘了一幅拥军妇女爱英雪夜挑灯纳鞋的画面。

《送子弟兵上前线》(忻县)、《送郎去参军》(屯留)、《送夫参军》(兴县)、《活捉二区长》(宁武)、《开展大生产》(武乡)、《闹生产》(保德)、《生产节约》(长子)、《纺棉花》(武乡)、《白布衫衫一崭新》(保德)、《当不了英雄别上门)(武乡)等也是当时流行很广的这一主题民歌。

十一 流传在敌后根据地的抗战歌谣

反映根据地生活的歌曲

对根据地的建立与发展，以及边区人民的社会生活和生产，民歌中是反映得最为细腻的，如边区政治、建兵组织、婚姻爱情等，充分反映了边区人民生活的巨大变化。比如武乡民歌《政府组织起救国会》，歌词是：

1. "中华民国"新章程，政府组织起救国会，工救农教和青救，（哎个哟哟）还有咱们妇救会。

2. 政府组织起救国会，从此咱们有地位，大家努力搞救亡，痛打那个日本鬼。

3. 共产党保咱救国会，不要怕来不要退。有钱出钱有力出力，人人有责莫推诿（政府指抗日民主政府）。

左权民歌《村选》也是同类的歌曲，歌词是：

1. 七月过完八月到，民主开始第一炮，公民登记要清楚，村政民选要搞好。

2. 实行平等和民选，不分男女和财产，男女到了十八岁，都有选举和被选权。

3. 神经病人和汉奸，还有受过刑事犯，剥夺公民权，刑期不满，登记时候要别转（即除外的意思）。

4. 选出村民代表会，推出咱们村长来，代表咱们办好事，咱们大家喜心间。

赞美根据地人民当家做主过上幸福新生活，在民歌里也有很好的表现。如平定歌谣这样歌唱：

日头出山红艳艳，
　　晋察冀人民把身翻。
　　斗恶霸，租息减，
　　打日本，齐抗战。
　　建设民主好政权，
　　苦难日子永不返！

　　民歌采用比兴手法，以朴实的语言，表达自己翻身得解放的喜悦。盂县的《柳树开花一团金》，在老百姓中广为传唱，则反映了抗战中妇女恋爱婚姻观上的新变化：

　　柳树开花一团金，
　　寻人要寻抗日人。
　　有吃有穿真光荣，
　　每天起来打日本！

十二、晋察冀敌后根据地的抗日出版活动

在1937年七七事变不久，遵照中共中央关于挺进敌后、开展抗日游击战争的指示，八路军第115师政治委员聂荣臻率部从战地开赴山西五台山，后转冀西阜平城，创建了晋察冀边区抗日根据地。在中国共产党的领导下，根据地同时发起了对敌武装战斗和文化战斗。边区发动对敌文化战后，唤起了边区人们的民族身份认同感，边区的出版工作也在山西大地上蓬勃兴起，配合武装战斗，对全国战略反攻起到了"前沿阵地"的作用。其轰轰烈烈的出版壮举值得我们铭记。

根据地出版战线的第一声号角——《晋察冀日报》

随着晋察冀边区的建立，宣传工作也逐步开始深入。1937年12月11日，晋察冀军区政治部创办了《抗敌报》三日刊，面向全边区发行。1940年11月7日《抗敌报》更名为《晋察冀日报》，1948年6月14日《晋察冀日报》终刊。期间共出版2754期（因序号错误，多标出100期，终刊号为2854期，实际计算应为2754期）。

瓦窑村出报鼓舞人心 1938年9月，日军决心一边围攻武汉，一边进剿五台。当时报社跟军区、边区党委、政府在一起，都住在五台山，这里是敌人合围的中心。聂荣臻告诉邓拓：五台山是战场，报社可先向太行山北部山区转移。但邓拓为尽快把反围攻的消息告诉边区人民，决定在转移的同时多出几期报纸。到9月30日第三篇社论《反对麻木不仁与惊慌失措》发表时，敌人已经逼近五台山区，报纸印了一半，就不得不拆了机器从大甘河、海慧庵出发转移了。当他们转移到太行山的龙泉关时，收到了军区政治部反围攻的文告。为了把党

的声音及时告诉群众，邓拓跟侯薪商量，避开大路，钻进险峻山区的瓦窑村里出报。瓦窑村是个十几户人家的贫困山村，乡亲们非常支持他们，立即清理出几间柴房做排字房、机器房，他们借来桌子进行排版。没有汽灯，大家就在用碗做的麻油灯昏暗的灯光下拣字、排版、印刷。编辑、记者就坐在乡亲们的门槛上、小凳子上，在膝盖上写稿、编稿。乡亲们把热炕让给战士们用，可战士们看到老乡衣单被薄，于心不忍，便打了地铺。在老乡的帮助下，报社的战士们奋笔疾书，在这里出版了四期报纸，发表了《中共晋察冀区党委关于粉碎日本强盗新进攻的号召》和《晋察冀军区政治部告全边区民众书》。在反围攻中武汉失守，报社及时发表了聂荣臻的《论全国及边区抗战新形势》，发表了邓拓的《我们对于放弃武汉应有的认识》和《论民族自尊心与抗战胜利的自信心》等社论，连续报道了武汉失守的同时我军主力兵团和游击战胜利的消息，报道了人民群众拥军参战的英雄事迹，鼓舞了军民的斗志。

游击办报——滚龙沟出报粉碎日寇谣言　1941年和1943年，敌人对晋察冀抗日根据地发动了两次残酷的战争。1941年敌人动用七万兵力对边区搞了所谓的"铁壁合围"，1943年敌人的"扫荡"持续了三个月。缴获的日寇文件中说"晋察冀边区共军的存在，实为华北的心腹大患"，妄图"在击溃晋察冀边区共产军，消灭其根据地的同时，结合封锁破坏其自给自足，进而困死该地区的共产势力"，"力求捕获其党的首脑，破坏其党组织的中枢"[①]。可见，敌人"扫荡"的决心和力度之大，当然党的喉舌《晋察冀日报》也是日军妄图消灭的重点目标。

1941年9月30日，日寇开始实行所谓"铁壁合围、捕捉奇袭、纵

[①] 周明、方炎军：《烽火十年忆邓拓》，河北省新闻出版局出版史志编辑部编：《中国共产党晋察冀边区出版史资料选编》，河北人民出版社1991年版。

十二 晋察冀敌后根据地的抗日出版活动

横扫荡、梳箅扫荡",报社周围的领导机关和单位都撤走了。报社"搬家"谈何容易?为争分夺秒出报,邓拓及同仁毅然决定利用滚龙沟山高路险、沟壑纵横的地势,同当地熟悉地貌和道路的群众一起与敌人展开游击战。他们"一手拿枪保卫自己,一手拿笔坚持出报",在滚龙沟南山区的铧子尖孤军作战,与敌人周旋。报社的战士从山顶到沟底小村庄迂回突围,一旦遇到敌人迅速把机器(电台)坚壁起来分散突围。过三四天战士们陆续归队,大家把机器挖出来,又开始工作。敌人反复"梳箅扫荡",出报的机器埋下又挖出,反复七次,被称为铧子尖办报的"七进七出"。在极其残酷的四面被围情况下,英勇的报社战士在敌人的枪弹间隙穿插采访。报社特派记者、冀东军分区政治部宣传科科长雷烨在铧子尖西侧曹家庄采访时与敌人遭遇,在打完最后一颗子弹后,他拉响手榴弹与敌同归于尽……敌人两次合围滚龙沟,都没有找到报社的踪迹。从9月30日到10月31日,报纸出版了23期,从未间断过。然而就在这次"扫荡"中,敌人曾大肆造谣说:"晋察冀边区垮了!""聂荣臻跑回延安了!""《晋察冀日报》已永远和晋察冀人民绝缘了!"此时,《晋察冀日报》上发表了聂荣臻《誓死驱逐日寇出边区》的重要文章。当送报人突破封锁线将报纸送到各地的时候,群众们兴奋地说:"咱们的报来了!""聂司令员还发表文章嘛!""《晋察冀日报》还在嘛!""边区是我们的!"一篇篇"反扫荡"社论,一条条胜利消息,使敌人造的谣言不攻自破。就在这场战斗中,发行员霍进礼从铧子尖冲破敌人包围,向外背送报纸途中遭到敌人炮击,献出了年仅18岁的生命。[①]

报社能够在敌人的围攻中游刃有余地战斗和出报,与1941年秋季"反扫荡"前夕报社及时制定的《反"扫荡"工作提纲》密切相

[①] 肖白:《忆人民新闻家邓拓》,河北省新闻出版局出版史志编辑部编:《中国共产党晋察冀边区出版史资料选编》,河北人民出版社1991年版。

关，此纲领是邓拓"游击办报"思想的系统概括。提纲对本年"反扫荡"环境做了充分的分析，布置"反扫荡"前的准备工作，制定具体的游击行动方针，规划"反扫荡"后各单位的复原工作。有了充分的准备才得以游击办报，有效地击破了日寇的重重封锁，粉碎了敌人的谣言。

窝棚出报"反扫荡" 1943年秋季，敌人发动了长达三个月的"扫荡"。9月25日夜晚，报社在灵寿北营村与敌人遭遇，在战斗中邓拓的坐骑被枪击倒，被摔下马后的他立即起身站立，镇定地领着报社同志抢占山头，而后转移到四面环山的日卜村。这是个仅有三户人家的小山村。报社战士一到就自己动手，迅速搭建了好几个窝棚，邓拓当即下令出报。秋风萧瑟，就在这简陋的小窝棚里出报20期。在1943年的"扫荡"中，《晋察冀日报》在邓拓领导下，掩埋好报社胡畏、黄庆涛等七位同志的遗体，在三个月艰苦的转移中坚持出报，12月20日发表社论《庆祝反"扫荡"胜利与我们的工作》，号召边区军民振奋斗志，坚定地告诉军民一切困难与艰苦都阻止不了我们向胜利之途迈进。

真假《抗敌报》的斗争 《抗敌报》(《晋察冀日报》)只要有24小时的连续时间，就出一期报纸。这样坚持不懈的出版引起了敌人的仇恨和无比恐惧。日寇在疯狂的"扫荡"中妄图找到报社、彻底消灭报社，但次次让他们难以得逞。敌人气急败坏之下，就利用大汉奸文丐，仿照《抗敌报》的报头和编排，仿照共产党的口吻，编印了假的《抗敌报》《新抗敌报》以及《北岳导报》《建设报》《堡垒报》等，大肆进行欺骗宣传。这些假《抗敌报》在当时的敌占区北平制造出来，通过南池子的日军"牛尾特务机关"发到各地。对于假《抗敌报》，《晋察冀日报》几次发表新闻和社论加以揭露，以最快的速度分发到军民手中，使敌人的阴谋遭到失败。最终日军承认"他们的宣传与教育工作，是有着相当成就的。这和组织民众的武装，成为中共坚持存在于山间冷地的两个有利因素"①。

此时《晋察冀日报社社歌》仿佛在耳边响起：

> 太行高耸，滹沱在叫吼，
> 我们钢铁的语言，和万众的步伐合奏。
> 我们是文化劳动者的队伍，在敌人的践踏和残害里，
> 党和人民把我们培养成长壮大，
> 像海燕，像旗帜，飞翔在燕赵古都的郊原，我们永不疲倦，
> 在布尔什维克党的领导下，我们比大山还要顽强，
> 比河水更加勇敢，永远战斗在晋察冀！

根据地第一个大型新闻摄影画报——《晋察冀画报》

《晋察冀画报》②的诞生不能不归功于"人民的摄影家"沙飞。在那个战争年代，沙飞强烈地感到摄影是暴露现实的一种最有力的武器。他在《我有二只拳头就要抵抗》一诗中写道："我有二只拳头就要抵抗，不怕你有锋利的武器、凶狠与猖狂。我绝不再忍辱退让，虽然头颅已被你打伤。"③这是他用相机做武器思想的写照。沙飞向聂荣臻建议创办一种反映敌后抗战的新型画报，得到首肯之后该画报于1942年5月2日正式成立。

白求恩给予的力量 白求恩在来中国前给前妻的信中写道："我拒绝生活在一个制造屠杀和腐败的世界里而不奋起反抗，我拒绝以默认或忽视职责的方式容忍那些贪得无厌的人，向其他人发动战争。西班牙和中国都是同一战争中的一部分，我现在到中国去，因为我觉得那是需要最迫切的地方，那是我最能发挥作用的地方。"这位带有崇

---

① 《敌人口中的八路军新四军与中国共产党》，《晋察冀日报》1944年7月22日。
② 《晋察冀画报》中所述事件依据于纪录片《血色浪漫〈晋察冀画报〉抗战纪事》，中央电视台。
③ 《桂林日报》1937年1月18日。

高理想的白衣战士,一来到中国就要求到抗战第一线。1938年秋天,沙飞与白求恩在晋察冀抗日根据地相遇,沙飞意外地发现白求恩也是一位摄影爱好者,并且他还有一部加拿大新型柯达镜头莱丁娜相机。后来沙飞为白求恩拍下许多珍贵的照片。1939年11月白求恩因病菌感染不幸去世,沙飞用相机记录了这位国际共产主义战士的遗容。

白求恩从加拿大不远万里来到中国援华抗战,他曾把他在中国拍到的照片发表到国外的杂志上,引起国外许多人对中国抗战的关注。这让沙飞看到了传播的力量,也强烈地触发了沙飞想创办画报宣传抗战的想法。经过几年的艰辛筹备,在聂荣臻的支持下,《晋察冀画报》终于在抗战五周年纪念日创刊,聂司令员亲自为创刊号题字。

白求恩临终前嘱托聂荣臻把相机送给沙飞,沙飞一直把这部相机带在身边,并用这部相机记录了中国抗战的历史。

战略眼光与"摆拍"的质疑 所谓摆拍,就是摄影师根据自己的设想,创设一定的环境,设计一定的情节,让被拍摄者表演,最后由摄影师拍摄完成的过程。《晋察冀画报》中曾有几组照片被证实是摆拍而成的。虽有争议,但在当时的特殊时期,这种摆拍有其迫不得已之处,不必过多指责。

其中的一组照片为《聂荣臻与日本小姑娘》,讲述的是八路军在攻占正太路东王舍车站的时候,日本籍站长加藤慌忙中丢弃的两个幼女,被八路军战士带回。聂荣臻司令员让人找来有奶的妇女进行喂养。之后欲派人将她们送回敌方,并亲笔致函其亲属嘱咐抚育。就在聂荣臻派人送走小姑娘的时候,恰好被去晋察冀军区的沙飞撞到。当沙飞得知这一详情后,他立即拦下来要进行拍照,因为他意识到这是一件重大的历史事件,是一个重要题材。沙飞随即进行布置,一连拍下几张她们在八路军部队中的真实生活。虽然事情已经发生,并非连续性的跟拍,但是沙飞的摄影思想让他深知必须用相机记录历史,用"史实面对日本侵略者"的战略眼光促使他不再吝惜珍贵的底片,连拍几张向世界昭示中国军人的崇高心灵。

另一组照片为《八路军挺进长城》,这是沙飞特意让八路军杨成武的部队从长城脚下登上长城之后拍的一组照片。他把长城与中国军队组合在一起,具有很强的象征意义。两千多年的古长城巍然屹立,中国军队的战士高高地站立在长城上,那种保家卫国的奋战激情无不油然而生。长城不语,托举着中国军民奋发前进;军人高呼,发出誓死卫国的呐喊!这是沙飞"武器论"思想的体现,他赋予照片神圣的使命感。

《毛泽东选集》的出版

毛泽东思想初传播 1938年毛泽东的《论持久战》发表后,邓拓把文章拿给报社同志们传看并称赞说:"写得太精辟了!实际、雄辩、逻辑性很强,通篇充满了辩证法,是指导抗日战争的理论武器。要让边区的干部和人民很快都能读到。我们的报社,不但要出报,还要出书,还要办成出版社。抗战一周年就要到了,我们就用'七七出版社'的名义先印这本书。"这样,《论持久战》成为邓拓积极宣传毛泽东思想的第一本书。从此以后,凡是毛泽东有新作问世,报纸发表后都会印成单行本出版,这成为报社一个不成文的制度,也成为晋察冀革命根据地图书出版的一大特色。

1940年2月,毛泽东的《新民主主义论》发表了。最初看到的《新民主主义论》全文,是毛泽东修改过的复写稿。封面上有毛泽东亲笔批的一句话:"送晋西北转送五台山彭真同志指正。"彭真收读后交给邓拓,要求立即排印出版。

《论持久战》和《新民主主义论》这两本书后来多次再版,被大量印发到边区各地。为发行方便,还印刷了一种线装毛边纸本,把《论持久战》伪装为《文史通义》(上海广益书局印行),把《新民主主义论》伪装成《大乘起信论》(北平佛教总会印),还用《妇女问题》《红楼梦》《水浒传》等伪装的书名,经过刘仁领导的城工部发行到北平、天津、保定、石家庄、大同、太原等地，经过韩光领导的东北工委，发行到沈阳、大连等地，在敌占区散布了革命的火种。①

克服困难出版《毛泽东选集》 1944年年初，中共中央晋察冀分局为了系统地宣传毛泽东思想，决定出版《毛泽东选集》。分局领导聂荣臻、程子华、刘澜涛将这项任务委托给邓拓。

《毛泽东选集》全书共800多页，约计50余万字，选收了29篇文章，主要是从抗日战争开始到1944年6月间的论著。《晋察冀日报》报社分两种版本印制，一种是用凸版纸印刷，分卷出锁线平装本；一种是五卷合订本布面烫金字精装本。

出版《毛泽东选集》时，正值1943年秋冬三个月的大"扫荡"之后，物质条件极其困难。印刷精装书，一没有材料，二没有工具，三没有技术。纸张缺乏，邓拓组织大家自力更生，办起了手工造纸厂，用稻草和麻绳造纸，印报纸和普通书用这种粗糙发黄的土造纸，省下白纸印刷《毛泽东选集》，还专门派出采购人员深入敌占区通过一些关系买来一部分较好的凸版纸。裁刀没有机器刀，就用切纸手刀裁。两部八叶机，完全靠人力手摇大轮，工人们在三伏天赤背短裤，汗流浃背。当时有一位老工人崔振南搞过精装，大家跟着他大搞技术练兵，最终克服了技术上的困难。糊壳用的纸板是自己造的草板纸裱起来的，没有油漆布就到敌占区买红蓝绸子做封面，烫金字没有金片就用铜沫代替，由《晋察冀画报》报社制毛泽东像的铜版，用手搬机代替烫金机，在手搬机下面生木炭火，把转盘烤热，这样就烫出了金光闪闪的《毛泽东选集》精装合订本了。②

---

① 周明、方炎军：《烽火十年忆邓拓》，河北省新闻出版局出版史志编辑部编：《中国共产党晋察冀边区出版史资料选编》，河北人民出版社1991年版。

② 贾呈祥：《〈晋察冀日报〉回忆片段》，河北省新闻出版局出版史志编辑部编：《中国共产党晋察冀边区出版史资料选编》，河北人民出版社1991年版；齐峰、李雪枫：《山西革命根据地出版史》，山西教育出版社2010年版。

《毛泽东选集》出版于党的"七大"之前，是我国革命出版史上第一部毛泽东同志的选集，虽然它同后来出版的《毛泽东选集》相比较，内容没有那么完备，印刷也并非那么精美，但是它具有开创之功，为传播毛泽东思想做出了贡献。

十三、晋绥抗日根据地的报刊出版斗争

晋绥抗日根据地是抗战时期由中国共产党领导的八路军、山西新军在敌后建立的主要抗日根据地之一，由晋西北、晋西南和大青山三个抗日根据地组成，面临黄河，与陕甘宁边区隔河相望，是保卫中共中央所在地延安的前沿阵地。

晋绥革命根据地所辖的晋西北与绥远南部地区大部分是偏僻的山区，文化比较落后，抗战前山西、绥远两省出版的报纸期刊等都集中在大城市。然而随着根据地的建设，报纸期刊等的出版出现了繁荣的景象，这些出版物就像根据地军民心中飘扬的旗帜，起到了引领民众、宣传抗战和鼓舞人心的重要作用。

晋绥革命根据地最早出现的出版物——《战斗报》

1935年元旦，红军第二方面军在长征途中创办了《战斗报》。这份军报先后成为第120师、晋绥军区、西北军区的机关报。《战斗报》时而铅印，时而油印；时而4开4版，时而8开2版。就在这份小型报纸上，通讯、消息、评论、漫画一样不少，编辑、出版、发行一样不差。报社里人人都是多面手，出报时他们是细致的文化人，打仗时他们是勇猛的神枪手。报社的编辑兼记者丁基就是这样一位多面手。

1941年8月，丁基赴晋西北东线战场进行采访，一边与战士拿枪战斗，一边在脑海里写就战况。等战斗结束，立即赶写出稿件并带回去发稿。1944年9月15日，丁基被派往太原外围八分区采访，途经方山县，正逢我军发动赤尖岭诱敌伏击战。他毫不犹豫地拿起步枪、手榴弹参加到战斗中，随突击队冲杀在最前面，把击溃的敌人一直追赶到日军据点的"门口"——赤尖岭的村边上。战斗一结束,他马上到连队搜集材料,连夜写成《在敌人门口打击敌人》。第二天早晨,他带着连夜赶写的《在敌人门口打击敌人》的通讯,又加入了开府山上的伏击战。下午在转移阵地中,他看见一个战士背不动地雷,就接过来背上,因此落在了部队的后面,不幸遭敌射击中弹牺牲,年仅27岁。《战斗报》、延安《解放日报》发表了他的这篇遗作,并加了编者按语,对他的牺牲致以深切的哀悼。

正是在这样一群人的努力下,《战斗报》不间断地宣传党的方针政策,报道我军胜利的消息,不遗余力地教育战士爱祖国、爱人民、爱部队,帮助解答指战员提出的意见和问题,满腔热情地活跃部队文化生活,成为战士们的良师益友。然而,也正是这样蒸蒸日上的热情引得日寇眼热,侵略者曾几次高价购买《战斗报》,企图从中搜集我军情报,以窥测我军的动向。

民众最喜欢看的《晋绥大众报》

《晋绥大众报》的前身是《晋西大众报》,由吕梁文化教育出版社主办,于1940年10月26日在中共晋西区委所在地山西兴县创办。报头由晋西北行署主任续范亭题写。1945年6月5日第245期开始改称《晋绥大众报》。

1200个常用字出报 抗战时期,晋西地区农业落后,人们普遍文化水平低,文盲占大多数。报刊创刊之时区委就制定了办报方针:力求通俗化、大众化、地方化,适合农民读者的口味,文字尽量口语化,文章风格应短小活泼。《晋西大众报》编辑人员根据这一要求,把读者对象定位于识字800个左右的基层干部和农民,并在农村发展通讯员,保证大部分稿源来自于生产第一线;同时报纸上的用字一般不超出1200个常用字范围,多运用群众熟悉的词汇,使每一篇稿件都能适合群众的理解能力和欣赏习惯,力求做到既通俗易懂又生动活泼。

1200个常用字写出要闻与社论，1200个字报道天下事，1200个字普及农业知识，1200字为民众答疑解惑……主编王修在发刊词编写的72行快板文中写道："咱们这个大众报，个头虽小有材料。全国事，按天报，天下各省说得到。大伙儿，帮忙搞，慢慢就能办得好。别看小报不起眼，神灵原不怕庙小。"快板形象地概括了报纸的内容，也让我们深刻地感到办报人的用心良苦。①

吕梁英雄活跃在《晋绥大众报》 1944年12月底，晋绥革命根据地召开第四届群英大会，七百多名根据地的英雄出席了大会。大会过后，《晋绥大众报》要介绍民兵英雄们对敌斗争的事迹，但因为篇幅有限，七百多名英雄们的战功，无法一一介绍。于是《晋绥大众报》编委会决定由马烽、西戎将所有的英雄事迹整理挑选，用通俗的章回体小说形式来反映晋绥区的抗战英雄和模范，按章在报纸上发表。从1945年6月5日起，到1946年11月20日止，共连载95回，取名《吕梁英雄传》。

《吕梁英雄传》讲述了吕梁山中康家寨的村民在共产党的领导下，奋起反抗日寇的烧杀抢掠，成立了以雷石柱、康明理、孟二愣等人为骨干的民兵组织，同日本鬼子和伪军进行殊死搏斗的故事。民兵们不仅打击日本鬼子，还同村里的土豪劣绅、汉奸走狗做斗争。他们拿起大刀、火枪进行战斗，还制造了"石雷"、手榴弹等各种武器打击敌人，粉碎了敌人的"三光政策""蚕食政策"等各种各样的阴谋，最终赶走了日寇，揪出了汉奸，取得了最后的胜利。这是吕梁山区敌后抗日军民英勇斗争事迹的真实反映，对中国革命的伟大历程做了"一枝一节"的形象化记录，有力地证明了人民群众是抗战胜利的根本力量。

英雄重新活跃在报纸上，这在当时晋绥革命根据地可谓家喻户晓，《晋绥大众报》几乎天天都被抢购一空。《晋绥大众报》既推动了

---

① 齐峰、李雪枫：《山西革命根据地出版史》，山西教育出版社2010年版。

十三 晋绥抗日根据地的报刊出版斗争

晋绥革命根据地的革命斗争，又在战斗中提高了人民的思想和文化水平，真正成为人民群众喜闻乐见的出版物。

战火中诞生的《抗战日报》

1940年，抗日战争进入战略相持阶段，日本侵略者对晋西北敌后抗日根据地发动了大规模的"扫荡"，妄图摧毁根据地的抗日武装。与此同时，国民党反动派掀起了反共高潮，在山西制造了震惊中外的"晋西事变"。为了粉碎敌人的阴谋，确保抗日根据地的安全，争取一切抗日的力量，中共建立了晋西北革命根据地。同时为了扩大宣传，抽调了《五日时事》和《新西北报》的一部分工作人员，创办了新的铅印报纸——《抗战日报》。

《抗战日报》1943年后更名为《晋绥日报》，报社驻扎在黄河西岸的陕北神府县杨家沟村，整风之后搬到黄河东岸的山西省兴县高家村，一直到1949年报纸停刊。

一首小诗就是一面引人前行的旗帜 翻开昔日的《抗战日报》，映入眼帘的是犹如阡陌纵横的田园，每一块内容都短小而精悍。这是由当时急剧、迅速的战争历史决定的。一方面社会现实的演变供给了记者、作家们以异常丰富的材料，一方面战争的突变又不会给他们充足的时间去综合和概括那些复杂又丰富的材料，他们常常一手拿笔，一手还要拿枪战斗。因而报纸只能采用速写、报告、通讯之类来把握巨变的现实片断。然而当我们读到一首首诗歌时，无不与当时的人们一样被迅疾唤醒抗争的力量……

《葬》
非垢

他一锹一锹地挖着那坚硬的土地，

冷风在树上悲吟，从沉重的冰块底下，河水悄悄地流去。

在这一小块土地上，他辛苦了快一辈子，青春、浑身的精力，通通埋进了泥土，他的腰弯了，他的两眼昏花。

可是，别问那收成，多半是别人的，少半留给自己！

现在，他不是在春耕，离春耕的日子还隔一个冬天；也不是挖掘秋天的收成，收成的东西已经快吃完。

他要埋葬儿子的骸骨。

儿子，八路军一个机枪射手。春天，敌人"扫荡"的时候，牺牲在宁武山。

他的同志将他埋在山下，队伍守护着那里的土地。老汉见了团长，又把儿子的骸骨重新挖起，装在牛毛的口袋里，背回自己的家。

人死了，要和祖先埋到一起。

孤独的鹰，在冻结的大气里，奋力鼓着翅膀。

风在野地里吼叫！

他停住了，他的两臂冻僵，他的浑身抖颤。

土地不像在春天往外翻花，却固执地紧绷着脸。

一颗年老的泪珠滴下了，好孩子，闭上眼睛。

我老了，还有你那些同志！

（摘自《抗战日报》第148号）

　　一首哀婉而有力的诗歌，为我们讲述了一个悲壮的故事，为我们展现出一位悲痛而愤怒的老父亲。孤独展翅的雄鹰在"振臂高飞"，吼叫的狂风在"怒吼"，坚实的大地多么不想埋葬亲爱的战士……老父亲的一句话"我老了，还有你那些同志！"谁不会愤怒！谁又不抗争！

十三　晋绥抗日根据地的报刊出版斗争

罪恶的火

罗梦

……

如今，你在闪耀着，

在广阔的夜空上，划出罪恶的符号，扯起痛苦的暗影。

眼泪在中国人脸上垂着，

但他们是无声地，无声地握紧了拳头。

"烧吧，"他们狠狠地说，"烧吧，我记着的！"

于是他们走开了，响着沉重的脚步。

新的村庄在废墟上建筑起来，

也建筑起了新的仇恨！

中国人学会了一百次去建筑自己的房屋，

也准备了你罪恶的火的一百次光临。

你烧毁了他们的房屋，

也烧着了他们复仇的烈焰。

中国人的拳头举起来了！

要复仇！

要为保卫家乡而战！

（摘自《抗战日报》第 166 号）

这就是《抗战日报》给予人们的力量！

1941 年 9 月 18 日，《抗战日报》创刊一周年之际，贺龙司令员在《强有力的武器》一文中这样称赞《抗战日报》："有了《抗战日报》，我们觉得，我们的阵容更严整了，我们的力量更雄厚了，我们的精神更焕发了，我们愈加成为不可战胜的了。一个强有力的报纸是与一支强有力的武装同等重要的，这一点都不差。我们多了一个《抗战日报》，就是增加了一种新的装备，使我们能够有效地打击敌人，保卫晋西北抗日根据地。"

木刻是《抗战日报》宣传的有力武器 当时的印刷条件很简陋，只有两部对开的平版机和两部很原始的石印机，一个造纸厂和一个油墨厂。由于根据地没有制版设备，报纸上所需要的刊头、美术标题字、漫画、插图、连环画、地图和人像，以及领导同志的题字等，全是由美术工作者按照版面大小用木刻来刻制，因此敌后抗日根据地报纸的美术工作者以及其他部门的美术工作者，都是木刻工作者。由鲁迅先生倡导的新兴木刻运动，在敌后抗日根据地有了蓬勃的发展，成为党进行宣传教育的有力武器。

根据地差不多每年都要召开劳动模范大会、战斗英雄大会，由于没有制版设备，报纸发表他们的照片是不可能的。从评选劳模到出报的时间又很短，采用照相缩小再刻出来的办法，显然赶不上出报时间。在这种情况下，如果强调工作条件、不用劳模头像，也是无可非议的；但是在强烈的革命责任感和英雄模范事迹的鼓舞下，李少言、黄再刊、黄薇、杨静轩、赵力克、刘正挺、陈岳峰和苏光等美术科的同志总想使报纸的版面生动活泼，让根据地的广大人民能在报纸上见到英雄模范的具体形象。于是，他们准备了许多小块梨木，装在衣服口袋里，到会场上，一面开会，一面把他们的头像直接画在木头上，夜以继日地刻出来，配合新闻一起发表。

廖井丹同志很注重美化报纸版面的工作，他见到延安的《解放日报》采用了美术标题字，他也想用。问了《解放日报》报社，他们没有这种字模，是自己刻的。廖井丹同志便同李少言商量，能不能也自己刻，李少言同刘正挺同志都会刻图章，他们想，人家能做到的事，他们为什么不能做到，就答应试试看。可是每天报纸上的头号、二号、三号标题字都由他们两人去刻，这工作量太大了，只要一开头，就不

十三 晋绥抗日根据地的报刊出版斗争

能间断呀。但他们还是下决心要完成这项艰巨的任务。于是,他们就请印刷厂的木工给他们推了三箱头号、二号、三号字大小的木头字丁,又准备了三个厚厚的本子,按字典的形式把每天刻好的字留下底样。每天晚上等到编辑部把版面画好了,确定了标题,标明几号字,送来美术科,李少言和刘正挺同志便在麻油灯下连夜刻出字来送工厂。以后凡是刻过的字,就不再刻了。工厂排字房也准备了几个字架,把用过的美术字归到字架上。这样一月两月、一年两年,他们字样本上的字越来越多,需要新刻的字就越来越少了。这段时间里李少言也曾想过,一个美术工作者,把许多的时间都花在刻字上,太可惜了,但转念一想,这也是革命工作,又安心地刻下去。有一天深夜,总编辑常芝青同志到他们住的窑洞里来,看到李少言和刘正挺同志正在麻油灯下刻标题字,他说:"你们不能长期地刻字,要印刷厂的刻字股派个刻字工人来,教他刻,让他们去完成这个任务,你们腾出时间搞创作。"李少言等人深受感动,立即照样办了,不过这时工厂字架上的常用字也已经快刻完了。

第二次世界大战同盟国开始反攻时,我国敌后战场上也进入反攻阶段,这时国际国内各个战场上捷报频传,非常鼓舞人心。每个读者看了胜利消息都想查看地图,了解胜利进军的大好形势。但是根据地的干部和群众是不容易找到世界地图的,报纸上就更需要配合战报登地图。这项工作义不容辞地要由报社美术工作者来承担。

他们每天到编辑部看新华社的电讯稿,开始时仍按照版面所需大小刻,地图连同地图中的文字全部用梨木刻出,这比刻美术标题字麻烦得多,用的时间相应也要长一些。往往工厂要付印了,还等他们的地图,影响了出报时间。后来他们便在木头上只刻地图不刻字,地图上的字全部用五号铅字嵌进去。他们自己还做了套嵌铅字的工具,如小型的钻子、锉子等,这样就大大缩短了刻地图的时间,有时一天要用二至三幅地图,也不影响出报。到1949年《晋绥日报》停刊,李少言和刘正挺同志把整个欧亚战场上的地图都刻完了,合起来几乎是一整个世界地图。①

---

① 山西日报新闻研究所编:《战斗的号角——从〈抗战日报〉到〈晋绥日报〉的回忆》,山西人民出版社1985年版,第79~83页。

十四、太行敌后根据地的报刊出版工作

1937年卢沟桥事变爆发后,中共中央军委根据国共谈判的协议和洛川会议的决定,命令中国工农红军主力改编为国民革命军第八路军,并设总指挥部,朱德为总指挥,下辖3个师:第115师、第120师、第129师。11月中旬,由刘伯承、徐向前、邓小平领导的八路军第129师主力挺进到晋东南,开辟以太行山为依托的晋冀豫敌后抗日根据地。

1938年春,一批文化教育工作者在八路军总部进入太行山后也先后进入山中,太行根据地成为华北敌后文化人荟萃的地区,大大地推动了文化工作的发展。在太行根据地,为了及时把党的路线、方针、政策传达到各级党组织以指导各地党的工作,为了发动群众,揭露日本侵略者的罪行,反映我军的胜利,以及了解国际形势,先后创立了多个新闻报刊。

预示胜利的《胜利报》

1938年5月1日创办的《胜利报》是我党在太行山革命根据地创办的最早的报纸之一。该报是中共晋冀特委的机关报,报头由朱德同志题写。1939年9月20日中共晋冀豫区党委做出决定,将《胜利报》改为区党委机关报。1941年7月7日,区党委决定将《胜利报》改名为《晋冀豫日报》。同年12月底,《晋冀豫日报》因和华北《新华日报》合并而终刊。

战火中"搬家" 日寇实行军事割据,频繁"扫荡",报社没有固定的地址,经常搬家转移。《胜利报》于1938年5月在和顺园街村创刊，因离城很近，敌人飞机经常来轰炸，8月报社迁到和顺蔡家庄、西仁，后来又搬到城西南前后南峪村。1939年年初敌人六路进攻太行抗日根据地，和顺县城被敌人占领，报社随着中共晋冀特委和八路军秦赖独立支队迁移到和西与辽西一带，住在曹家寨、狮岩、东西长义、三给、西河头等村。1939年四五月间又因榆武战斗北上和西，住在麻地湾、城南、仪城、石拐、西阳、拐子等村。和西属于太行二分区，地处正太铁路和同蒲铁路交叉的东南侧，是敌人"扫荡"最频繁的地区，所以在同年六七月间报社又南下到榆社县岚峪、火烧庄。九十月间报社又从岚峪搬家到辽东黄漳、高家井，和区党委住在一起。1940年年初，报社又搬到辽县麻田沟里前后柴城，三四月间又转移到黎城县东西黄须，五六月又搬到涉县东辽城和黎城县石壁村。同年八九月间又搬到涉县下温村和长乐村，和区党委住在一起。这是三年又七个月的办报历程中的最后一个驻地。①

鲁兮的两首词②记录下《胜利报》在战火中迁徙的开端与结束时的状况。《园街》是这样描述《胜利报》办报过程的："园街办报，胜利千家晓。烽火摇篮霜雪操，莫道寒风料峭。素餐小米丹青，油灯伴月天明。铁笔生花溢彩，薪传火种成城。"《温村》写了诗人对办报生活的怀念之情："硝烟路上几回转，难忘温村。难忘温村，胜利终刊誉入云。当年风物话难尽，怀旧思今。怀旧思今，笔下深情寄报人。"

相对于报社搬家，印刷厂搬家可谓艰难。工厂机器笨重，转移不方便，为了不被敌人破坏，工厂驻地大多时候与报社是分开的。在报社不断转移中，印刷厂常住在靠山的窝铺小庄。百团大战之后，日寇回师华北，开始了爆发性的军事"扫荡"，印刷厂不得不搬家转移。

---

① 鲁兮：《我的第一个工作单位——回忆〈胜利报〉与〈晋冀豫日报〉》，《太行山上抗日烽火中的〈胜利报〉》，山西省新闻工作者协会、太行新闻史学会编印，1985年。

② 鲁兮：《忆当年》，《太行山上抗日烽火中的〈胜利报〉》，山西省新闻工作者协会、太行新闻史学会编印，1985年。

有一次，为防止敌人突然袭击，印刷厂决定在夜间转移。在夜深人静的山沟里，同志们全力以赴，扛起七八十斤重的机器，抬着一百三十多磅的"印石"和其他物资，翻过南山，越过两道陡峭的山梁，冒着刺骨的寒风，个个汗流浃背，经过一个半小时近十里的紧张行军，顺利到达东涧村时已是三更时分。老乡给了一些柿糠炒面，自己又熬了一锅稀粥，大家饱餐了一顿。休息片刻，就着手安装机器继续印转移前未印完的报纸。战士们一边印刷，一边寻找藏机器的地方。经过两天两夜的努力，终于印完了。由交通员老魏用扁担将报纸挑走后，他们快速拆机转运。走到山间小庙，便将机器藏在神像台供桌下一个很深的自然洞里。确认无痕迹后，劳累了几昼夜的同志们才回村休息。但此时敌人已在离他们不到五里路的辽城了。为了使人的活动地方与机器物资隐藏的地方分开，决定第二次转移。当他们准备向北梯口出发时，25人的队伍就已经被山梁上的敌人发现，日寇猛烈地向他们开火，他们侧身卧倒，子弹不停地落在他们身旁的水坑里。战士们凭着悬崖绝壁，爬卧在凹深处，脊背上的行李也帮了忙。敌人想下来又跳不下来，只是疯狂地扫射，半小时后无可奈何地退去。战士们虽然躲过了敌人的枪弹，但灌木丛中的皂角荆棘刺破了他们的皮肤。当敌人在午后站满山头时，战士们早已隐藏得无影无踪。就这样，大家爬陡峭的山崖、跳石阶、钻荆棘，与敌人周旋了二十余天。①

想办法解决石印问题　1939年冬天，八路军总部向各地党委下达了一项命令，凡有石印机和印刷工人的单位，连机带人一律调到"冀南人民银行"赶印冀南币。《胜利报》这时不得不改成油印。

1940年年初，为了恢复石印报纸，报社从缴获敌人的物资中找到

---

① 李志：《〈胜利报〉印刷厂的艰苦岁月》，《太行山上抗日烽火中的〈胜利报〉》，山西省新闻工作者协会、太行新闻史学会编印，第85页。

了一架早已残废不堪的旧石印机架,通过专署机械修理所协助翻砂加工修理,总算把石印机架修好。有了石印机,没有印石照样开不了张。就在这时,大家想起"空室清野"时曾储存过一块早已报废的薄石头。此时邢台县又支援了报社一块石印石头,体积略大但同样是薄的。大家伙急中生智,想把两块石头连在一起用。他们先将两块石头一反一正在阳光下暴晒,再用黄蜡和松香混合起来加热(黄蜡是松香的两倍多),等到熬的黏稠度差不多时,倾倒在一块石头上面,然后把另一块印石的背面放落,用麻绳四面捆紧,经过两三天的冷却,二合一的石印黏结在一起了。经过反复上版试印,终于成功了![1]

战地记者陈宗平英勇就义 报社人员既是一支新闻队伍,又是一支武装队伍。在"反扫荡"时,报社除了一小部分人员随机关转移、出《战时报》和《战斗捷报》外,大部分人员要化整为零,分编为战斗小组到游击区和敌占区做采访、做群众工作。1941年3月,《胜利报》青年记者陈宗平和《新华日报》记者一起到冀西游击区采访。3月21日他们的工作告一段落,准备第二天到敌占区赞皇县野草湾采访,临行前陈宗平给后方的朋友写了一封信,信中写道:"我正打开一层层的难关,突入了斗争的核心。笔尖下不断地流着墨水,流出连我也惊奇的故事……"

赞皇第七区是敌我斗争最残酷的地区,野草湾的集市上上演着敌我封锁与反封锁的经济战,陈宗平为了到22日的集市上采访,连夜出发,不幸当天上午遇到日伪向野草湾突袭的便衣队。陈宗平被包围了,敌人威逼着让他到城里,他愤怒地回答:"砍头也不去!"敌人的粗绳子深深地陷进了他的肉里,可是捆不住他的怒吼。他从前怎么讲现在就怎么做了,他曾经讲过:"假如被敌人捉住,正是一个最好的考

---

[1] 李志:《〈胜利报〉印刷厂的艰苦岁月》,《太行山上抗日烽火中的〈胜利报〉》,山西省新闻工作者协会、太行新闻史学会编印,第84页。

十四 太行敌后根据地的报刊出版工作

验,我誓死不向东走一步!"他被俘后躺在地上,最后敌人拖了他半里路,敌人把他的头垫在石头上,用乱刀残忍地把他砍死了。[①]

《胜利报》直击大汉奸汪精卫 1939年12月30日,大汉奸汪精卫和日本帝国主义缔结了卖国密约,在历史上被称为"日汪密约","密约"内容为割让中国东北给日本,将蒙疆、华北、长江下游和华南岛屿定为"日支强度结合地带",由日军长期占领。这一卖国密约签订后,1940年4月9日《胜利报》立即刊登哑非写的一篇文章:"要出卖华北了,这是一件大事,就是要把全华北出卖给敌人,叫我们当亡国奴。这个事件,我们华北人民如果还想活下去,就要起来反对!反对!谁出卖呢?就是汉奸汪精卫和他的徒子徒孙狐群狗党,就是明的汪精卫和暗的汪精卫……"这样简练的文字,这么犀利的语言,直击大汉奸汪精卫!

1940年4月15日,《胜利报》刊出了该报记者采访第129师政委邓小平的文章《反对出卖华北》,邓小平同志在文中解答了记者提出的四个问题,揭露了汪精卫的卖国行径,并对当时的宣传工作做了指示。

华北抗战的向导——《新华日报》

《新华日报》(华北版)[②]是中共中央北方局的机关报,也是党在敌后区域创办的第一张铅印的大型日报,1939年1月1日在山西沁县后沟村创刊。中共中央北方局书记杨尚昆曾高度赞扬:"《新华日报》(华北版)的努力,替我们新闻史上写下了光辉的一页,开辟了敌后新闻事业的新纪录。"

堪称"华北抗战的向导""华北敌后各党报的一面大旗"的《新华

[①] 穆欣:《何云等同志壮烈牺牲的经过》,《太行魂》(上),三晋出版社2010年版。
[②] 本节关于《新华日报》的历史史料部分摘引自陈浚:《新华日报华北版——敌后办报的光辉历程》,三晋出版社2010年版,第200页。

日报》（华北版）的创刊，开创了太行区乃至整个华北地区新闻报纸宣传的新阶段。

艰苦奋斗　自力更生

　　根据地在日寇的重重封锁下，物资万分紧张。为搞到一点油墨纸张，同志们将银洋焊在油筒底儿上，派人化装成卖油郎，巧妙穿过几十道封锁线到敌占区去购置印刷器材。更艰苦的时候，没有纸，收集破布、烂鞋、麻头，用大锅煮成浆，用小毛驴推磨碾纸浆制成麻纸。没有油墨，从山上砍来松枝，烧出油墨。没有铸铅字的铜模，铅字经不起磨损，不过两个月，笔画逐渐模糊，成了黑点，报纸几乎难以印出。社长兼总编辑何云鼓励大家想办法，最终大家伙创造出土法浇铸"半铅模"的方法，成功解决了铅字更新的难题。缺少电讯设备器材，就自造土电池，自制线圈，自装收发报机。

　　印刷厂的铅字和铜模不配套，标题字更少，拣字工人天天写下来的缺字成了串。刻字老工人宋亮珍，上了班就停不住手，把大大小小的铅胚刻成一个个急需的字，报纸不付印，他就不肯离去。别人劝他去休息，他总是那句话："万一缺个字，我在这里不是能快些吗？"没有各种型号的大标题字，他就用手把这些字刻在长长短短的木条上，就成了各种字体的醒目大标题，既解决了困难又美化了版面。

　　印报的胶辊，买不到好胶，只能用土胶代替，可是印不了多久就掉落胶块，又容易粘上灰尘。在王显周同志的指导下，经过多次试验，找到了掺红糖熬胶的窍门，一个胶辊印一段时间就替换下来用热水擦洗，几个胶辊轮番使用。为了保持胶的一定温度就将其存放在地窖里，随用随取，这个土办法一直沿用到1949年。

　　就这样，何云发动大家因陋就简，土法上马，解决了办报中的一个又一个困难。1941年初冬，日寇大举向八路军华北敌后规模最大的兵工基地黄崖洞发起进攻，报社奉命埋藏机器、坚壁资财，背起"报馆"打游击。尽管炮火连天,但这份日刊两万多字的报纸,在同志们艰苦奋斗、自力更生的努力下,一直坚持出版,以铁的事实粉碎了敌寇汉奸的宣传攻势。

七十多位战士为《新华日报》保驾护航 第18集团军总部对《新华日报》报社平时的安全非常重视,先后派了两个排来担任警卫,七十多位战士日日夜夜守卫着印刷厂。行军转移时,尖兵、后卫都由他们担任。这些战士非常注意报社的保密工作,路上掉个铅字,或是风刮走了的废纸残报都要捡回来或销毁。在建造后庄纸厂时,他们开山取石、开荒种菜是先锋;向高山峻岭搬运机器物资时,他们又是运输队,全副武装,还要抬机器,扛铅字箱,上上下下,从来没有一个人叫苦。

新华壮士喋血太行,忠骨埋青山 从1941年11月到1942年6月半年多的时间里,晋冀鲁豫根据地的太行山区,连续遭到敌人三次大"扫荡"。1942年5月19日起,三万多敌军开始"扫荡"太行山北侧,此次"扫荡"的目标就是八路军总部和《新华日报》华北分馆。报社全体同志坚持在驻地辽县山庄出报,直至敌人逼近驻地不到5公里,才在24日拂晓3时向东山转移,且与总部失去了联络,也无法判断敌情。中午时分到达南小寺后,卸下"流动工厂",准备排印16开四个版的《战时报》。此时枪声骤起,赶忙收起摊子,将"流动工厂"的机器就地掩埋,大队分散隐蔽于附近山上。25日我军一部与敌人激战于十字岭,敌机多架轮番轰炸,直至黄昏。

26日报社战士突围至馆陶山沟,而山口已被敌军占领,情急之下队员们化整为零分头突围,何云率12人携收报机1架追寻总部,随时争取出油印《战时报》。陈克寒率领10余记者随部队向太南转移。编委会秘书史纪言率领60余人折回原来方向打游击。一版和四版编辑魏克明、陈浚等5人就地隐蔽。从此各队彼此互相隔绝。

报社大队除向南突围的同志脱险外,编辑部、工厂、经理部和书店的五百多人都落入了敌人的包围圈内。战士们在敌人反复搜山的险境中集合了被冲散，冲散了又集合，半个月里辗转在以庄子岭为中心的崇山峻岭之间。大多数战士三五天吃不到一顿饭，喝不到一点水。有些战士口干唇裂，舌头粘在嘴里，连话都说不出。有的战士用手接尿解渴，可是后来连尿也没了。有几个同志在暮色中与敌人相遇，急中生智，脱下布鞋，向敌人投掷，敌人以为是手榴弹，慌忙卧倒，战士们就在刹那间转身钻入灌木荆棘丛中。印刷厂厂长周永生怀揣手榴弹，决心在敌人扑过来时与敌人同归于尽。史纪言与敌人遭遇，被击中大腿，而且被伪军踢落到田坎。经理部王友唐中弹后又挨了两刺刀，敌人以为他死了，掉头而去。电务科王默磬负伤后咬破舌头，喷血满面，敌人以为弹从口出，踹了两脚走开，得以幸存下来。警卫员王宝林，一手五指被敌人机枪一梭子扫光，十几岁的勤务员杨福兴被子弹击穿肺部，两人互相救助，相约"只要死不了，就要和鬼子拼到底"。模范饲养员白春云为保护牲口和物资，被敌人捉住残酷杀害。经理部杨叙被俘后拒绝投降，慷慨就义。经理部总会计黄君珏、15岁刚过的电译员王健和医生韩瑞三位女同志，躲在悬岩间一石洞里，被敌人发现。当敌人扑向洞口时黄君珏用手枪抗击，敌兵不敢接近，退到洞顶喊话劝降，她们拒不出洞。敌人从洞顶吊下柴火猛烧她们。黄君珏猛然一跃出洞，纵身跳下百丈深渊，而此时黄君珏身受重伤的丈夫王默磬正隐藏在对面山谷的山洞里。王健、韩瑞亦宁死不屈，葬身火窟之中。医生阎兆汶不顾个人安危，白天冒险救治隐藏的伤员，路遇一股佯退的敌人，惨遭杀害。

在这次被围中，何云带领的小分队接连三次突围未果，战士们连日水米未进，又无片刻休息，终致不能再做剧烈的活动。5月28日黎明，在敌人搜山之际，在辽县东南小羊角附近被敌人发现。敌人从山上射下一颗子弹打中了何云的背部，他昏倒下去。敌人退后相随人员把他救醒过来，他说："我的伤不很严重，快去救治倒在那边的

十四 太行敌后根据地的报刊出版工作

同志们!"但当战士救治完别的伤员时,他已经流尽了最后一滴血。战士们看着停止呼吸的何云同志又想起他曾经说的那句话:"不要把子弹打光了,留下最后两颗,一颗打我,一颗打你自己,我们不能当俘虏!"

46位报社战士牺牲了,永远留在了太行山上。

"扫荡"结束后,被打散的同志们自发集合起来,报馆陆续搬迁到熟峪村。敌人对外宣称《新华日报》(华北版)已全部铲平",而1942年7月21日,铅印的《新华日报》(华北版)又与太行区广大军民见面了。①

---

① 陈浚:《新华日报华北版——敌后办报的光辉历程》,三晋出版社2010年版,第200~202页。

十五、太岳敌后根据地的报刊出版活动

1939年7月,日军对晋东南发动第二次围攻,占领白晋路沿线城市后,晋东南被分割,形成太行和太岳两个战略地区。为了巩固太岳抗日根据地,1940年1月19日,八路军总部致电刘伯承、邓小平,命令陈赓率第386旅正式进入太岳区,统一指挥当地我党领导的武装力量,担负起保卫太岳根据地的任务。1940年1月,中共太岳地委正式改名为中共太岳区委,迁往沁源县阎寨村西岭上。

随着中共太岳区委的建立,党的新闻出版工作者继续投入根据地的建设中,用铁笔记录下烽火中的历史岁月。

困难环境中建设自己的《太岳日报》

1940年,中共太岳区委着手筹划办机关报,经中共北方局同意,由华北《新华日报》社派魏奉璋、江横等人,在《黄河日报》报社人员和设备的基础上筹办《太岳日报》。1940年6月7日《太岳日报》在沁源县正沟村正式创刊。

报社初创时期,既要面对设备和人员短缺的困境,又要忙于躲避日军频繁的"扫荡"。报社所住的民房被日军烧光,魏奉璋带领同志们在残垣断壁上再搭好房顶,艰苦办报。在当时物力财力极端困难的情况下,《太岳日报》只能编印石印报。编印石印报比编印铅印报更为困难,缮写员要用蝇头小楷写字,很是吃力费劲儿。编排稿件、画版时要算字数、画版、贴标题;改错要擦、糊、剪、贴,工序非常复杂。在石印药纸上看大样时,要在强光下衬在白纸上看,如果光线弱,还要悬在半空中透着光亮去看。这份报纸的石印书写体别具一格，是用毛笔写出来的仿宋体。这种字体印在报纸上，显得非常整齐、清楚、美观，颇受新闻界人士的赞赏。魏奉璋与同志们一起兢兢业业地编写，仔仔细细地校对，力求做到在政治内容上、文字技术上不出任何差错。同志们夜以继日地坚持工作，使得《太岳日报》很快成为华北各抗日根据地办得好、发行量大的报纸之一。在"沁源围困战"中报社专门组成"新闻采访团"，由江横带领深入抗战第一线，在太岳山上与战士们一起风餐露宿，发出许多振奋人心的报道，把"沁源围困战"的悲壮历史写给了今天。①

1942年，组织上决定调魏奉璋到延安学习，此时他的妻子、女儿已经去了延安。他虽然体质虚弱，身上长有疥疮，仍然认为在最困难的时候不能离开报社。但由于日军封锁与"扫荡"，根据地缺医少药，更谈不上什么营养，再加上他经常通宵达旦地工作，身体变得愈加虚弱。同年11月5日，他和报务员张谔在阳城县枪杆村同日军遭遇，不幸两人胸部中弹牺牲。

晋豫区党委机关报——《晋豫日报》

1942年春节前夕，八路军的一支挺进队从太岳抗日根据地向南推进，渡过漳河，翻越山岭，勇敢而巧妙地通过了敌人的封锁线，当敌人发觉的时候，这支战斗队已经把解放的旗帜插在析城山的山头，在中条山区建立了晋豫抗日根据地。在开辟晋豫区的同时，报社的一部分同志随军到达了这里。

晋豫人民的及时雨 1939年，这里有抗日民主政权，不幸国民党发动了第一次反共高潮，阎锡山暗通日伪，发动了"十二月政变"，向新军决死队和牺牲救国同盟会进攻，决死三纵队四个团受损，大片祖国的土地和人民就被阎锡山丢到日本帝国主义的手中。

---

① 姚文锦等编著：《晋冀鲁豫边区出版史》（山西部分），山西人民出版社2009年版，第85页。

八路军的到来让数年被日伪蹂躏的晋豫人民重新振奋起来。但是在根据地开辟初期,晋豫人民对党的方针、政策及号召不甚了解,抗日较为盲目。区党委当即决定积极筹划出版机关报,利用这种最有效的联系群众、鼓动群众、组织群众的工具宣传时事,解释党的各项政策。1942年3月1日,《晋豫日报》在阳城县李疙瘩村创刊,负责人徐一贯、梁涛然、何微领导报社32个人,在物资极为匮乏的条件下,艰苦奋战,及时给人民讲清持久战必胜的道理,鼓舞了人民抗日的斗争意志。

寻找机器与保护机器 报纸的发行量在不断上升,一架破烂的油印机已经难再坚持出报。军区司令部得知后,特地把一架从战斗中缴获的日本圆筒油印机送给报社,可报社同志没兴奋多长时间,这架机器就和受了伤的日本鬼子一样不中用了。

报社的同志们并不灰心,他们又积极筹备石印。石印在敌人侵占的县城里能买得到,但因目标太大,不好运送出来。在他们一筹莫展之时,调查到在"十二月政变"时,有一部石印机被埋藏在太岳区士敏县(沁水县北面)的一个农村里,但确切的地址不清楚,往返又需通过敌人的占领区。报社派遣有战斗经验的方振松完成此任务。他依靠群众的帮助,终于找到了这部印刷机,迂回穿过敌占区,平安地把机器运了回来。

有了心爱的机器,又需像保护眼睛一样把它保护起来。报社把它安装在一个森林密布的山庄里。这个村子叫背沟,距离编辑部有六里地。这里只有一户人家,房子又少,于是农民的房屋就变成了报社的"印刷工厂"。几乎每个晚上机器的响声都吵得他们不能入睡,但这户人家从不认为这是打扰。当他们看到印刷工人疲倦了,就全家动员起来帮忙,替工人摇机器,帮着叠报纸,常常要到全部印完报纸才和印刷工人一同休息。

群众是报社的好帮手 印刷厂多亏了"一家人"的帮助,而报纸的发行更是得益于群众的支持和帮助。报纸的发行除县级领导机关驻地设有邮站以外,县以下报纸的发行完全靠群众沿村转递。通讯员写的重要消息,只要在信封角上插一根鸡毛交给村里的民兵小队长,就会像"十万火急"的电报一样,星夜沿村转来报社。如果报社暂时因战争关系离开驻地,不管他们迂回曲折走过多少道路,离开那里有多少天,鸡毛信终会迅速送到报社编辑的手中。

报社初建时驻扎在靠区党委很近的一个叫石板窑的庄子里,可以说这儿是报社的"根据地"。虽然战斗频繁,报社常常流动,但经过几天或是半个月以后,大家都还是会回到这里工作、居住。每一次转移回来,庄子里的人总是热情欢迎同志们,并非常乐于帮助他们。群众看到同志们没有菜吃,总是这家送一碗咸菜,那家送几个萝卜,晚上还会送"夜宵"给熬夜的同志们吃。

太南《人民报》

1940年春,《黄河日报》(路东版)与《太南日报》合并,改为《人民报》,5月1日创刊于平顺县源头村,是中共太南区党委的机关报,隔天出版一张,社长是张向一,代总编辑是徐一贯,赵树理仍然担任副刊编辑。

赵树理参加了《人民报》的筹备工作,报纸创刊后,他的主要工作是编《人民报》副刊《大家干》。《大家干》在文章风格上继续了《山地》之风,用地地道道的群众语言,去反映当时人民群众的生活和斗争,深为农村广大读者所喜爱。内容上则以教育战士为主,并结合当时的需要根据领导的授意编写,形式上也多采用文艺形式。赵树理写了许多快板和其他形式的作品也在该报发表。

面对日军的袭扰和"中央军"的进犯,太南区委和报社都转移到交通闭塞的贫瘠山村。报社同志不畏艰险,以苦为乐。同志们只有老红豆可吃,便把豆子磨成面顶细粮用。那里的水也极为稀缺,农民各家都用旱井，吃的和用的都是带有土色的水。有一位老太太不让张克仁倒掉洗脸的水，因为她洗衣物还要再用一次。冬日缺少煤炭，就用毛驴到100多里外的地方往回驮，但这仅有的煤炭也只能用于石印机房和缮写石印药纸。机器没有足够的保暖措施被冻住了导致无法工作，编辑同志只能向"太阳能"求助。太阳时常被游云与高山阻挡，同志们只能暖和一时。晚上下半身盖着被子，冻手依然持笔编报。冻得难忍才临时点火烘柴，但满屋子烟雾，同志们被熏得一直掉眼泪。

  偏僻的山村虽能很好地隐蔽，但是报社的记者出去采访、后勤人员采办供给、通讯员来往联系、发行员往出送报，都要翻越沟壑纵横的山峦。为了避开鬼子或缩短路程，他们常常走山陡路短的"小狼梯"，乱石为梯，随山势盘桓而上，转折处常是"舍身崖"，如不及时收足转弯，多走一步就要葬身深沟。山腰道路如长蛇盘绕，行人后面见形，前面闻声，看来相距很近，相隔却有一里半里之远，上上下下，路遥心急。然而再苦也难不倒报社年轻有为、坚忍不拔的新闻战士！[①]

[①] 山西文史资料编辑部编：《山西文史资料全编》（第1—10卷），内部图书，2001年，第1202~1204页。

十六、从根据地发往敌占区的报刊利器

1941年和1942年,日军为了巩固在华北地区的统治,连续发动了五次治安强化运动,实行"七分政治三分军事"的"总力战",把思想战提高到战略地位,其中心口号是"反共"与"建立东亚新秩序",提倡封建、落后的顺民主义,灌输奴化思想,以图麻醉、消灭人民抗日的民族意识。他们一方面组织县城小学生队、妇女队、戏班子下乡,在警备队等伪军掩护下流动宣传,演旧戏,演电影,召集庙会,开赛马会,开庆祝会或在日伪军出发时召集群众讲话,做宣传活动;另一方面大量印发《建设报》等宣传品,伪造边区《抗敌报》《堡垒报》《北岳导报》等报纸,连篇累牍地宣传"八路军已被消灭"等谎言,迷惑群众,企图巩固在占领区的血腥统治。

为了揭穿敌人的阴谋和各种欺骗宣传,向敌占区人民报道国际和国内形势的真相,澄清敌我观念,进行抗日和爱国主义教育,宣传党的政策和根据地建设的成就,各根据地都积极创办了专门给敌占区同胞阅读的报纸。

晋绥区的《正义报》(1943年更名为《祖国呼声》)

经过一段时间的准备,《正义报》于1942年春天开始出版发行。报纸向敌占区人民介绍了国际反法西斯战争的真实情况,报道了苏联红军胜利的消息,传播了八路军、新四军和各根据地抗击日寇胜利的消息,介绍了共产党的抗日民族统一战线政策、减租减息和奖励生产等政策。

当时根据地处于敌人和国民党的多重包围中,物资匮乏,纸张非常紧缺。党组织非常重视《正义报》的出版，专门拨给报社一批白纸来印刷，而其他一般书报则用土造的稻草纸印刷。《正义报》开始只印一两千份，后来增加到三四千份。报纸在根据地印好，通过党的秘密交通站系统，穿过游击区，向敌占区秘密发送。发行的主要对象是一些具有抗日爱国思想的知识分子，通过他们再将报纸和报纸上的内容传播给敌占区同胞。

《正义报》以其真实的报道内容和豪壮的爱国气节，深受敌占区民众的欢迎。但时长日久，敌人发现了它。敌人到处搜查、封锁、清剿，并声言：《正义报》是共产党的宣传品，被查到了就要杀头。尽管如此，《正义报》还是一期一期地在敌占区同胞手中秘密传递着。为了躲避敌人的搜查，敌占区的读者经常把《正义报》糊上《西游记》《西厢记》等书的封面，伪装起来进行传阅。[①]

《中国人》周刊——投给敌占区人民的一束阳光

1940年7月20日，中共中央北方局宣传部发出《关于出版敌占区报纸〈中国人〉的通知》，要求报纸用通俗的语言和老百姓喜闻乐见的形式宣传党的政治主张，进行抗战教育，揭露敌人的欺骗宣传，介绍根据地的情况，号召民众展开对敌斗争。报社管委会决定由"通俗文艺家"赵树理来主持这项工作。

1940年8月1日，《中国人》正式创刊，编辑部设在武乡县安乐庄村一个又黑又小的土屋里。一盘土炕和一个泥抹的火台，就占去了大半个屋子，炕头、窗台上摆满了书报杂志、碗筷脸盆、油灯纸张。赵树理就在小炕桌上编报。

《中国人》周刊由赵树理一个人编辑。因为有过办《山地》和《大家干》的经验，赵树理很快就制定了一套有关《中国人》的编辑方针：

---

① 所述《阵中日报》中的事件依据于山西文史资料编辑部编：《山西文史资料全编》（第1—10卷），内部图书，2001年。

十六 从根据地发往敌占区的报刊利器

贯彻执行通俗化、民族化和大众化。他把华北《新华日报》的内容，缩编改写成通俗化风格的文章编排在《中国人》周刊上，有社论，有新闻，还有故事、鼓词、快板、时事问答、《三言两语》等等，他还亲自为《中国人》周刊撰稿，第四版上的文章大部分就是他的手笔。仅1941年，他就在《中国人》周刊上发表文章147篇。里里外外的编务，都由他一个人包办。他自己数字数，自己画版样，排出版面不多不少。他还在石印药纸上写各种字体的标题，画小插图和题头书，细心地描绘各种图案花纹，并负责校对。石印厂在大坪村，距离安乐庄村有六里多路程，他步行着自己去排版、校对，直至盯着印刷出来。赵树理还经常在印刷前征求印刷工人们的意见，如果他们感觉不是朗朗上口，就马上修改，直到大家都能很顺畅地读下来为止。因而，同事们写了一首打油诗赠他："《中国人》报，《中国人》报，一个编辑姓赵；他编他写他校，别看报纸小，作用可得了；写篇小鼓词，快板句句妙，小评论，小报道，大半作品老赵包。"

《中国人》周刊篇幅虽小，但由于赵树理采用了多种形式，使得栏目别具一格，读后令人爱不释手。《老实话》《鬼话正解》等评论栏目，针对当时的情况和日伪的欺骗宣传，或从正面阐述抗日救国的道理，或从反面将日伪的反动言论如"经济提携""王道乐土""同种同文"等加以有的放矢地批判，给群众讲清了道理，让群众认清了日军毁我国土、毁我种族的罪恶阴谋，使群众明白了日伪的奸诈与狡猾。小故事、小小说、小快板、小唱本、小鼓词等以引人入胜的形式，生动活泼地宣传了党的方针政策，介绍了抗日根据地的建设成就，歌颂了八路军与民兵光辉的战绩和英勇的斗争，揭露了敌人的种种阴谋，控诉了日寇的残暴罪行，激发了敌占区同胞的抗日斗志。赵树理自己说过："抗战时期，我们办了一个叫《中国人》的小报（有现在四分之一的报纸那么大）……每周出版一次。副刊上的文章，各个阶层都有人写。一张小报，拿给别人读得懂，起到宣传作用，就是我们的目的。过去，没有邮差，脚夫挑出一担去，卖多少算多少。我们的希望是这个小报纸'不翼而飞'，飞到敌后去，结果达到了目的。"

晋察冀边区的《日军之友》和《实话报》

经过日伪军残酷大"扫荡"之后，晋察冀边区面积大幅度缩减，处于抗战以来最困难的时期，致使许多人思想非常苦闷、混乱。在这种情况之下，边区一边用自己的机关报排解人们的苦闷，一边还向敌占区印发《日军之友》和《实话报》两份周刊，宣传内容简单明了，大多采取了街头诗、歌谣、故事等通俗宣传形式，尤其注意从感情、切身问题与生活体验上感化日伪军。如1942年新年时，边区给日军据点送去装着宣传品和食品的慰问袋，其中有传单、日文学校招生广告、通行证、歌集、游戏棋、贺年片等，甚至还把宣传品送进了保定城，日军大为恐慌，连续戒严三天，紧闭城门，到处搜查。据不完全统计，晋察冀边区1942年"一年共做宣传小册子约164万份（部队的、中日文在内）；共出《实话报》43期，12.9万份；共出《日军之友》《战友》33期，76500份；共制发慰问袋240个；共出《活路》10期，5000份（朝鲜文）"。

边区积极广泛地开展群众性文化活动，全面宣扬了党的政治主张和边区的幸福生活，强化了边区的民族主义形象和正当性基础，彻底从思想上打败了日伪军，使得广大群众对抗战胜利的信心日益增强，日伪军和伪组织人员则普遍感到前途迷茫，甚至求助于鬼神保佑。如浑源城日伪军竟然到关帝庙里抽签问卜，一个老和尚给他们解说要他们"逃活"（意思是逃活命），但这群混蛋听成了"淘河"，因此在浑源川下抓了800民夫淘起浑河来了，敌寇恐怖狼狈的败相，已完全无法掩盖了。所谓"皇军威风"，早已丢光了。①

---

① 张志永、吴刚：《晋察冀抗日根据地文化战探析》，《河北师范大学学报》（哲学社会科学版）2008年第5期。

十七、山西抗日民族统一战线报纸

山西抗日第一报——《牺牲救国报》

牺盟会于 1936 年 9 月 18 日在太原海子边宣告成立,是中国共产党人同阎锡山方面"联合抗日"的群众性统战组织,是我党抗日民族统一战线政策的产物。《牺牲救国报》是牺盟会总会办的会刊。太原市牺盟会办的刊物是《大众园地》,沁县中心区办的刊物是《上党战旗》,其他各个中心区及各县牺盟会都办有不定期的报刊宣传党的方针政策。1937 年 11 月,《牺牲救国报》在太原沦陷前停刊,1939 年在陕西宜川县秋林镇复刊,同年 12 月"晋西事变"后终刊。

牺盟会一方面踏踏实实地做山西上层的统战工作,本着"站稳脚跟、抓住实权"的方针,审时度势,戴"阎锡山的帽子"说"山西话",运用阎锡山提出的或他能够接受的进步口号和工作方式,来贯彻党的路线、方针、政策,推动阎锡山走向抗战,开辟山西抗战新局面;另一方面,着眼于群众工作,大刀阔斧地宣传群众、发动群众、组织群众进行抗日救亡斗争。

抗战前山西是个封闭的社会,农民日出而作,日落而息。农村看不到报纸,更不要说听广播了。那时沁县全县只有铜川中学有一台收音机,偶尔给学生们转播一下阎锡山的精神训话。饭店里的墙上写的是免谈国事!群众中缺少文娱活动,除玩纸牌外,就是到庙会上看戏,或是在邻家举办婚丧大事时听听吹唢呐。农民的一些历史知识都是从戏剧中学到的,千篇一律的是"奸臣害忠良,相公招姑娘"!人们受旧传统影响,存在着严重的"谁来当官都一样""哪个朝廷不纳粮""好铁不打钉""好人不当兵"等旧思想！这些思想如果不能克服，要发动群众抗日是困难的！

牺盟会在全省各地开展的抗日宣传活动，除口头讲话、散发传单、演剧教唱抗战歌曲、写标语办黑板报外，主要通过创办报纸，宣传抗日民族统一战线的纲领、方针和政策，介绍山西及各抗日根据地的军事、政治、民运、文教等工作情况，使沉睡的农村突然觉醒过来，使人们认识到"日本帝国主义者是要灭亡中国"而不是简单的"改朝换代"。

在卢沟桥事变发生的次日，《牺牲救国报》在头版显著位置发表了《为保卫华北而奋斗》的社论，社论称"敌人向我们的新的军事进攻又开始了，我们曾经一再指出，第二次的九一八事变就要在华北开演了，现在不幸言中。很明显，敌人这次向我们的进攻，是有计划的预定的，是为了实现其大陆政策，完全吞并全中国的必然步骤"。社论警示全国的人民不应该有丝毫的疏忽，而应提高我们的民族警觉性来认识这一问题，呼吁全体军民一致为保卫华北，牺牲一切而奋斗到底。

牺盟会的《新西北报》

《新西北报》是抗日战争时期，从1939年到1940年间，在中国共产党晋西北区委领导下的报纸，它当时是以统战面貌的名义办的报纸，是晋西北宣传抗战反对倒退的一面战斗旗帜。

《新西北报》应时而出　《新西北报》未发刊以前，第二战区战地总动员委员会在岢岚总会驻地，在一个较短时期内曾出过几期石印小报《西北战线》。1938年秋季，战地总动员委员会被迫结束，《西北战线》也随之停止出版。

当时中共晋西北区委考虑，战地总动员委员会虽然结束了，但尚有牺盟会等进步力量组织存在，宣传工作不能中断，因之就以牺盟会

十七 山西抗日民族统一战线报纸

组织的名义,继续出版报纸,取名《新西北报》。由吉喆、刘仲明和一名通讯员、一位任总务工作的同志来筹办。

说是筹备,其实也只是思想上和精神上的准备。因为当时"报社"没有任何资料图书,没有任何用品设备,有的只是每个人一副简单的铺盖、一个挎包,还有吉喆、刘仲明的两支笔。

1939年元旦过后,《新西北报》就创刊了。他们自己没有石印机器,每期需要把用药水写好的版面交给岢岚县城内一家小石印局代印,出一期付一期印刷费。写字人员也需临时雇用,按版面付酬资。

《新西北报》应时而生,因为在抗战初期,面对侵略者的破坏和坏官吏、旧军队的逃跑,广大人民自然会考虑到前途怎样:是亡国,还是救国?是活下来,还是被敌人杀害?随着八路军第120师东渡黄河到了晋西北,晋西北人民有了盼望与坚实的保障。就在这时,《新西北报》恰与群众见面,它以通俗易懂的简洁文字,为群众指明道路:走团结起来的路,走抗战的路,走发展生产、支援前线的路,走参军参战的路。

《晋西北报》唱反调,《新西北报》唱对台戏还击 到1939年秋冬,整个晋西北的政治形势已经恶化到非常严重的地步,顽固势力猖獗地压迫进步力量。阎锡山派赵承绶坐镇兴县蔡家崖,任第7集团军总司令兼第二游击区(即晋西北)行政公署主任。赵承绶表面伪装进步,大谈团结抗战,而实际上却干着削弱和取缔进步力量的勾当。他唆使顽固分子鼓吹"困死八路军、饿死八路军"的反动口号,反对牺盟会,取消各抗战团体,明枪暗箭,一齐发射过来。最主要的是,赵承绶还针对《新西北报》,搞了个《晋西北报》,公然与《新西北报》唱反调,不断发社论和文章,歪曲事实,大搞摩擦,挑拨人民内部的关系。《新西北报》与《晋西北报》针锋相对,不断地编写社论、发表消息与其斗争。《晋西北报》"捧"着阎锡山和赵承绶,一直举出"阎司令长官""赵总司令"说过的美善辞令;《新西北报》(99号)则发表宣言直击顽固分子，言辞也非常激烈。①

牺盟会长治中心机关报《黄河日报》

《黄河日报》于1939年5月1日在长子县阳鲁村创刊，是牺盟会长治中心机关报。报社主要成员基本上是由各地的牺盟会和决死三纵队成员组成，其中大部分成员是共产党员。

《黄河日报》在宣传抗日民族统一战线、坚持抗战、宣传和组织群众保卫根据地等方面做出了很大的贡献。他们一方面充分揭露蒋介石和阎锡山反共分裂、破坏抗战的政策及其罪行以教育群众；另一方面从大局出发，在写文章和发评论时，利用阎锡山曾经谈过的一些有利于抗战的言论和进步政策作为依据，用以反对他的反共、分裂、妥协、投降活动。

报社派出的特派记者除采访组织稿件外，还负有和国民党军队搞统战工作的特殊任务。记者利用自己的特殊身份，先后采访了国民党第14军的陈铁、第27军的范汉杰、新5军的邢肇棠、晋城的马君图，请他们表明抗日态度，发表访问记。报纸发行量曾达到一万份左右，颇受群众欢迎，成为共产党进行反对顽固分子、抗击日寇斗争的一个重要喉舌和武器。

赵树理受邀编辑《黄河日报》副刊《山地》，每周一期，专门发往敌占区。赵树理和主编王春都主张将副刊办得通俗一些，他们将群众喜闻乐见的鼓词、快板、童谣、故事等通俗文艺引入副刊，利用鲁迅笔法和民间艺术形式与敌做斗争。人们非常喜欢这些生动活泼的艺术形式，《黄河日报》一到，人们都先争抢着看副刊。但在《山地》出刊两个月后，长治中心派来几名大城市的青年知识分子接办《黄河日报》，他们对《山地》很不满意，认为太庸俗土气，没有艺术性，便改名

---

① 山西文史资料编辑部编：《山西文史资料全编》（第1—10卷），内部图书，2001年，第804页。

为《晨钟》，专门登载新诗、新小说，然而群众却越来越不喜欢看了。①

1939年7月初到8月下旬，日军集中五万重兵，同时从同蒲、正太、平汉、道清各县出发，分九路对晋冀鲁豫根据地进行大规模的第二次"九路围攻"。《黄河日报》随军转移，因战事频繁曾一度停刊，改出号外。报社人员也做了大的变动。与此同时，《黄河日报》路东版，在路东五专署主任兼路东办事处主任杨献珍同志领导下出刊。

由于阎锡山发动"十二月政变"，报纸再次被迫停刊。1939年12月23日，决死三纵队第8团在沁水苗沟叛变。决死队担任报社警卫的一个连和日本独立混成第8旅里外夹击，投弹三百余枚摧毁了《黄河日报》。报社大批人员被俘，编辑张宗周、决死第三纵队政治部宣传科长阎弘辂和干事史曼林、决死第三纵队第8团第1连指导员杜智愚等同志惨遭杀害，其余的五六名同志均受枪伤。报社经受了一场空前的劫难。

面对国民党反动派的疯狂进攻和屠杀，我抗日军民没有屈服。1940年1月，根据薄一波同志的指示，《黄河日报》在沁源县柏木正沟村再度复刊。之后不久，路东版与《太南日报》、太南文化教育出版社合并该刊为《人民报》，上党版该刊为《太岳日报》。②

1940年春，"十二月政变"被粉碎后，牺盟会光荣地结束了它的历史使命，《黄河日报》也随之完成了自己的历史使命。1940年4月，报纸正式停刊。《黄河日报》从创刊到终刊，为时整整一年。

阎锡山政府报——《阵中日报》

抗战初期，国民党政府要求各战区创办《阵中日报》③，阎锡山统

---

① 齐峰、李雪枫：《山西革命根据地出版史》，山西教育出版社2010年版，第194、297页。
② 姚文锦等编著：《晋冀鲁豫边区出版史》（山西部分），山西人民出版社2009年版，第52页。
③ 所述《阵中日报》中的事件依据于山西文史资料编辑部编：《山西文史资料全编》（第1—10卷），内部图书，2001年，第1165页。

治区内所办的《阵中日报》则成为这一阶段国民党在山西的主要报刊。该报创刊于 1938 年 1 月 1 日,是抗日战争时期国民党第二战区的军报,也是阎锡山统治区内出版的唯一一张报纸。

1937 年 11 月 8 日太原沦陷,第二战区司令长官部撤退临汾。阎锡山住在临汾城南襄陵县属的温泉村。从太原撤离时,阎锡山命令薄毓相从西北印刷厂精选一部分印刷器材和人员,随长官部行动,计有:对开及四开平版机各 1 台,3、4 号标题用字各 1 副,5 号字 24 盘,圆盘机、铸字机各 1 台,其他还有铅锭、油墨。印刷技术工共三四十人,其中有两个高级技师,一为章绳武,精通制版工艺;一为王悦青,是一位微刻票版专家。当 1938 年春,第二战区接到军委会关于各战区创办《阵中日报》的通令时,薄毓相向阎锡山说明可以用他们自己带着的印刷机和齐备的印刷工人来办报,阎锡山当下即同意由薄毓相来主办此事。

经过几天的筹备,用马上能投入使用的圆盘机印出了第一张 16 开两版的《阵中日报》。

报社转移亦艰难　由于日寇有从太原南下的动向,阎锡山由温泉村移驻临汾城西北的西涧壁村,报社也随之搬迁。

薄毓相曾设想报社分两部分撤离临汾,一部分用汽车载上,随长官部行动,停下来就能出报;大部分由刘桐栖、李克宽率领向西撤退。但因申请不到汽车,第一步告吹,整个《阵中日报》社的西撤按第二个计划行动。

薄毓相跟汽车队要了老半天车,最终派来了一辆破旧的小汽车,而且是一个醉汉驾车。车里只能坐三个人。山路是新开辟出来的,崎岖难行,在上大坡的时候汽车抛锚。醉汉司机修了半天仍不能开动。他们只好下车,可巧后面来了一辆卡车,但因车上挤满了人,只答应上两个人。薄毓相和黄伊基坐车走了,醉汉司机修好车后却说要返回去拉他的家眷,让田际康自己走路回去。

当阎锡山退住吉县城时,报社随往。有一天,薄毓相召集报社全体干部开会，宣布再行动时必须精简，所有的家眷均要送到山上，不得随大队行动。有眷属的人听了，面面相觑。田际康提出反对的意见，薄毓相马上沉下脸，并命令刘桐栖第二天就派毛驴，送各家家眷上山。结果，报社向吉县西北的文城村撤退，由田际康随家属留在家山村。

后《阵中日报》社迁移到宜川县骠骑村，1939年9月，阎下令将撤退到临汾城的《山西日报》的器材和人员与之合并，其阵容扩大，《山西日报》编辑人员负责原编辑部全部工作。同年，《阵中日报》迁移至宜川太原村，1942年2月又迁到秋林的东兴集，1943年迁出宜川至克难坡的西新沟，1945年随着抗战的结束，报社关闭。

《阵中日报》的主基调　对于《阵中日报》创办的原因该报曾有这样的记载："当下消息闭塞，烟火弥漫，物资奇缺，然为鼓舞军民抗战情绪，粉碎敌方险毒阴谋……于二十七年元旦，以小型八开报见闻于世。"[1] 之后，《阵中日报》对抗日救国进行了较为积极的、正面的新闻报道，刊行了很多有利于抗战的文章，《阵中日报》也因此从各个方面深深地刻上了这场民族战争的烙印。

面对日本、蒋介石和共产党方面对山西采取的"打""吞""拉"政策，阎锡山觉得三方无疑都是他的劲敌，要想保护山西，使其统治地位不动摇，任何偏颇的选择都是不妥当的。但阎深知，依靠他的力量，既不能消灭这三方中的任何一方，更不能同时对付这三个力量强大的敌人，所以必须善于在日本、蒋介石和共产党三者之间周旋，并至少与其中的一方结成联盟，用以增强自己的力量。阎锡山曾经在一次高干会上形容自己此时的处境是在"三颗鸡蛋上跳舞，既不能滑下来，也不能踩破"。当然，阎锡山这种"中的哲学"，在《阵中日报》创办的各个时期都有反映。

《阵中日报》是一份政党报纸，政党报纸的一个鲜明特点就是对其

---

[1] 本报创刊九周年献辞，《阵中日报》1947年1月1日第1版。

他党派进行攻击。但是身处国难的《阵中日报》则采取了避而不谈的策略。究其原因，一方面由于阎锡山已深陷日军和蒋介石的双面围攻之中，他所辖范围又面临兵力不足等多重困难，自己的存亡尚在岌岌可危之中；而且国共两党尚处在第二次合作时期，表面上他就更不愿意再和共产党树敌太甚。另一方面，在阎锡山对是否继续坚持抗战犹豫不决时，中国共产党对他进行了大量说服工作，使他在中国共产党和蒋介石发生矛盾时能够采取较为中立的态度，并坚持抗战到底。这种态度在《阵中日报》上的反映最值得注意的是皖南事变发生时，它在一版二条位置刊登了两条消息，对标题和文章都没有做任何突出处理，除此之外对这一事件再没有刊登其他消息和言论。但是随着战争接近尾声，从1945年开始《阵中日报》上出现了有关中国共产党的报道，态度从中立转而敌对，但从数量上看并不占据报道的主流。这种状态一直延续到抗日战争结束。[1]

《阵中日报》表现出对战局的发展始终抱着胜利的信心。例如，在《沦陷区同胞应有的认识》中写道："消极的要有民族气节，积极的要自动参加救国团体，一致团结在民族旗帜之下，从事抗日复兴的工作，争取民族革命的彻底胜利。"[2]《痛击敌寇在今朝》中则更强烈地表现出对坚持胜利的信心："进步、团结、反攻，用全民的空前兴奋努力，迎接远东的新形势！争取抗战胜利！洒遍祖国原野的热血就要培育出自由的鲜花了！"[3] 这种坚持抗战必胜的言论在此期间一以贯之，成为《阵中日报》一种最有力的声音。

因而，《阵中日报》的创办有其特殊的历史背景。从内容上看，着重于战局战况的报道；从性质上看，它是阎锡山政府的传声筒，具有明显的政治倾向。

---

[1] 张原：《试论抗日战争时期的〈阵中日报〉》，《山西高等学校社会科学学报》2006年第7期。
[2] 《阵中日报》1939年8月1日第1版。
[3] 《社论：痛击敌寇在今朝》，《阵中日报》1941年12月11日第1版。

十八、沦陷区和根据地的春节两重天

春节是我国最大的传统节日。中国人过春节的习俗已经延续了四千多年。在我国民间,春节从腊月二十三四就开始了,民俗活动以祭祀祖神、除旧布新、迎禧接福、祈求丰年为主要内容,表达了人们渴望团圆和丰收的美好愿望。我国周边的越南、韩国、泰国等许多国家也至今仍然保留着过春节的习俗。在明治维新前日本采用太阴历,也和我国一样把春节作为一年中最大的节日,如今冲绳等地还保留着过春节的习俗。抗战时期在沦陷区和解放区,中国人体验到了截然不同的两种春节。

沦陷区东躲西藏过春节

新春佳节本来是万家团圆、祈福贺岁的喜庆日子,但是在抗战时期的沦陷区,日本侵略者却在熟知中国传统文化的情况下,故意在春节期间大肆烧杀掳掠,酿成了许多人间悲剧。比如1938年的春节,日军在忻州一连烧毁了十几个村子,杀死的群众无法统计。[①] 类似的事件还有很多。

一幅画作引发人间惨剧 芮城县朱阳村的刘文耀早年在山西大学政法系读书,抗战开始后学校一度停办,他和其他同学一起各自回到了老家。返乡后,刘文耀秘密从事地下活动,成为一位抗日青年。刘文耀多才多艺,绘画方面有一定的水平。他画过一幅画,画的是一个日本人,枪头上挑着一只鸡。我国的地图正像一只雄鸡,这幅画意在

---
① 张成德、孙丽萍主编:《山西抗战口述史》(第1部),山西人民出版社2005年版,第60页。

提醒中国人,日本正在侵略我国,勿忘国耻。1945年的大年三十,他把这幅画张贴在家里,提醒老乡们中国传统的节日到了也不能忘记抗日。这幅画起到了唤醒民众的作用。后来有汉奸向日本人告密,日本人迅速到村里来抓人。刘文耀父子急忙出门躲避,但还是被日本人抓住了。当着他们的面,日本人把村里的两兄弟残忍地杀害了。后来刘文耀父子被日本人抓走,走的时候还路过自家的房子,刘文耀的母亲从房内目睹了亲人被日本人押走的情形。可以想见大年夜遭遇如此大难,这位母亲当时是怎么样的一种肝肠寸断的心情!后来徒步走了大半夜,日本人把他们押解到了芮城县城,关进了监狱。在监狱里,他们和被抓来的其他亲人一起,受到了非人的虐待,连续多日吃不到饭、喝不到水,只好以喝人的小便求生。几十年以后,刘文耀的儿子刘岱瑜这样回忆他们在监狱中受到的酷刑:[1]

> 首先就是给你灌凉水,就是两个日本兵把你的两条腿抓起来,把腿抬起来后把你头朝下栽进水缸里。第二个办法就是打那个板子,把那个木板子上头都钉上洋钉子,然后拿那钉板子打你,打的那身上滴滴答答地流血。再一个就是让你趴在地下手脚支住地,身体可不能挨地,那日本人就坐在你身上用脚踢你,另外还放大洋狗咬你,简直是受死呀!

这样的非人折磨,岂是一般人所能承受的。看到描写当时严酷刑罚的文字尚且不寒而栗,身临其境的血肉之躯该如何承受!后来刘文耀被带出监狱的刹那,儿子刘岱瑜看到父亲身上的白衣服已经被鲜血染红,走路都直不起腰来。在数十年后叙述的时候刘岱瑜仍然痛哭不已。后来,刘文耀被日军残忍地杀害了。家里把所有的财产全部卖掉

---

[1] 张成德、孙丽萍主编:《山西抗战口述史》(第1部),山西人民出版社2005年版,第152页。

十八 沦陷区和根据地的春节两重天

换成了金条,找汉奸想把刘岱瑜解救出来,可是钱花出去了,最终仍然没有结果。直到1945年8月,参加了游击队的刘岱瑜的表哥才从监狱里找到他,把他从死神的手里夺回来。

抗战英雄崔来忠勇救百姓 1942年春节,武乡、榆社交界处的西米家垴村洋溢着欢乐、喜庆的节日气氛。除夕之夜,村民们都在热热闹闹地准备过年。按照习俗,大年初一成年男子要到村里的老爷庙、三官庙、土地庙烧香,院子里要烧旺火,小孩儿要先给爹娘磕头拜年,然后跟着父亲出门给村里的长辈拜年。可是在这一年的春节,人们刚把饺子煮进锅里,就听到有人吹哨子,并高喊:"敌人来了,大家快跑!"村民们听到这个消息就赶快往外跑。村民崔文忠当时还是小孩子,他回忆了当天一家人逃跑的情景:①

> 我赶快背上我的被子就跑,跑到我家大场里一看,不好了,村东面大山顶的山坡上太阳照得敌人刺刀明晃明晃的,敌人正往下跑,快到村边了。我三哥正年轻,他不管饺子熟不熟,把饺子捞在一个砂锅里,端上就往村西南面的梨儿角躲难窖里跑。我爹我娘拉上牛最后跑,他们跑到了小石凹,我跑到了大石凹。

本来该是祥和喜庆的新春佳节,却因为日本侵略者的到来让大家犹如惊弓之鸟一般,马上就面临着生死考验。后来人们才知道,吹哨子、高喊的是武装委员会主任崔来忠。他发现了邻村炮楼的鬼子来骚扰百姓过年,就赶忙通知大家逃跑。这时崔来忠带有一支步枪和几颗手榴弹,他朝敌人开了几枪,又扔了几个手榴弹,敌人趴下不敢往前冲,这为逃跑的村民赢得了时间。后来他一直被敌人追踪,当他躲在大石头底下观察敌人动向的时候不巧被敌人发现了。一把明晃晃的

---

① 崔文忠:《大年初一逃难》,《家乡之音》2014年第4期。

刺刀刺了过来,他向敌人投了一颗手榴弹就跑。不幸被敌人一枪打中了腿部,千钧一发之际,村民崔德义跑来相救,他把崔来忠藏到了一个僻静处并用石头挡住,躲过了鬼子的搜寻。最后鬼子恼羞成怒,从村里抢了不少衣服和其他财物,气鼓鼓地离开了。敌人走后,村民们赶快把负伤的崔来忠送到了八路军后方医院治疗。后来崔来忠痊愈之后又积极参加抗战,最终牺牲在抗日战场上。

根据地欢天喜地迎春节

抗战时期,传统的春节民俗又跟抗战的特殊社会背景结合在了一起,人们根据抗战主题,确立了春节期间的新的庆祝方式。根据地军民在欢乐喜庆的氛围中辞旧迎新,同时还得到了抗战教育方面的良好效果。根据地的军民共庆春节的到来,穷苦人再也不用担惊受怕,日子逐步好起来,也能够踏踏实实地过一个舒心年。

春节的新气象　华北前线和敌后山西,人民群众按照传统的年俗,穿新衣,贴春联,写福字,挂年画,家家都在准备过春节。著名作家周立波当时是新闻记者,1938年从晋察冀边区阜平县路过,看到当时人们过春节的情景[①]:

> 沿途村落,家家门前都挂着一对彩灯,灯是用白色或深红色的纸糊的,有的做方形,有的是圆的,上面写着字,画着画。画是梅花和鸟雀一类的东西,颜色和制作都很精致。这种漂亮的新年的灯彩,在南方的农村,我还没有见过。
>
> 因为是新年,少妇、姑娘和小女孩子,都穿着绣花鞋子和新做的红裤或红衣,发髻上插着红绿色的纸花,倚在门口,惊奇地看着过路的生客。她们的两边,是用红纸写的春联。今年的春联有些异样了,

---

① 周立波:《晋察冀边区印象记》,读书生活出版社1939年版。

十八 沦陷区和根据地的春节两重天

大都是"驱逐日寇,最后胜利"。有的是"中华万岁"的横额。

整个太行山,过的是传统节日,却加上了耳目一新的内容。比如春联,就和抗战主题联系在了一起,富有明显的时代特色。左权县桐峪镇、上武村等地的春联就是如此:

> 拥护薄戎宣言坚持山西进步
> 反对陈孙逆行警惕日寇诱降

> 春耕夏耘努力生产克服经济困难
> 秋收冬藏囤积公粮增加抗战力量

> 去年里开过父老会拥护进步主张
> 新春间参加子弟兵增加新生力量

> 顽固分子猖獗未已须要提高警觉性
> 革命群众力量雄厚定能压倒反动派

> 反对贪污浪费奸商操纵破坏经济建设
> 努力生产节约克服困难坚持抗战到底

> 炮火声中除旧岁必须扫除任何倒退现象
> 抗战时代过新年坚决拥护一切进步主张

红红的春联传递着中国人古老的文化传统,紧贴时代脉搏的内容又反映了军民团结共同抗战的决心和信心。除了春联之外,门神和年画的内容也变了。传统的钟馗捉鬼、秦叔宝、尉迟恭的门神上都贴上了"捉拿汉奸""放哨站岗"等字样。年画上也不再是麒麟送子、花开富贵的主题,而是换成了送郎上战场、民主选村长、救助伤病员、送茶饭等与时代紧密关联的内容。

丰富多彩的娱乐活动 晋冀鲁豫边区太行区在春节期间的文娱活动特别活跃。各地纷纷成立春节期间文娱活动的指导委员会来统一安排这项工作。黎城县组织各区之间进行文娱活动比赛,通过比赛的形式来庆祝春节。左权、黎城、偏城、邢台、武安、林北等县都在过元旦的同时,也为不久之后的春节做一些准备。传统的秧歌队在晚上加班加点排练节目,各地的剧团都在精心排演改造过的旧剧和新剧。有的地方文娱活动别具特色,比如在左权县桐峪,1940 年正月十五八路军在举行反顽提灯大会,干部带头去游行呼口号。第 386 旅的新剧团演小白龙,这种旧形式注入了新内容的活动一直持续到天明。

根据地的军民团结一心,鱼水情深情如一家。老大爷、老大娘激动地说,他们就想不到八路军还给他们去拜年!军民在一起热热闹闹地过春节,使老百姓与八路军之间的关系更加密切了。根据地的节日就是这样,不仅仅是过节,而且还要在一种全民狂欢的氛围中,增强凝聚力、认同感,鼓舞信心,激发斗志,宣传抗日救亡的道理。

民俗活动的时代特色 春节期间,军民和谐的关系得到充分体现,军民鱼水深情被表现得淋漓尽致。"拥军优属"成为抗战期间春节年俗中的重要内容。整个太行山区,都在过年期间慰问抗属,春节前给他们送水送柴,购买年货,过年还要拜年、献花、送礼。为了表彰抗属在抗战期间的贡献,还把"民族英雄"的牌匾挂到抗属的家门口。在这样的氛围中,抗属纷纷给在外参军的家人写信,鼓励他们在战斗中英勇作战,不要辜负政府和群众的厚望。各地群众还在节日期间纷纷拿出物资来慰问八路军,感谢他们在抗战中为老百姓做出的贡献。当时民歌这样唱道:"正月里来是新春,赶着那猪羊出了门。猪呀羊呀送到哪里去?送给咱英勇的八路军。"群众把猪、羊、白菜、面、鸡

十八
沦陷区和根据地的春节两重天

等物品给在当地驻扎的八路军,希望他们能够在战争的间隙过个好年。还有一些敌占区的群众,也想表达一下他们的深情厚谊,他们派人带着慰问信和子弹、铜、铁、食品等,冲破敌人的层层哨卡,在夜晚时分悄悄到根据地来慰问。

春节期间边区政府还特别注重引导群众进行健康的娱乐活动。当时在边区有赌博的现象,过年的时候可能更加严重。边区政府采取了多种措施来防止人们赌博,通过各种方式严禁赌博现象的发生。晋绥边区的岚县采用秧歌的形式,宣传赌博的害处。武乡县通过各种声势浩大的宣传活动来禁止人们赌博,到1943年赌博之风几乎绝迹。在禁止赌博的同时,边区政府还号召各村开展相应的活动,有的村子开展文艺、武术竞赛,有的开展识字教育,也有的开展其他方面的活动,为过好春节打下了良好的基础。

在春节期间,人们还开始规划下一年大的生产劳动,这是在以前所没有的。边区政府号召家家召开家庭会议,总结上一年的收成,规划下一年的生产计划。从初二开始,慰问各种劳动者,把抗属和各种劳动英雄、能手、模范请到光荣亭上,把50岁以上的老人请到祝寿台,亭子上摆上点心或者寿桃。初二的社火一整天不停。初三到初四举行拥军优属、拥干爱民的活动。把春节的节日气氛和劳动、生产、拥军、尊老结合起来,促进了社会新风尚的建设。

过节不忘警戒 为了防止敌人的突然袭击,各地的八路军部队和民兵组织特别注意警戒。有的地方,还要在边缘区域的大小路上用地雷封路。各个村落都要加强严密监视,以各种方法防范敌人的进犯。因为敌人有可能在春节期间到根据地来抢夺粮食和其他物资,许多地方在过年之前就做好了准备,把粮食、牲畜和农具等都藏起来。一般还会把装粮食的缸密封好,分藏在不同的地方。并且在藏粮食的窑洞里埋上石雷,在爆发管上撒一些石灰和防止潮湿的东西。人们也会留出一些春节期间需要用的东西和食品,其他的都按照统一的方法再隐蔽地藏好。屋外的柴禾能隐藏的尽量隐藏，不能隐藏的也要在平时注意用完，避免鬼子到来的时候引燃。具体的准备工作非常烦琐和细致，基本能够保证在鬼子突然袭击时一无所获。这些工作都有组织、有秩序地进行着。这种高度的警惕性，也使得人民群众在快乐过大年的时候能够尽量减少损失。

十九、新节日点燃新希望

在抗日根据地节日文化建设中，政府有意识地引入和创造了许多具有现代意义的新节日，以教育和发动群众。归纳起来，根据地的新节日大致可分为三类：一是借鉴自西方或苏联的现代节日，如元旦、三八妇女节、四四儿童节、五一劳动节等；二是在中国革命或根据地建设中具有特殊意义的纪念日，包括五卅运动纪念日、七七事变纪念日、九一八事变纪念日、一二·九运动纪念日等；三是由根据地政府组织群众性活动衍生出来的节日，如晋察冀边区艺术节、群英会等。与沿袭惯制、以民众为主体的传统节日不同，这些新节日的文化活动是以政府领导、动员群众参与的方式开展的。新的节庆活动和抗日宣传紧密结合在一起，带给根据地老百姓对未来美好生活的憧憬和把日本鬼子赶出中国的信心。

元旦的各种活动

抗日民主政府和各类群众组织的精心策划，使抗日根据地的年俗有了新的面貌。但大都是以抗日为主题、有计划的群众活动。在公历元旦和农历春节期间，各地都要举办团拜会或其他形式的群众集会。

1939年元旦，晋冀豫边区召开了三万人的群众集会。这次会议的目的是增强军民团结，增强对敌作战的力量。这次活动还包括一个绘画展，就是沁县铜川中学的绘画技术展览会，还联合抗日军队组织了一个为时18个月的战利品展览会。1940年元旦，第129师直属队及轮训队在辽县桐峪镇一个操场举行团拜会，刘伯承、邓小平、李达、蔡树藩等领导一同出席，并在上武村会餐。1943年，第18集团军总直属队举行团拜会，各直属队、各救国总会代表和附近村庄的群众参加，彭德怀、滕代远、罗瑞卿和邢肇棠等军政领导出席。团拜会期间一般都会安排领导人讲话，对当前的形势和面临的问题发表一些看法，并鼓励抗日军民继续坚持抗敌斗争，争取最后的胜利。群众团体在新年期间，也会举行各种集会，或者借集会的名义发表一些公告，如聚会或发表新年文告。比如1941年晋察冀边区工、农、妇、青、文、武、学联、抗援会联合发表祝辞，庆祝前一年一切顺利，也展望1941年的工作。这些活动逐步影响到了根据地的社会风气和风俗习惯。

除了团拜会、集会以及发表文告以外，节日的氛围还要靠军民来烘托。有的地方张灯结彩、挂国旗、贴春联、扎彩楼，洋溢着浓郁的喜庆气氛。八路军也参与到民间娱乐当中，配合当地的居民踩高跷、赶旱船，表演秧歌、花戏，尽情地感受着节日带来的欢乐。

现代节日

一些西方国家兴起的节日，比如劳动节、妇女节、儿童节等，我国的边区政府也积极提倡。以三八妇女节为例，该节日对唤醒妇女解放、鼓励妇女积极参与社会，具有积极的意义。因此边区政府格外重视。1940年，中共中央下令安排三八妇女节相关工作，提出了延安妇女节工作的具体安排。以后几乎每年都会发出类似通知。在中央政策影响下，根据地妇女也积极开展纪念三八妇女节的活动，妇女节逐步成为一个群众广泛参与的社会性节日。

1940年3月8日，晋察冀边区隆重庆祝三八妇女节，活动安排得非常丰富。有群众大会、妇女自卫队检阅和戏剧演出等。整个会场锦旗飘扬，好不热闹。后来的纪念，还陆续增加了妇女用品展览、游艺表演等内容。妇女们高兴地唱啊跳啊，舞狮子、赶旱船，兴高采烈地庆祝自己的节日。1942年3月8日，在北岳区庆祝妇女节，白天召开大会，晚上举行提灯大会，还有剧团的助兴演出。第二年的活动进一步扩大，内容更加丰富多彩。

各种纪念日活动

中国革命中一些值得纪念的日子也被边区政府纳入到了新节日体系中，成为新节日的重要组成部分。政府通过在这种纪念日举办大型活动，把革命行为作为一种有组织的、集体性的记忆，这些特殊的日子就成了激发民族情感的最有价值的时间点。五卅运动、七七事变、九一八事变、一二·九运动等事件社会影响广泛，价值大，通常在各个边区都作为最主要的纪念活动。

1941年，晋西北的纪念活动应接不暇。5月9日晋西总工会制订了本地区纪念五卅运动的活动方案，5月16日组织了纪念活动并筹备了抵制仇货运动。会上还演出了话剧《旧恨新仇》。6月中旬又召开了七七事变四周年纪念活动的筹备会，7月7日成功召开纪念会并组织各种戏剧轮流展演来配合宣传工作。会议期间还举办了烈士纪念碑落成典礼。9月11日开始举办九一八事变纪念活动，为期一周，活动包括纪念大会、篮球赛和儿童戏剧公演等。

地区性文化活动

抗战期间，晋绥边区举办了四届群英会，其中1942年初第一次在兴县，1942年年底第二次在临县，后两次是在陕西神府县。太行区于1944年举办了首届群英会，地点是在黎城县的南委泉村。这些都是抗日战争期间的一些区域性的活动。晋绥边区的前两次会议着重表彰在边区工农业生产和部分行业中涌现出的劳动模范和妇女纺织英雄。太行区的首届群英会表彰了杀敌英雄31人，劳动英雄39人。这些大型的表彰会在当时的社会影响很大。除了表彰本身之外还伴随着戏剧表演、展览和市集等活动，也可以算作当时的一种有组织的大型节庆活动。

这些表彰会持续的时间都比较长，最长的达到了25天，规模也都非常大。除了当时的军政领导人之外，还有各种劳动模范蜂拥而至，伴随着各种展览、贸易和展演活动，集体狂欢的气氛非常浓烈。兴县召开群英会期间，街上搭起了高大漂亮的彩楼，商家张灯结彩，打折酬宾。周围村子的群众牵着牛，赶着驴，穿上了过年时才穿的新衣服，纷纷来赶会。1944年年底太行群英会举办了近一个月，附近村民带着米面、鸭梨、肉、鸡蛋来送礼物，白天人山人海，晚上灯火通明，实验剧团、联合剧团、黎明剧团、襄垣剧团、左权剧团等剧团轮番登场，好戏连连。

晋察冀边区还主办了三届边区艺术节。艺术节主要是通过群众性的文化活动来活跃气氛，增强革命教育。第一届艺术节以纪念十月革命和边区成立三周年为主题，为期一周，活动有群众大会、剧团公演、群众大合唱、座谈会、展览会和联欢会等。第二届以抗战四周年为主题，也组织了各种合唱和汇演，其中《跟着聂司令前进》的舞台剧吸引了大量的观众，场面非常壮观。第三届艺术节规模有所缩小，但是仍然有万余名干部群众参加。

戏曲、秧歌与新节日文化

千百年来，山西一直是戏曲的摇篮、民歌的海洋。抗日根据地建立之后，政府对于以戏曲和秧歌为代表的山西地方文化作为根据地民间娱乐的主要方式给予了积极的支持。在这一背景下，地方戏曲和秧歌在根据地蓬勃发展。1940年以后，新编戏曲和秧歌在根据地普遍流行，不仅一些相对专业的剧团非常活跃，农村的业余剧团也渐渐规模化、常规化。有的农村地区，如果没有业余的剧团和秧歌队，就认为在文化娱乐方面不如其他村子，感到很丢人。根据地有数百个大大小小的剧团和秧歌队，成为敌后文化的重要部分。这些演出团体在一些大型的纪念日或者农闲时候，非常热闹。

十九 新节日点燃新希望

对于大多数农民而言，他们没有机会接受教育，根本就不识字。他们的观念和信仰，除了社会的影响、家庭的教育之外，最主要的渠道就是戏曲了。戏曲可以说是我国古代社会的万花筒，无所不包，并且能够通过艺术表现潜移默化地传递许多道理。抗日政府正是看到了戏曲和秧歌的这种教化功能，通过节目的形式寓教于乐，不断增强人们抗日的理想信念。在新节日中表演戏曲，让乡亲们在体会到节日狂欢的过程中，不自觉地受到抗日教育。

边区政府在实际工作中也极力推行戏曲文化。1940年2月6日，晋察冀边区各界抗敌后援会号召戏曲要与当前的形势密切配合，把戏曲作为节日文化的重要组成部分。这时表演的戏曲，就不适合继续以才子佳人、帝王将相的表演为主，而是以根据地生活和抗日战争为主要内容。1943年12月7日，太行区党委宣传部要求各县人员能够编一些反映当时社会形势和根据地军民生活的新剧在元旦到来之际演出。1944年1月，左权县政府历经一年时间，组织人员创作了《住娘家》《军民一家》和《告新状》等新花戏，准备元宵节期间在全县演出。晋绥边区的七月剧社也在1944年的元旦和春节期间排出了《千古恨》《血泪仇》《交城山》《王德锁减租》等十个新剧，赴各地巡回演出时受到了各界的好评。1945年初，太岳区召开群英大会演出的48台戏剧作品仍然以反映当前生活的新戏为主。

除了戏曲之外，根据地政府还对其他的民间娱乐形式加以充分利用，秧歌就是其中之一。这种群众娱乐形式在我国的东北、华北地区非常流行，本来是一种纯粹的农民娱乐活动，一般是在元宵节期间，人们扮演成各种角色，扭着一种特定的舞步并甩绸子或者扇子，装扮起来表演。后来秧歌不仅仅作为一种歌舞的形式出现，有的地方还演变为戏曲的形式。陕甘宁边区发起的新秧歌运动影响到了华北的其他根据地，秧歌这种娱乐形式成为军政民共同参与的宣传手段。在陕甘宁边区发起的新秧歌运动影响下，闹秧歌这种民间游戏变成了军政民共同参与、具有宣传动员意义的革命舞蹈。1942年,从延安鲁艺来到华北联合大学任教的丁里撰文指出:"一般的扭秧歌,多在冬春的农闲季节,而作为劳动之余的戏乐;但在边区的扭秧歌,除了娱乐之外,已成为参与政治斗争、社会活动的利器,在群众文艺运动上尤其起着极大的作用。"①

这种表现革命斗争和革命群众生活的秧歌,在山西各地都受到了热烈的欢迎。因为它们贴近生活、贴近群众,反映了社会现实,因此剧目往往能够引起人们的普遍共鸣。不仅部队剧团、专业的地方剧团借秧歌表演展现革命的斗争生活,乡村剧团也习惯以秧歌舞的形式表明他们的革命态度。1944年春节,为庆祝解放,太岳区阳南根据地发动群众组织节日文化活动,固隆村的秧歌表演形式新颖,内容生动,爱憎分明,他们用旧秧歌中的跑竹马形式来表现人骑马的动作,分为八路和敌人两个小组。在秧歌队的行进中,敌人被打得抱头鼠窜,落荒而逃。其中有一个戴着面具的反动人物,丑态百出。围观的群众不停叫好,纷纷跟着秧歌队走,表演到哪里就跟到哪里。

根据地政府提倡新型节日文化,改造戏曲、秧歌,无疑是非常成功的。他们对戏曲、秧歌的改造不仅丰富了人们的节日文化生活,而且还让群众在喜闻乐见的艺术形式中受到了教育。群众观看戏曲或秧歌节目后反响特别强烈。1944年春节期间岚县观众在看了七月剧社的《交城山》之后,纷纷赞叹演得好,跟真的一样。1945年元旦的晋西黑峪口村剧团根据本村实际排演了新剧《夫妻英雄》,因为就是发生在身边的事情,也引起了群众的强烈反响。《王德锁减租》上演之后,剧中有"穷人翻身要靠自己"的内容,下面的观众也积极响应,该剧有力地推动了根据地的减租工作。这些新剧在根据地经过政府的倡导,再加上本身的生活气息浓厚,为人们所接受,渐渐地使人们的观念发生了转变。这些剧目也成为自我教育的新手段。

---

① 黄波:《秧歌与大变动时代的知识分子》,《社会科学论坛》2006年第7期。

二十、名震太行的盲人抗日宣传队

七十多年前，国共两党结成统一战线，社会各阶级、各阶层暂时摒弃了不同政见，统一到爱国主义的旗帜下，共同抵御外辱。当时有句口号："工农商学兵，一起来救亡。"这里的"工农商学兵"，泛指全社会的各个阶层、各类人群。可以说，万众一心、众志成城抗击日本侵略者，是抗日战争时期的时代主旋律。除了正规部队在前线奋勇杀敌之外，游击队、民兵、妇女、儿童团乃至僧人等都积极投入到救亡运动中，谱写了一曲曲时代最强音。太行盲人宣传队就是其中的缩影。

盲人，是一个社会的弱势群体。由于双目失明无法看到眼前五彩缤纷的世界，他们生活在黑暗当中，比普通人的生活多了一份艰辛。而在抗日战争中，在山西的晋中、晋东南地区，却活跃着一支支盲人抗日宣传队。他们尽管双目失明，但是同社会上的其他群体一样，也有着一颗炽热的爱国心。在国家危亡、民族有难的历史时期，他们并没有因为自己看不到光明、行动不便而置身事外，而是在抗战中献出了自己的青春与汗水，用自己嘹亮的歌声作为参加抗战的武器。

组织盲人宣传队 1938年之前，盲艺人以算卦、沿村卖唱为生。早期太行盲艺人多单身走乡卖艺，每到一户富人家门前，就将自带条凳一放，坐唱一段吉利祝福辞赋，待赏饭后再开始正式表演。辽县、和顺的"开花"，平遥、沁县的"三弦书"，沁源的"秧歌"，武乡、榆社、襄垣、长治、长子、高平的"鼓书"，陵川的"钢板书"等曲艺民歌样式，在历史上都是由民间盲艺人传唱、传播的。后来有些盲艺人搭帮结班合唱，少则三四人，多则六七人。搭班坐场时座位有严格规定,掌板坐中,同时操六七件打击乐器,其他演奏人员分左右扇形就座。传统曲目有《小二姐梦梦》《捻麻线》《小寡妇上坟》《桃花案》《梁祝姻缘》《张生与莺莺》等。抗战开始之后,太行抗日民主政府将旧日的盲人演出队改组为盲艺人抗日宣传队。回顾硝烟弥漫的抗战时期,盲艺人是抗战文化宣传战线的一个有名的群体。在晋中的左权、平遥、榆社,在晋东南的武乡、襄垣、沁县、沁源、陵川、长子、沁水、阳城等地,都活跃着盲艺人演出团队。武乡、辽县、襄垣的盲艺人抗日宣传队都是在1938年抗战早期成立的。盲艺人是身份比较特殊的人群,一般不会引起敌人的注意。"正是利用了盲艺人这种特殊的身份,党组织经常有计划地派他们深入到敌占区宣传抗日救亡,策反汉奸、反动派,发动敌占区群众奋起抗日。"[1] 同一时期在太行山干革命的张广居后来做过云南省政府秘书长,他1992年回忆说[2]:

> (盲艺人)向我诉说了困难,如家庭生活困难;活动范围缩小;根据地干部限制他们算命;限制他们到敌占区;他们也愿抗日,可不信任他们等许多苦衷。……他们的话感动了我,给我上了一堂课。我表示相信他们真诚的抗日思想,对他们的困难,尽可能予以照顾,允许他们自由进入敌占区,有集会、说唱的自由,有在敌占区算命的自由。并且要求他们把抗日歌曲带到敌占区弹唱,把党和抗日政府的政策在敌占区宣传,利用算命劝伪人员回心向善,不做危害抗日的事。……以后,他们除传播现成的抗日歌曲外,也自编自唱,自编自说。还能记得一点如《吴三桂引清兵自遭杀身大祸》《八月十五杀鞑子》《义和团杀洋人》等民间流传较广的故事的,编词演出。他们利用算命、对伪人员以因果报应之说,算出杀人放火、将招阴报,回心向善可免灾难……

---

[1] 《左权盲宣队曾深入敌占区宣传抗日 特殊身份成掩护》,《山西晚报》2013年12月19日。
[2] 《朝天吼出黑暗的声》,《北京青年报》2014年6月21日。

二十 名震太行的盲人抗日宣传队

之后盲艺人在中国共产党新文艺方针的指引下,结束了抗战前盲艺人"三皇会"的旧生活,以抗日文艺工作者的崭新姿态,走上了敌后根据地的新文化战线。他们说唱抗日节目,歌颂英模,揭露汉奸,打击敌人,紧密配合"反扫荡""反蚕食"斗争,极大地鼓舞了广大军民团结奋战的斗志,从而在中国抗日文艺史上写下了光辉的一页。

在抗日烽火中诞生 1938年10月1日,武乡县83名盲艺人集中在马村大庙前,召开抗日宣传誓师大会。县抗日政府与县牺盟会派赵浚川等到会讲话,号召盲艺人团结起来,运用文艺武器,宣传鼓舞群众,为抗战做贡献,并推选共产党员、武乡有名的盲艺人张培胜为秘书。从此,武乡盲宣队在太行抗日烽火中正式诞生。这支队伍在这里训练了七天,接受了许多新鲜知识,学会了许多抗日书目。会后武乡盲宣队便分成八个宣传小组,各自奔赴宣传岗位。他们走遍山庄窝铺,宣传抗日救亡,深受群众欢迎,在短短几年中,他们自编自演了《西安事变》《减租减息》《囤积公粮》《王国昌参军》《基干队》《陆文龙》《伪军十大悚惶》《红都炮台》《十二员大将》等50多个抗日题材。他们演唱的《逃难》描写了一个因日寇入侵而被迫逃离家园的农妇对日寇的血泪控诉。她抱着小孩艰难地行走在逃难的路上,因为天寒和饥饿,怀中的孩子没有能和母亲走完逃难的路:

家住左权县呀,南乡庄则村,日本鬼子侵略我国不得安宁。
丢了我的家呀,丢了我的地,丢了我的亲戚朋友逃难出去。
逃难逃在外呀,娃娃抱在怀,哭了一声好苦,冻死俺的孩。
娃娃你不要哭呀,娘娘也不好活,不是狼吃日本鬼,哪有这一说。
男人担一担呀,女人掂一篮,逃难逃在外边,你看难不难。

"红都炮台"是日本人修建在太行山上的一个著名炮台,但是无论炮台多么坚固,全民抗战的决心都可以把它摧垮。他们演唱的《红都炮台》就是八路军摧毁炮台后当地老百姓表达喜悦而唱出来的心声：

> 红都呀炮台修哩牢，四围呀围墙同胞呀两丈多高。
> 英勇的八路军坚决往前冲，架云梯过围墙攻在炮台根。
> 军号响机枪扫炸弹响连声，打得那鬼子兵藏在三层洞。
> 民兵同志把炸药往上运，轰隆隆把地洞炸了个碎纷纷。
> 妇女呀儿童齐出动，挑饭菜担茶水前线去慰问。
> 六月二十三天明四点半，红都呀炮台完了蛋。

因为双目失明，盲人抗日宣传队的工作比普通人要更加艰难。他们出行时，由仅有微弱视力的艺人在前面作为领队，后面的艺人用手依次搭在前一位艺人的肩膀上，站成一列依次而行。他们的工作是流动的，工作场所就是一个个小山村中较为空旷的平地。在文化生活匮乏的年代，他们的演出无疑是这些小山村重大的文艺活动。这些盲艺人往往会同时唱一些传统的段子和新编的抗日主题的段子。每到一个村子，吃过饭就开始演出，当天住在演出的村子里，第二天早晨再出发。有的时候演出频繁，也可能一天在两个村庄之间穿行。遇到一些下雨下雪的恶劣天气，有时整个队伍都在雨雪中摔倒无法行走；遇到沟壑悬崖，有的时候难免失足滑落……

盲艺人不仅通过自己的艺术魅力去感染听众、宣传抗日，他们还直接投身到抗战当中，为抗战做出了自己的贡献。今天我们所能看到的关于盲艺人生活细节的资料很少，但也有一些盲艺人的英雄事迹被简单记录了下来：左权盲艺人郝生云身患残疾，却爬上日军建在红都山上的炮楼为日伪算卦，误导敌人，为八路军、民兵攻打炮楼赢得机会；武乡盲艺人张叶青冒着硝烟走遍太行山，于1944年组建起了五县盲人抗日宣传联合会，成就了一支太行革命根据地红色队伍……盲人宣传队是抗战背景下全民动员投身民族解放运动的最好见证。在旧社会受尽欺压的盲艺人积极参加到革命洪流中,用黑暗的生命塑造了一座座活态纪念碑,诉说着抗战的艰苦卓绝和全民的积极参与。

抗战后的新生　抗日战争胜利以后,山西省各地又陆续成立了更多的盲艺人宣传队。在不同的历史时期,盲艺人都以他们嘹亮的声音、娴熟的技艺和赤诚的心灵,宣传党和国家的有关政策,讴歌真善美,劝人求真向善,传承我国的传统文化,尤其是地方文化,一代一代的盲艺人成为文化战线的重要力量。新世纪以来,在著名音乐家田青的积极支持下,太行山盲艺人多次进京演出并在全国多个城市巡回演出,他们淳朴自然的声音和不屈不挠的精神感动了亿万观众。2014年,在左权将军殉国72周年、即将迎来抗日战争胜利70周年之际,来自太行山的盲艺人在左权烈士纪念园内,在北京卢沟桥抗日战争纪念馆前,又唱起了他们曾经演出过无数次、感动过无数人的《左权将军之歌》:"左权将军牺牲为的是老百姓,咱们辽县老百姓要为他报仇恨!"

二十一、走进吕梁的中外记者西北参观团

中国抗日战争是世界反法西斯战争的重要组成部分。因此中国抗战在国际反法西斯的旗帜下团结了许多外国友好人士，凝聚了团结一致共同反战的信念和精神。

1944年8月30日，晋绥根据地党政军领导机关所在地——兴县迎来了一批特殊的客人。他们就是由部分国民党高级官员和中外记者组成的中外记者西北参观团。中外记者西北参观团此行的目的是了解八路军在敌后抗战的真实情况。因为在抗战期间，八路军在敌后英勇抗日的真相鲜为人知，一些驻重庆的外国记者虽然能够从八路军的办事处获悉一些真实消息，但他们迫切希望能够到抗日根据地进行实地采访，了解一些第一手的材料。1944年，经国民党政府同意，组成了这个21人的参观团。参观团于6月9日到达延安并进行了为期两个多月的参观采访，之后部分成员又辗转到了晋绥革命根据地。到山西的参观团人员包括美国《时代》杂志、《纽约时报》《同盟劳工新闻》记者爱泼斯坦、英国《泰晤士报》记者福尔曼、路透社记者武道、美国驻延安观察组军医卡斯堡少校、国民党中宣部官员张湖生等。

晋绥分局、晋绥军区经过研究，决定把接待中外记者西北参观团的任务交给吕梁第八分区。吕梁第八分区是日本"三光政策"下遭遇"扫荡"次数多、破坏严重的地区之一，而1944年经过浴血奋战情况有所好转，尤其是在1944年秋季攻势时打得出色，受到了中央军委的表扬。在这一鼓舞人心的背景下，他们又接到了接待参观团的通知。八路军驻二战区办事处主任王世英和晋绥区卫生部部长贺彪等人陪同参观团到达了交城县关头村第八军分区领导机关驻地。在关头村，

二十一 走进吕梁的中外记者西北参观团

参观团听取了军民的情况介绍，实地参观了地雷网保护之下的战地医院和简陋的兵工厂。尤其是外国记者们，看到丛林中密布的座座土窑洞和草棚搭建的敌后医院——缺医少药的医疗条件，连手术室、病房都没有，让他们触目惊心。他们看到兵工厂自制的手榴弹和地雷，上面铸有"抗战""胜利"等字样，又赞叹不已，兵工厂还送给他们每人一枚手榴弹壳作为纪念。第一天的参观，给参观团的记者和官员留下了难以磨灭的深刻印象。

考虑到参观团的安全问题，第八军分区没有安排他们参观作战前线。但是参观团提出要到作战前线去采访，而且态度坚决，军分区领导经过研究之后决定，在尽量保证人员安全的情况下，让他们到作战第一线去看看。这时第八军分区正准备攻打汾阳城，近期的目标是摧毁敌人在城外的据点和设施。第八军分区政委罗贵波亲自带队，带领参观团和军区派来保护参观团的两个连的战士近300人的队伍出发了。他们牵着20多匹骡马在蜿蜒曲折的山路上缓慢地前行，中途有两次差点与外出"扫荡"的日军相遇。9月15日下午，一行人终于到了汾阳城十几公里之外的向阳镇。

在向阳镇距日本鬼子赵庄炮楼几公里处的山坡上，参观团成员可以清楚地用望远镜看到炮楼附近日本哨兵的活动。当天晚上，参观团看到了第八军分区部分连队和汾阳、文水的游击队员联合对日作战的紧张局面。随着一声令下，汾阳城外火光冲天，枪炮齐鸣，敌人在城外的军事设施遭受到了严重的破坏。参观团的成员人人脸上写着兴奋，但是也有一些意犹未尽的感觉。原来他们因没有亲眼看到活捉俘虏，有一些遗憾。于是政委罗贵波决定16日晚攻打汾阳重要的外围据点协和堡时，让中外记者们到距离协和堡4公里处的坡头村观战。在高倍望远镜里，中外记者们看到部队战士和游击队员、民兵迅速进入指定位置，等待下达命令。午夜12时，随着三颗红色信号弹升起，内线人员放下吊桥，打开堡门，顿时枪炮爆炸引起的火光耀眼夺目，此起彼伏。我军迅速进入敌人的堡垒与敌人展开肉搏,日伪军在仓促应战一个多小时之后死的死伤的伤,溃不成军。拿着望远镜的中外记者看得目瞪口呆,随着战争的结束发出了一阵阵的赞叹,还有的人吹起了响亮的口哨。

第二天一早,中外记者们就迫不及待地早早起床,发现一个山坡上早已经聚满了人,大家都欢呼雀跃,看到八路军战士、游击队员和民兵押着日伪军俘虏,抬着各种战利品陆续走来,人民群众立刻挤上前去,拿着鸡蛋、月饼、水果和茶水等慰问战士们。儿童团的小孩子最是好奇,他们提着红缨枪跑来跑去,更是增添了热闹的气氛。记者们也为这个场面所感染,拿着小本子不停地记录,连说带比画地向战士、游击队员、民兵、老乡们询问情况,还不时地看看老乡们送来的慰问品和缴获的各种战利品。采访过程中,记者们问了战士们一个又一个问题,战士们高兴地一一回答,有的战士调皮地学着日本人的腔调问:"你的明白?"引得在场的人哄堂大笑。卡斯堡少校懂得医术,采访之余还忙着给伤员、战俘伤兵上药、打针。罗贵波送给记者们每人一支手枪,并单独送给福尔曼一把指挥刀。战士们也从战利品中挑出他们认为有纪念意义的东西来送给记者们,战利品有日军的太阳旗、军官服、肩章、护身符等等。记者们用相机拍下了这些珍贵的镜头,爱泼斯坦还请指战员们在送给他的日本旗子上签名。一阵喧闹之后,几位记者发表了热情洋溢的讲话,盛赞这次激烈的战斗以及胜利的场面,爱泼斯坦说,要把八路军英勇战斗的事迹向全世界报道。这次攻克协和堡,我军战士英勇善战,游击队、民兵积极参与,同时还有日伪军内部的中国人的配合。普通的人民群众更是为战争提供了物质保障和精神鼓励。记者们纷纷对八路军和人民群众的军民鱼水情表示赞叹,对我军的敌后工作表示难以置信。

就在一片欢腾的时候,突然汾阳城内的日伪军前来报复,远处传来了一阵阵的枪炮声。突如其来的敌人袭击让欢腾的气氛立刻变得

二十一 走进吕梁的中外记者西北参观团

紧张了起来，大家一下子变得鸦雀无声。后来枪声却没有越来越近，而是渐渐消失了。事后得到战士的报告说，这股出来寻仇报复的敌人已经被八军分区事先埋伏的阻击部队打回去了。顿时场面再次热烈起来，而且人们比枪声响起前更加振奋，记者们激动地同大家高喊："打倒日本帝国主义！""打倒法西斯！"高亢有力的声音穿透过了丛林山岗，穿过了河流平川，久久地回荡着。

后来参观团又陆续参观了攻打娄烦据点的战斗，观看了民兵英雄郭秉旺中队对敌人实施地雷封锁的情况，还参观了一处训练营地。所到之处，记者们除了由衷地赞叹八路军、游击队和民兵的作战技术、自强精神外，也对八路军在后方、前线组织艰苦卓绝的抗日战争有了深刻的认识。

返回重庆之后，参观团的记者们在重庆和欧美国家的报刊上陆续发表了数十篇报道，全方位地报道了八路军英勇卓绝地进行抗日斗争的情况，展示了山西抗日军民斗志昂扬的精神风貌。这从一定程度上赢得了世界范围内对八路军及山西省抗日军民的关注，促使更多的人密切注视和亲身参与到反对法西斯、抵抗日本侵略者的正义战争中来。

参考文献：

一、著作

（1）山西省文学艺术联合会编：《山西文艺史料》（第1—2辑），山西人民出版社1959年版。

（2）山西省新闻工作者协会、太行新闻史学会编印：《太行山上抗日烽火中的〈胜利报〉》，内部图书，1985年。

（3）张国祥：《山西抗日战争史》，山西人民出版社1992年版。

（4）晋冀鲁豫边区革命文化史料征集协作组编：《闪光的文化历程——晋冀鲁豫边区文艺史》，山东文化音像出版社1998年版。

（5）山西文史资料编辑部编：《山西文史资料全编》（第1—10卷），内部图书，2001年。

（6）吴广隆：《晋城抗战史》，山西人民出版社2002年版。

（7）张国祥：《山西抗日根据地的文化事业》，山西人民出版社2002年版。

（8）忻州市老区建设促进会编：《忻州革命老区》，中共党史出版社2003年版。

（9）杨建中：《阎锡山与山西抗战》，当代中国出版社2003年版。

（10）吕梁老区建设促进会编：《吕梁革命老区（1919—1998）》，内部图书，2004年。

（11）唐正芒：《中国西部抗战文化》，中共党史出版社2004年版。

（12）临汾三晋文化研究会编著：《临汾抗战文化》，内部图书，2005年。

（13）张成德、孙丽萍主编：《山西抗战口述史》（第1—3部），山西人民出版社2005年版。

（14）张国祥：《山西抗战史纲》，山西人民出版社2005年版。

（15）政协晋城市城区文史资料委员会：《抗日烽火中的晋城》，内部图书，2005年。

（16）涂文学、邓正兵主编：《抗战时期的中国文化》，人民出版社2006年版。

（17）杨宏伟：《太行太岳根据地报刊》，中国文史出版社2006年版。

（18）孙丽萍、雒春普等：《1937—1945山西民众的生存状态》，山西人民出版社2008年版。

（19）姚文锦、余大中、张彦昭、张斌、赵志红、介子平编著：《晋冀鲁豫边区出版史（山西部分）》，山西人民出版社2009年版。

（20）陈浚：《新华日报华北版——记敌后办报的光辉历程》，三晋出版社2010年版。

（21）郝雪廷主编：《八路军的故乡》，山西人民出版社2010年版。

（22）刘江编著：《太行魂》，三晋出版社2010年版。

（23）齐峰、李雪枫：《山西革命根据地出版史》，山西教育出版社2010年版。

（24）王照骞、郝雪廷：《武乡：敌后文化的中心》，山西人民出版社2011年版。

（25）燕生纲、燕奇荣编：《克难坡逸事》，中国国际新闻出版社2011年版。

（26）皇甫建伟、张基祥：《抗战文化》，山西人民出版社2012年版。

二、论文

（1）何微：《回忆晋豫日报》，《新闻业务》1957年第1期。

（2）集体讨论，李蒙执笔：《太行山上的戏剧劲旅——忆抗日军政大学总校文艺工作团》，《戏曲艺术》1982年第3期。

（3）汪向阳：《关于美军延安观察组的几点思考》，《历史教学》1997年第6期。

（4）王永寿：《活跃在敌后抗日战场上的山西报业》，《新闻大学》1997年第2期。

（5）周君平：《珍贵的太行根据地小报——记太行根据地〈胜利报〉〈新

生报〉》,《文物世界》2001年第4期。

(6) 张明元：《光辉的太行山剧团——纪念〈在延安文艺座谈会上的讲话〉发表60周年》,《党史博采》(纪实版)2002年第5期。

(7) 张雪琴：《宣传人民、打击敌人的锐利武器——山西抗日根据地的新闻出版事业》,《沧桑》2002年第5期。

(8) 成国银：《贺龙与战斗剧社》,《党史文汇》2003年第11期。

(9) 刘晓丽：《山西与广西抗战文化比较》,《理论探索》2005年第4期。

(10) 韩晓莉：《战争话语下的草根文化——论抗战时期山西革命根据地的民间小戏》,《近代史研究》2006年第6期。

(11) 张原：《试论抗日战争时期的〈阵中日报〉》,《山西高等学校社会科学学报》2006年第7期。

(12) 郭庆华：《抗战时期的山西期刊(1937—1945)》,《山西大学学报》(哲学社会科学版)2007年第2期。

(13) 唐正芒：《近十年抗战文化研究述评》,《湘潭大学学报》(哲学社会科学版)2007年第4期。

(14) 峥嵘：《贺绿汀与〈游击队之歌〉》,《党史纵览》2007年第6期。

(15) 张志永、吴刚：《晋察冀抗日根据地文化战探析》,《河北师范大学学报》(哲学社会科学版)2008年第5期。

(16) 石婷：《抗日战争时期的山西歌曲创作》,《黄河之声：科教创新版》2009年第11期。

(17) 韩晓莉：《抗战时期山西革命根据地的戏剧运动》,《中共中央党校学报》2011年第8期。

(18) 王荣花：《中共革命与太行山区社会文化的变迁》,河北大学历史学博士学位论文,2011年。

(19) 王荣花：《抗日战争时期太行革命根据地农村文化建设的历史实践》,《河北师范大学学报》(哲学社会科学版)2011年第1期。

(20) 周智健：《太行抗日根据地抗战文化"大众化"特征成因》,《长治学院学报》2011年第6期。

（21）张涛、高正晓：《抗战时期的临汾民歌》，《山西师大学报》（社会科学版）2013年研究生论文专刊。

（22）赵法发：《1980年以来国内革命根据地戏剧运动研究综述》，《唐山师范学院学报》2013年第3期。

（23）韩晓莉：《革命与节日——抗战时期山西革命根据地的节日文化建设》，《中共党史研究》2014年第4期。

（24）路畅：《抗战时期革命歌谣的创作以山西革命根据地为中心的考察》，《文艺研究》2014年第5期。